마이크로소프트 MVP &
프레젠테이션 디자이너에게 1:1로 배우는

# 윤피티의
# 프레젠테이션
## 디자인 실무 강의

**with** 파워포인트

윤상림 지음

**지은이 윤상림(윤피티)**

올해로 10년 차 프레젠테이션 디자이너이자 PT 컨설턴트로, 윤피티연구소 대표를 맡고 있습니다. 클래스101에서 〈임팩트 있는 커리어 표현을 위한 PPT 포트폴리오 필살기〉 온라인 강의를 진행하고 있습니다. SKT, 포스코, 현대자동차, 현대글로비스, HD현대일렉트릭, 오리온, 대구창조경제혁신센터, 제일감정평가법인, 직방, KTcs, ASML, 한국능률협회, 서울특별시 등 다양한 기업 및 기관의 프레젠테이션 컨설팅 및 디자인 업무를 맡았습니다.
기업 내 실무교육, 스타트업 컨설팅, IR덱 제작 및 피칭 교육, 대학교 강의 자료 제작, 포트폴리오 컨설팅, 해커톤 행사 주최 및 운영 등 다양한 기획 활동과 디자인을 활발하게 하고 있습니다.

現 윤피티연구소 대표 & 프레젠테이션 디자이너
現 Microsoft MVP M365 & Apps 2022–2024
現 클래스101 강사
現 윤디자인그룹 강사

저서
《윤피티의 SNS 콘텐츠 만들기 with 파워포인트》(한빛미디어, 2018)

홈페이지    https://yptlab.com/
블로그      https://blog.naver.com/rimiy
인스타그램  https://www.instagram.com/yptlab/
이메일      rimiy@naver.com

마이크로소프트 MVP & 프레젠테이션 디자이너에게 1:1로 배우는
## 윤피티의 프레젠테이션 디자인 실무 강의 with 파워포인트

**초판 1쇄 발행** 2023년 11월 6일

**지은이** 윤상림 / **펴낸이** 전태호
**펴낸곳** 한빛미디어(주) / **주소** 서울시 서대문구 연희로2길 62 한빛미디어(주) IT출판1부
**전화** 02-325-5544 / **팩스** 02-336-7124
**등록** 1999년 6월 24일 제25100-2017-000058호 / **ISBN** 979-11-6921-167-3 13000

**총괄** 배윤미 / **책임편집** 장용희 / **기획** 윤신원 / **교정** 박서연
**디자인** 표지 박정화 내지 이아란 / **전산편집** 김희정
**영업** 김형진, 장경환, 조유미 / **마케팅** 박상용, 한종진, 이행은, 김선아, 고광일, 성화정, 김한솔 / **제작** 박성우, 김정우

이 책에 대한 의견이나 오탈자 및 잘못된 내용에 대한 수정 정보는 한빛미디어(주)의 홈페이지나 아래 이메일로 알려주십시오.
잘못된 책은 구입하신 서점에서 교환해 드립니다. 책값은 뒤표지에 표시되어 있습니다.
한빛미디어 홈페이지 www.hanbit.co.kr / 이메일 ask@hanbit.co.kr / 자료실 www.hanbit.co.kr/src/11167

**지금 하지 않으면 할 수 없는 일이 있습니다.**
**책으로 펴내고 싶은 아이디어나 원고를 이메일(writer@hanbit.co.kr)로 보내주세요.**
**한빛미디어(주)는 여러분의 소중한 경험과 지식을 기다리고 있습니다.**

## 이 책이 필요한 독자들에게

파워포인트나 프레젠테이션 디자인 작업은 우리 일상에서 자주 행하는 작업 중 하나입니다. 업무와 관련된 제안서와 소개서, 취업 및 이직 포트폴리오, 강의 자료 등을 만들기 위한 작업뿐만 아니라 예기치 않은 급한 보고 자료나 발표를 앞둔 피칭 자료와 같은 다양한 작업들이 있습니다. 이러한 작업을 수행하면서 종종 디자인, 기획, 컬러 조합, 폰트 선택 등 다양한 어려움에 직면하게 됩니다.

이 책을 읽는 독자들 또한 이와 유사하게 고민할 것으로 예상됩니다. 효율적인 작업 방법, 시각적으로 매력적인 디자인 구성 방법, 세련된 컬러 조합, 가독성 높은 폰트 선택과 같은 다양한 어려움이 있을 것입니다. 저 또한 프레젠테이션 디자인을 시작했을 때부터 지금까지 매일 마주하는 고민입니다. 이러한 어려움을 이해하며, 제가 알고 있는 정보와 경험을 공유하고자 이 책을 집필하게 되었습니다.

## 프레젠테이션 디자인의 이정표가 되길 바라며

이 책에서는 단순히 도구와 사용법을 넘어서, 제가 직접 수행한 작업물을 예시로 제시하고 작업 방식 및 노하우를 공유하였습니다. 프레젠테이션 디자이너로서 일하면서 얻은 경험과 생각을 바탕으로 작성되었으며, 독자 여러분의 평가와 시각을 통해 제 방법을 고려해보길 바랍니다. 디자인은 주관적이며 정답이 없지만, 이 책을 통해 제가 쌓아온 시간과 경험이 여러분의 작업에 도움이 되는 이정표가 되기를 기대합니다.

10년 동안 프레젠테이션 디자이너로서 일하면서 업무와 개인적인 측면에서 다양한 어려움을 겪었지만, 감사한 분들의 도움 덕분에 스스로를 발전시킬 수 있었습니다. 그 결과, 이 책을 출간할 수 있게 되었고 감사한 마음으로 저의 시간과 경험을 나누고자 합니다. 여러분도 이 책을 통해 자신만의 프레젠테이션 디자인을 하고 파워포인트 실력을 한층 끌어올릴 기회가 되었으면 합니다.

2023년 11월  윤상림

---

**일러두기**

1. 이 책을 읽을 때는 순차적으로 읽기를 권합니다.
2. 이 책에 등장하는 회사명과 지자체명은 일반적으로 각 회사와 지자체의 CI를 사용했습니다. 본문에는 상표 기호(®, ™ 등)가 표시되어 있지 않습니다.
3. 이 책에서 사용하고 있는 파워포인트 버전은 2023년 10월 기준이며, MS OFFICE 365 최신 버전을 반영했습니다. 독자의 학습 환경에 따라 책의 내용과 다를 수 있습니다.
4. 책 내용과 관련된 문의 사항은 이 책의 지은이나 출판사로 연락해주시기 바랍니다.

# 이 책의 구성

## LESSON

프레젠테이션 디자인 이론과 파워포인트 기능 실습을 레슨 형식으로 구성했습니다. 디자인 개념을 먼저 익힌 후 주요 기능을 활용한 디자인 방법을 학습하면 프레젠테이션 디자인 테크닉을 쉽게 익힐 수 있습니다.

## 준비/완성 파일

해당 실습에서 사용하는 파워포인트 템플릿 예제 파일을 소개합니다. 준비/완성 파일을 열어 실습을 따라 하거나 완성된 파일을 미리 볼 수 있습니다.

LESSON 05

### 그림자를 활용해 입체감 만들기

그림자를 활용하면 프레젠테이션의 입체감과 공간감을 만들어줄 수 있습니다. 도형뿐만 아니라 이미지, 텍스트에도 그림자를 활용하여 보다 풍부한 느낌을 연출하는 데 도움을 줄 수 있습니다.

136

**간단 실습** ▶ 바깥쪽 그림자 적용하기

바깥쪽 그림자는 개체의 뒤쪽에 그림자를 주는 기능으로, 개체가 앞으로 튀어나온 듯한 양각 효과를 줍니다. 그림자가 없는 개체에 비해서 3D처럼 도드라지는 효과가 있어 강조하고 싶을 때 사용하면 효과적입니다.

준비 파일 바깥쪽 그림자 적용하기.pptx
완성 파일 바깥쪽 그림자 적용하기_완성.pptx

**01** ①준비 파일을 엽니다. ②흰색 사각형을 마우스 오른쪽 버튼으로 클릭하고 [도형 서식]을 선택합니다. ③[도형 서식] 작업 창에서 [도형 옵션]-[효과 ]-[그림자]-[미리 설정]을 클릭합니다. ④[바깥쪽] 그림자 중 [오프셋: 오른쪽 아래]를 선택합니다.

PROJECT 03

### 트렌드를 반영한 회사소개서

제목과 본문 공간을 분리하지 않고 사용하는 경우, 공간 구분의 기준을 정확히 두지 않으면 프레젠테이션 쇼를 받을 때 정리가 되지 않은 느낌을 받을 수 있습니다. 이 작업에서 가장 중요한 부분은 안내선을 활용하여 여백과 활용 공간에 대한 구분, 통일에서를 유지하는 것입니다.

177

**템플릿 디자인** 제목이 왼쪽 중앙에 위치한 슬라이드 디자인

다음은 회사소개서 자료입니다. 선 일러스트와 그라데이션이 있는 도형을 복합적으로 활용한 표지 슬라이드입니다. 선 일러스트를 활용하면 별도 제목이 필요하지 않아 배경으로 활용한 컬러의 느낌을 살리기 유리하며 깔끔해 보입니다. 최대한 부드럽게 표현하는 것을 중점으로 진행합니다. 회사소개서 글자를 작게 표현하고 아래에 회사 슬로건을 배치해 부드러운 느낌이 들 수 있도록 표현합니다.

TIP 선 일러스트는 freepik.com에서 원하는 단어와 line을 함께 검색하면 찾을 수 있습니다. 예 car line, ship line)

## PROJECT

실무 프레젠테이션 디자인 실습을 프로젝트 형식으로 구성했습니다. 현직 프레젠테이션 디자이너 윤피티의 디자인을 그대로 따라 하면 프로 프레젠테이션 디자이너가 될 수 있습니다.

## 템플릿 디자인

템플릿 디자인 구성을 통해 실무 프레젠테이션 디자인 예시를 보여줍니다. 디자인 레퍼런스를 참고하여 전문가보다 더 전문가 같은 디자인을 만들어봅니다.

**간단 실습 ▶ 빠른 실행 도구 모음을 통한 단축키 설정**

이번에는 빠른 실행 도구 모음의 단축키를 활용해봅니다. 단축키를 얼마나 많이 잘 사용하느냐에 따라 작업의 속도와 효율성이 증가합니다. 작업에 필요한 기능들을 빠른 실행 도구 모음으로 활용해봅니다.

01 ①[파일] 탭—[옵션]을 클릭하여 [PowerPoint 옵션] 대화상자를 엽니다. ②[빠른 실행 도구 모음]을 클릭하고 ③[명령 선택]—[모든 명령]을 클릭하여 원하는 기능을 선택합니다. ④[추가]를 클릭하여 오른쪽 [빠른 실행 도구 모음 사용자 지정]에 추가합니다. ⑤ 원하는 기능을 모두 추가한 후 [확인]을 클릭합니다. 이제 이 기능을 이용하여 단축키를 활용할 수 있습니다.

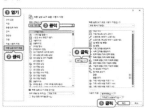

02 ① 아이콘 중 하나를 마우스 오른쪽 버튼으로 클릭합니다. ②[명령 레이블 숨기기]를 선택하면 아이콘만 남고 텍스트는 사라집니다.

**예제 실습 ▶ 특정 기업 지원 포트폴리오 디자인하기**

특정한 기업에 지원하는 포트폴리오를 제작할 때는 해당 기업의 로고나 컬러 등 참고할 요소들이 많아 톤앤매너 설정이 가능합니다. 기업의 홈페이지를 참고하여 작업을 하면 보다 많은 요소를 활용할 수 있어 작업물을 보는 사람에게 보다 직관적이고 신뢰를 줄 수 있습니다.

준비 파일 특정회사지원.pptx
완성 파일 특정회사지원_완성.pptx

01 두 가지 색 이상의 로고 컬러를 이용하여 배경 컬러 설정하기 ① 준비 파일을 엽니다. ② 표지에 포트폴리오 텍스트를 입력합니다.

예제 파일에서는 기업의 로고를 상업용이 아닙니다. 실습에 참고합니다.

02 ① 배경을 마우스 오른쪽 버튼으로 클릭하고 [배경 서식]을 선택합니다. ②[배경 서식] 작업 창에서 [그라데이션 채우기]를 선택하고 ③ 그라데이션 중지점 네 개 중 가운데 두 개를 삭제합니다. ④ 오른쪽 하단에 지원하는 회사의 로고를 삽입합니다.

## 간단 실습

왕초보도 알기 쉬운 간단한 예제로 파워포인트 툴에 익숙해질 수 있습니다.

## 윤피티의 팁!

실무에 잔뼈가 굵은 윤피티가 알짜 노하우를 알려줍니다. 실습을 진행할 때 모르거나 실수할 수 있는 부분을 속 시원하게 알려주고, 프레젠테이션 디자인을 좀 더 잘할 수 있는 다양한 팁을 담았습니다.

## 예제 실습

실무 프레젠테이션 디자인 템플릿으로 실전 감각을 길러봅니다. 지금 당장 실무에 써먹어도 손색이 없는 예제를 따라 하면서 디자인 감각을 높여봅니다.

ABOUT

# 실습 예제 다운로드하기

이 책의 모든 예제 파일은 한빛출판네트워크 홈페이지에서 다운로드할 수 있습니다. 검색 사이트에서 한빛출판네트워크로 검색하거나 www.hanbit.co.kr로 접속합니다.

**01** 한빛출판네트워크 홈페이지에 접속한 후 오른쪽 아래의 [자료실]을 클릭합니다.

**02** ① 검색란에 **윤피티의 프레젠테이션 디자인 실무 강의 with 파워포인트**를 입력한 후 ②[검색]을 클릭합니다. ③ 도서가 나타나면 [예제소스]를 클릭해 예제소스를 다운로드합니다.

다운로드한 예제 파일은 일반적으로 [다운로드] 폴더에 저장되며, 사용하는 웹 브라우저 설정에 따라 다를 수 있습니다.

## 윤피티의 '진짜' 팁을 매일매일 생생하게 만나보는 방법

**01** **윤피티연구소 네이버 블로그** 윤피티연구소의 다양한 콘셉트와 디자인으로 구성된 200여 개의 템플릿과 프로젝트 및 포트폴리오를 무료로 공유합니다. [이웃추가]하고 디자인 노하우를 더욱 빠르게 만나보세요!

네이버 블로그 바로 가기 ▶

**02** **윤피티연구소 인스타그램** 윤피티연구소만의 다양한 노하우를 카드뉴스와 릴스 형태로 담았습니다. [팔로우]하여 윤피티연구소의 다양한 행사 소식과 파워포인트 디자인 팁을 더욱 빠르게 만나보세요!

인스타그램 바로 가기 ▶

# 프레젠테이션 디자인 미리 보기

프로젝트 예제를 따라 하며 만들 수 있는 다양한 프레젠테이션 디자인을 소개합니다. 디자인 저작권은 저자 윤상림과 한빛미디어에 있으므로 무단 복사, 전재, 배포를 금지합니다.

## 정석적인 회사소개서

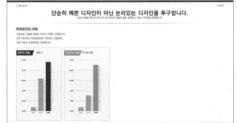
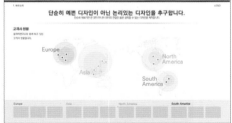

## 그라데이션을 입힌 그래프 디자인

# 갤러리

## 시원한 콘셉트의 회사소개서

## 흐린 사진을 활용한 슬라이드 디자인

## 현장용 표지 디자인

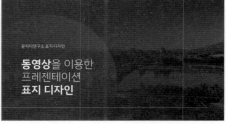

인포그래픽 디자인

목업 이미지를 활용한 슬라이드 디자인

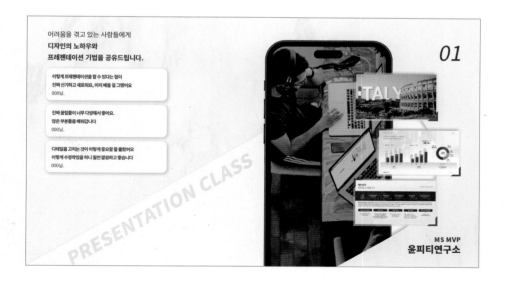

# 갤러리

텍스처 이미지를 활용한 슬라이드 디자인

브리핑용 애니메이션 디자인

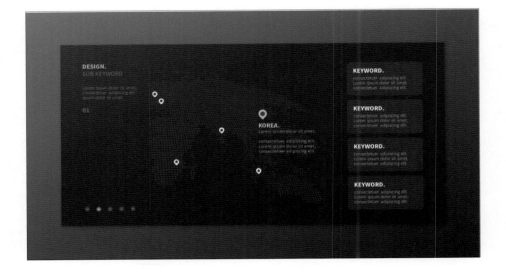

## 세련된 회사소개서

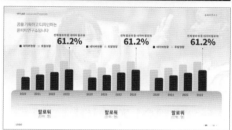
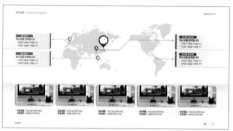

## 그림자를 활용한 슬라이드 디자인

## 특정 기업 지원 포트폴리오 디자인

# 목차

# PART 01 프레젠테이션 디자인을 위한 기본기

## CHAPTER 01

## 윤피티에게 배우는 디자인 작업의 노하우

**CHAPTER 02**

# 꼭 기억해야 하는 파워포인트 디자인의 기본 기능

# 목차

윤피티의 프레젠테이션 디자인 실무 강의 with 파워포인트

# PART 02 프레젠테이션 템플릿 실무 작업 워크플로

## CHAPTER 01 회사소개서 및 제안서

# 목차

**CHAPTER 02**

**CHAPTER 03**

원페이지 프레젠테이션 디자인 실무 강의 with 파워포인트

CHAPTER
04

# 강의 자료(전달용 자료)

PART

01

---

# 프레젠테이션 디자인을
# 위한 기본기

프레젠테이션 작업에 있어 프로와 아마추어의 차이는 기본 개념의 이해와 빠른 작업 속도에 있다고 해도 과언이 아닙니다. 깔끔한 정보 전달은 프레젠테이션 디자인의 기본 개념을 이해하고 있을 때 더 수월합니다. 또한, 원하는 작업을 빠르게 진행하면 세세한 부분을 확인하고 수정할 수 있는 여유가 생깁니다. PART 01에서는 다양한 예제 파일을 통해 프레젠테이션 디자인의 개념을 이해하고 파워포인트 기능을 익혀보겠습니다.

# CHAPTER 01

# 윤피티에게 배우는
# 디자인 작업의 노하우

디자인 전문가가 아닌 평범한 직장인 및 대학생의 파워포인트 작업물을 살펴보면 정렬이나 컬러, 폰트 등 세세한 부분에서 아쉬운 점을 발견하고는 합니다. 이런 부분은 스스로 오래 고민하기보다는 전문가의 노하우를 배우고 익혀 자신의 작업물에 반영해보는 것이 좋습니다. 일단 배우고 익혀서 내 것으로 만드는 연습을 해야 점차 완성도 높은 디자인 작업물을 만들 수 있습니다.

LESSON 01

# 우리가 디자인을
# 하는 이유

직장에서 업무를 할 때, 학교에서 과제를 할 때 우리는 종종 시각화된 디자인 결과물을 만들거나 프레젠테이션을 하는 경우가 있습니다. 무엇을 위해, 왜 디자인을 해야 하는지 디자인이 필요한 이유를 생각해보고 디자인의 의의와 목적에 대해 알아보겠습니다.

## 디자인이란 무엇인가?

디자인을 하는 행위는 데이터를 다루는 것과 같습니다. 어느 툴을 사용하든 우리는 원하는 내용을 효과적으로 전달하기 위해 디자인을 합니다. 스스로 디자인에 소질이 없다고 생각하는 사람도 디자인 작업에서 완전히 벗어나 있을 수는 없습니다. 평소 디자인에 대한 고민을 해야 하는 이유입니다.

> **코끼리를 다른 사람에게 설명한다면 어떻게 설명할 수 있을까요?**
>
> • 거대한 포유류 동물이다.
>
> • 긴 코를 손처럼 활용할 수 있다.
>
> • 네 다리로 걷는 동물이다.
>
> • 꼬리가 있다.
>
> • 코 옆에는 날카로운 상아가 있다.

이와 같이 코끼리의 특징을 몇몇 사람에게 설명한다고 할 때, 모든 사람이 설명만 듣고 코끼리의 생김새를 동일하게 인지하기는 어렵습니다. 듣는 것만으로는 말하고자 하는 바의 정확한 의도를 알아차리기가 어려울 수 있습니다. 이런 이유로 여러 데이터를 모아서 표현하고자 하는 내용을 시각화합니다. 전달하고자 하는 데이터를 시각화하는 작업이 바로 디자인입니다.

## 왜 디자인을 할까?

데이터를 시각화하는 근본적인 이유는 무엇일까요? 회사나 학교에서 작업물(데이터)을 시각화(디자인)해서 발표하고 보여주는 이유는 무엇일까요? 상대방에게 전달하고자 하는 내용을 보다 알기 쉽게 잘 설명하기 위해서입니다. 이를 통해 궁극적으로 자신이 원하는 결과를 도출해낼 수 있습니다. 즉, 세일즈 및 경쟁 제안 입찰에 성공하거나 공모전에 입상하는 등과 같이 '설득을 통한 긍정적인 결과 도출'을 위해서 디자인을 합니다.

## 작업을 하는 목적은 무엇인가?

상대방을 설득하고, 마음을 사로잡아 자신이 원하는 결과를 만들어내기 위해서 우리는 디자인 작업을 합니다. 이를 프레젠테이션의 형태로 실행하는데, 작업을 하는 목적을 구체적으로 설명하면 다음과 같습니다.

### ① 정보를 전달하기 위해

첫째는 전공 지식(강의 자료), 제품의 정보(설명안) 등 내용을 전달하기 위해서입니다. 내용의 전달 순서도 고려하여 상대방으로 하여금 이해가 잘 될 수 있도록 구성하는 것이 중요합니다. 또한, 발표자의 스피치가 포함된 자료인지, 발표자 없이 각자가 자료를 확인하고 이해해야 하는 자료인지 등을 고려해야 합니다.

## ② 상대방을 설득하기 위해

둘째는 제품 및 서비스 판매를 하는 경우 혹은 B2B 제안을 할 때 상대방을 설득하기 위해서입니다. 이때, 상세페이지나 브로슈어 및 제안서 등에 상대가 매력을 느끼고 집중할 수 있는 소구점을 표현해주는 것이 중요합니다. 단순히 내용 전달에 그치는 것이 아니라 해당 내용에 공감하고 몰입하고 집중할 수 있도록 하는 것입니다. 즉, 누군가를 설득하기 위한 자료는 감성과 이성의 자극이 함께 어우러져야 합니다. 최근의 트렌드나 상대의 관심사, 여러 상황에서의 질문 등을 활용한다면 더 큰 도움이 됩니다.

## ③ 경쟁 입찰 등에 선정되기 위해

경쟁 입찰에 선정되기 위함은 상대방을 설득하는 것에서 보다 더 나아간 형태입니다. 경쟁 입찰 및 공모 선정의 경우 많은 사람 혹은 기업 속에서 최종적으로 우리의 아이디어 및 제안이 선정되어야 합니다. 즉, 좋은 아이디어 및 제안 속에서 상대방에게 가장 매력적이게 전달이 되어야 합니다. 이 경우에는 앞서 언급한 소구점을 넘어서 다른 제안과 비교했을 때 왜 우리의 제안이 더 좋은가를 명확하게 표현해야 합니다. 한 가지 팁이 있다면, 현재의 제안이 얼마나 긍정적인 변화를 이끌어낼 수 있는가를 데이터로 표현해주는 것입니다.

### 작업물을 보는 사람은 누구인가?

작업의 목적과 목표를 고려한 후 작업물을 보는 당사자가 누구인지 떠올려야 합니다. 보는 사람이 누구인지 구체적으로 상상하면 많은 도움을 받을 수 있습니다.

예를 들어, 세계 경제 변화 및 3년간의 추이, 각국 주요 정책에 대한 내용을 초등학생과 경제 전문가에게 설명하는 것은 분명 차이가 있습니다. 초등학생에게는 최대한 쉽게 설명하되 가장 중요한 내용들만 전달할 것이고, 경제 전문가에게는 보다 빠르고 정확하게 설명하되 넓은 범위를 설명하면서 분석 내용을 전달할 것입니다. 이렇듯 보고 듣는 사람을 고려하는 것은 정말 중요합니다.

### ① 연령, 직업

연령을 고려하면 세대별 공감할 수 있는 콘텐츠를 구성하는 데 도움이 됩니다. 직업을 고려하면 전문 지식에 관한 설명에서 단어 선택을 하는 데 도움이 됩니다.

### ② 배경지식, 역할

배경지식을 고려하면 설명을 보다 간단하게 혹은 자세하게 표현하는 데 도움이 됩니다. 역할을 고려하면 현재 상황을 녹여 표현하는 데 도움이 됩니다.

### ③ 성별, 거주지, 취미

이 외에도 성별, 거주지, 취미 등을 고려한다면 상대방에게 보다 맞춤형으로 작업물을 제작할 수 있습니다. 모든 부분을 고려할 수는 없지만 특정 몇 가지 요소만 고려하더라도 보는 사람들의 공감과 이해를 이끌어낼 수 있으며 설명하는 시간을 단축하는 데 큰 도움이 됩니다.

목적과 목표, 작업물을 보는 사람이 누구인지 고려하는 것만으로도 작업물의 퀄리티가 달라집니다. 성공적인 전달/설득/선정을 위해서는 이와 같은 사항을 고려하여 작업합니다. 그렇지 않다면 단순히 작업자의 시선과 관점에서 이해가 되는 대로 작업물이 완성되어 나만 만족하고 끝나는 프레젠테이션이 되고 맙니다. 이 책을 읽는 독자분들의 파워포인트 디자인 작업물이 시작부터 끝까지 올바른 목적으로 제작되어 원하는 목표를 달성하길 바랍니다.

LESSON

# 02

# 디자인 작업의
# 필수 3요소

디자인 작업에서 필수적으로 고려해야 하는 것은 컬러, 폰트, 이미지 세 가지입니다. 디자인의 전체적인 톤앤매너를 구성하는 요소이며 본격적인 디자인 작업 전에 설정합니다.

## 컬러(색상) : 전체적인 느낌

컬러는 디자인 작업물의 전체적인 느낌을 표현하는 요소입니다. 색의 조합이 많을 경우 산만하고 복잡하게 보여 원하는 느낌이나 키워드를 정확하게 전달하기 어려울 수 있습니다. 컬러는 서너 가지 정도 활용할 것을 추천합니다. 세 가지 컬러를 활용하는 경우 메인 컬러, 서브 컬러, 베이스 컬러로 구분하여 조합합니다. 네 가지 이상의 컬러를 활용하는 경우 메인 컬러, 서브 컬러A와 서브 컬러B, 베이스 컬러로 구분해 조합합니다.

**메인 컬러**는 로고, 브랜드, 핵심 키워드, 전달하고자 하는 느낌을 고려해 설정합니다. 설정된 메인 컬러는 배경으로 사용하거나 핵심 개체를 표현하는 데 활용합니다.

**서브 컬러**는 메인 컬러와 유사하지만 좀 더 옅은 색으로 설정합니다. 핵심 개체를 받쳐주는 요소들을 표현하는 데 활용합니다.

**베이스 컬러**는 무채색(연회색~진회색)으로 설정하되, 서브 컬러보다 약간 더 옅은 색으로 설정합니다. 본문 텍스트, 공간 구분을 위한 선 등 우선순위로 두지 않는 개체에 활용합니다.

**컬러의 개수를 정하는 기준**

- 슬라이드 20장 이내의 작업 : 세 가지 컬러 활용
- 슬라이드 20장 이상의 작업 : 3~5가지 컬러 활용

세 가지 이상의 컬러를 활용할 경우에는 카테고리별로 컬러에 변화를 줍니다. 작업물을 보는 사람은 컬러를 통해 카테고리의 전환 시점을 확인하게 되며, 새롭게 집중을 유도할 수 있습니다.

베이스 컬러로 검은색이 아닌 연회색~진회색을 활용하는 이유는, 검은색이 다른 색과 함께 활용되었을 때 메인 컬러나 서브 컬러보다 더 강조될 수 있기 때문입니다.

## 메인 컬러와 서브 컬러 설정하기

컬러를 설정할 때는 같은 크기의 도형을 네 개 정도 배치한 뒤, 다음과 같이 각 도형에 색을 채웁니다. ①먼저 메인 컬러 도형을 선택하고 마우스 오른쪽 버튼을 클릭한 후 [도형 서식]을 선택합니다. ②오른쪽에 [도형 서식] 작업 창이 나타나면 [도형 옵션]–[채우기 및 선 ]–[채우기]를 클릭합니다. ③[단색 채우기]가 선택된 상태에서 [색]을 클릭하고 파란색으로 설정합니다. ④[선]–[선 없음]을 선택합니다.

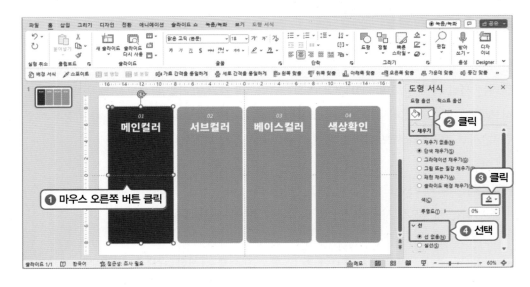

두 번째 서브 컬러 도형도 메인 컬러와 같은 색으로 설정합니다.

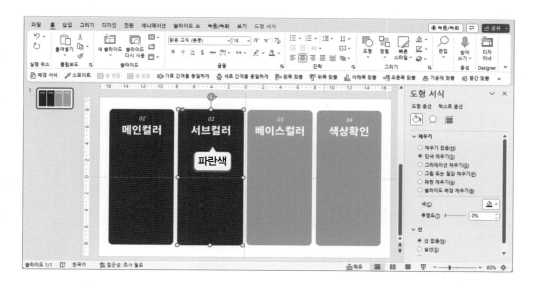

①서브 컬러 도형이 선택된 상태에서 [색]-[다른 색]을 클릭합니다. ②[색] 대화상자가 나타나면 [사용자 지정] 탭을 클릭합니다. ③메인 컬러가 설정되어 있습니다. [현재 색]의 위치를 기준으로 좌우의 색을 확인합니다. 왼쪽 혹은 오른쪽 대각선으로 포인터를 이동해 원하는 컬러를 선택합니다.

색상표의 위쪽으로 올라갈수록 전체적으로 밝은 느낌을 주고, 아래쪽으로 내려올수록 좀 더 차분한 느낌을 줍니다. 가로 폭의 이동 범위가 가까울수록 컬러의 변화가 적고 멀어질수록 변화가 커집니다. 포인터를 대각선으로 이동해보면서 오른쪽 하단의 [현재 색]과 [새 색]을 확인합니다. 서브 컬러가 메인 컬러보다 조금 더 옅은 느낌이 되도록 설정합니다.

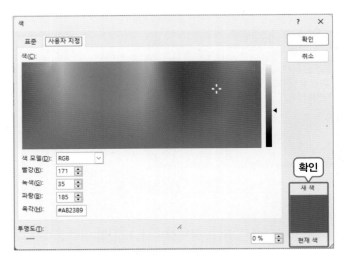

TIP 색상표의 오른쪽에 있는 컬러 바를 위아래로 움직이면 명도를 조절할 수 있습니다.

베이스 컬러로 연회색을 선택합니다. 마지막 도형에는 그라데이션을 활용해 메인 컬러와 서브 컬러를 채웁니다. 자연스럽게 어우러지는 느낌이 들면 완성입니다. 바로 작업을 시작하기보다 이렇게 미리 색을 선택하고 그라데이션까지 확인하면 컬러를 안정적으로 활용할 수 있습니다.

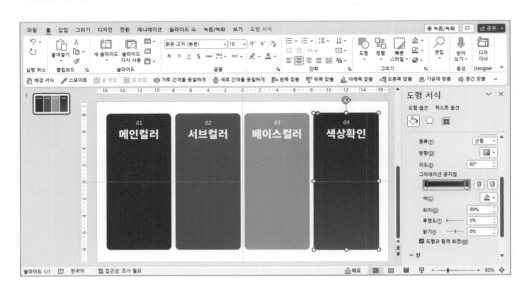

## 브랜드를 상징하는 컬러 선택하기

브랜드를 상징하는 컬러가 있습니다. 스타벅스 로고는 진한 초록색 한 가지만을 메인 컬러로 사용합니다. 반면에 구글 혹은 페라리처럼 로고에 여러 컬러를 조화롭게 사용한 경우도 있습니다.

그렇다면 여기서 고민이 생깁니다. '나는 내 작업물에 어떤 컬러를 선택할까? 몇 가지의 컬러를 사용해야 하는가?'입니다. 이런 고민에 대한 답은 스스로 찾아야 합니다. 작업물의 성격, 목적, 목표를 정확하게 인지한 후에 많은 예들을 찾아보고 자신의 작업물에 대입해보는 것도 좋습니다. 다음 표를 참고합니다.

◀ 한 가지 컬러로 로고 표현

◀ 세 가지 이상의 컬러로 로고 표현

## 전달하고 싶은 느낌 반영하기

프레젠테이션을 통해 무엇을 전달하고 싶은지 생각합니다. 사람들에게 신뢰감을 주고 싶은지 혹은 동기 부여가 되기를 바라는지 등에 따라 디자인에 사용할 컬러가 달라집니다. 전달하고자 하는 느낌을 정했다면 이 느낌을 컬러로 표현해봅니다.

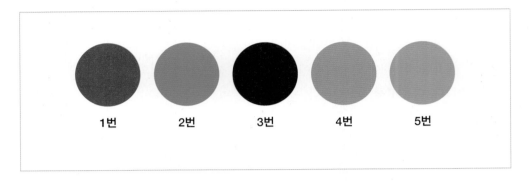

다섯 가지 컬러를 봤을 때 떠오르는 생각이나 느낌을 자유롭게 적어봅니다. 이때, 긍정적인 느낌 세 가지, 부정적인 느낌 두 가지로 나누어서 적습니다. 이런 과정을 통해 여러 가지 느낌과 콘셉트를 도출해낼 수 있습니다. 나머지 네 개의 컬러도 다음을 참고하여 적어봅니다.

• 예시 1번(빨강) : (긍정) 밝음, 에너지, 열정적 / (부정) 경고, 채도가 높아 눈에 무리가 됨

• 예시 2번(초록) : (긍정) 차분함, 안정적, 신뢰감을 줌 / (부정) 촌스러움, 애매함

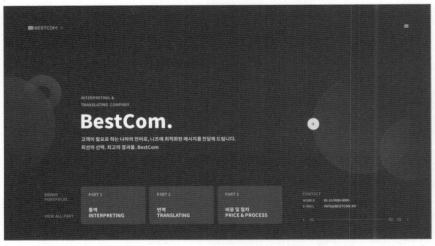

▲ 차분함과 안정감을 주는 네이비(짙은 남색)

▲ 시원함과 신뢰감을 주는 파란색 그라데이션

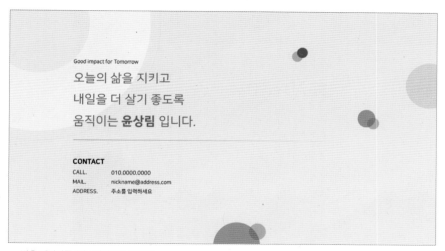

▲ 밝은 에너지를 주는 빨간색과 주황색

## 주제와 컬러를 연관 지어 선택하기

자신의 작업 주제를 생각해보고 떠오르는 이미지의 색을 메인 컬러로 설정해봅니다. 친환경이라는 주제를 생각했을 때 떠오르는 이미지는 무엇인가요? 숲, 나무, 흙, 바다, 동식물 등의 자연이 떠오를 것입니다. 숲과 바다를 색으로 표현했을 때 대표적인 컬러는 초록색과 파란색입니다. 이렇듯 특정한 주제를 언급했을 때 가장 쉽게 떠올릴 수 있는 컬러를 기본적인 가이드로 설정합니다.

▲ 채식주의를 주제로 한 PPT

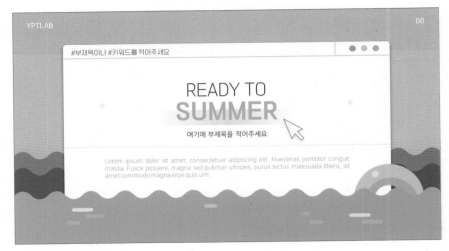

▲ 여름을 주제로 한 PPT

▲ 봄을 주제로 한 PPT

| 특정 브랜드를 콘셉트로 하는 작업 | 해당 브랜드의 로고(CI/BI) 컬러를 활용 |
|---|---|
| 디자인을 통해 전달하고자 하는 느낌 | 자신이 전달하고자 하는 느낌을 컬러로 전환<br>[예1] 열정적이고 액티브한 느낌 : 빨강 / 주황 / 노랑 / 밝은 파랑<br>[예2] 차분하고 신뢰를 주는 느낌 : 짙은 파랑(네이비) / 연갈색~진갈색<br>[예3] 고급스럽고 세련된 느낌 : 보라색 / 짙은 주황색 |
| 제작 주제에 맞춰 작업 | 디자인 작업을 하는 주제에 부합하는 컬러를 활용<br>[예1] 친환경 관련 발표 : 초록색 / 하늘색<br>[예2] 공공기관 관련 발표 : 남색 / 파란색<br>[예3] 카카오 관련 발표 : 노란색 / 짙은 갈색(고동색) |
| 간단한 프레젠테이션 (급한 작업) | 무채색 컬러를 활용(대표적인 방법)<br>짙지만 채도가 높지 않은 컬러 활용(프로젝터 빔 고려) |

▲ 컬러를 활용한 작업의 예

## 폰트(글꼴) : 디테일한 느낌

컬러가 전체적인 느낌을 구성한다면 폰트는 디테일한 느낌을 표현하는 요소입니다. 폰트는 가독성을 중점적으로 고려해 선택하고, 한 작업물에서 세 가지 정도만 활용합니다.

### 고딕체와 명조체 중에서 선택하기

| 고딕체 | 명조체 |
|---|---|
| # 고딕 | # 명조 |
| 글자의 획이 직선으로 뻗음<br>글자의 공간 차지가 명조체에 비해 적음 | 글자의 획 시작 부분이 꺾임<br>글자의 공간 차지가 고딕에 비해 많음 |
| 웹, 모바일(디지털)에서 주로 활용 | 신문, 청첩장(아날로그)에서 주로 활용 |
| 데이터, 사실 전달 표현에 적합 | 인용, 감성적인 표현에 적합 |

**제목용 폰트**는 표지 또는 소제목, 거버닝 메시지 등에 활용하는 폰트입니다. 일반적으로 굵은 폰트를 활용하며 폰트 자체에 포인트가 있는 폰트도 활용할 수 있습니다. 제목용 폰트를 고를 때에는 작업물의 분위기가 폰트와 조화를 이루는지 고민해야 합니다. 제목용 폰트로 브랜드 폰트(예 : 여기어때, 야놀자, 롯데마트 폰트) 등을 사용하는 경우에는 해당 브랜드의 느낌이 작업물에 영향을 줄 수 있어 피하는 것이 좋습니다. 특히, 포트폴리오나 홍보 자료에서 타 브랜드의 느낌이 곳곳에 묻어난다면 부자연스럽고 집중도가 떨어질 수 있어 지양합니다.

**본문용 폰트**는 크게 고딕체와 명조체로 나뉩니다. 상대적으로 고딕체를 더 많이 활용하지만 전체적인 내용 구성에 따라서 상황에 맞게 활용하면 됩니다. 고딕체는 이성적이고 수치화된 표현(데이터, 사실 전달)이 많을 때 활용하고 명조체는 감성적인 접근의 표현이나 인용이 많을 때 활용합니다.

**포인트용 폰트**는 전체적인 폰트 분위기와는 다른 형태를 활용합니다. 제목과 본문 폰트가 고딕이나 명조 계열의 폰트로 이루어졌다면 포인트용 폰트는 필기체로 활용하는 경우가 많습니다. 최근에는 제안서나 설명회 등의 자료같이 격식을 갖춰야 하는 경우에는 포인트용 폰트를 사용하지 않고, 제목용 폰트를 포인트용 폰트와 함께 활용합니다.

## 고딕체의 활용 분야 알아보기

### ❶ 보고서 및 제안서 활용

워드, 파워포인트, 일러스트레이터 등 어떠한 툴을 활용하든 보고서 및 제안서를 작성할 때에는 고딕체만큼 효과적인 폰트가 없습니다. 데이터에 대한 정리와 공식적인 전달을 하는 내용에 주로 활용합니다.

### ❷ PPT 작업 시 상하단 개체

파워포인트를 활용하여 제안서를 만들 때 제출용과 발표용 자료의 좌우상하 부분에는 여러 개체를 넣습니다. 보통 발표하는 제안서의 제목, 쪽번호, 발표자(팀명) 등을 배치합니다. 해당 개체들은 모두 얇은 계열의 고딕체를 활용합니다.

### ❸ 정보 및 설명문

자사의 제품이나 서비스에 대한 명확한 설명과 이성적인 전달(공식적인 자료의 전달, 사실 전달)이 필요한 자료에는 고딕체만 사용해도 됩니다. 당사의 폰트가 존재한다면 제목 정도만 브랜드 폰트를 사용합니다.

### ❹ 부제 및 개요

부제나 개요는 보통 제목과 함께 쓰입니다. 본문보다는 좀 더 크게 표현이 되는 경우가 있는데 부제 및 개요를 제목용 폰트(혹은 포인트용 폰트)로 활용한다면 제목 및 포인트에 집중이 되지 않을 수 있습니다. 부제 및 개요는 고딕체를 사용하되, 조금 더 굵게 설정(굵기를 다르게 제작한 고딕 계열의 폰트)하거나 고딕체와는 조금 다르지만 큰 차이가 없는 폰트를 활용합니다.

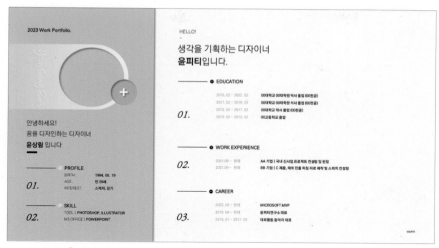

▲ 고딕체를 활용한 포트폴리오 PPT

## 명조체의 활용 분야 알아보기

### ❶ 인용, 명언(격언) 활용

명언이나 격언 등 누군가의 말을 인용할 때 큰따옴표("")를 활용합니다. 큰따옴표 안에 명조체의 문장을 넣습니다.

### ❷ 본문으로 활용

여백이 많은 보고서나 제안서의 경우 명조체를 활용하면 가독성을 높일 수 있습니다. 공문서의 경우 대부분의 폰트가 바탕체(명조)로 설정되어 있습니다. 공문서 특성상 기본으로 설정된 폰트를 사용하는 것입니다. 글 간격이 있는 작업을 할 경우 가독성을 고려하여 본문은 명조체를 사용합니다.

### ❸ 제목으로 활용

이성적인 접근보다 감성적인 접근이 필요한 주제의 프레젠테이션이나 강연을 할 때에는 제목 및 개요 부분을 명조체로 활용합니다. 가독성이 좋은 폰트이기 때문에 포인트로 개요 부분에 활용해도 좋습니다. 이때, 본문은 고딕을 사용합니다. 모든 폰트를 명조로 통일하게 되면 단조롭고 강조되는 부분이 없어 포인트로 활용한 효과가 없어집니다.

### ❹ 카드뉴스 등 짧은 문장 활용

짧은 문장으로 구성된 디자인 작업물에서는 명조체를 사용하는 것이 좋습니다. 다음 콘텐츠와 같이 흰색 화면에 한두 문장을 명조 계열로 표현합니다. 한 화면에 짧고 간단한 문장을 활용할 때 효과적입니다.

▲ 명조체를 활용한 메뉴판 PPT

---

**윤피티의 팁!**  **최근 많이 활용하고 있는 상업용 무료 폰트**

#### Kopub World 돋움

자간이 넓지 않고 가독성이 좋은 폰트입니다. 네이버 나눔글꼴에 비해 자간이 좁아 프레젠테이션에는 Kopub World 폰트가 유리합니다. 만약 프레젠테이션 슬라이드를 출력해야 한다면 네이버 나눔글꼴을 활용하는 게 효과적입니다.

### IBM Plex Sans

글자 획에 포인트가 있어서 강조를 주고 싶을 때 적합합니다. 일반적인 고딕체에 비해서 좀 더 튀는 느낌을 표현할 수 있어, 강의용이나 발표용으로 활용하기에 적합합니다.

### Noto Sans KR

가독성이 좋으면서 깔끔한 고딕 느낌의 폰트로, 다양한 굵기를 제공하는 폰트를 찾는다면 추천합니다.

### G Market

브랜드 폰트는 대학생 과제 및 공모전이나 해당 브랜드와 관계없는 업종의 포트폴리오에는 충분히 활용할 수 있습니다. 특히 G Market 폰트는 살짝 둥근 형태로, 부드러운 분위기를 표현하고 싶은 디자인 작업물에 사용하면 좋습니다.

윤피티가 실제로 강의 및 작업에서 활용한 폰트입니다. 폰트 디자인으로 얻을 수 있는 감각적인 느낌을 살리기 위해서 포인트가 될 수 있는 굵은 폰트들도 다양하게 활용하고 있습니다.

동해물과 백두산이 마르고 닳도록
하느님이 보우하사 우리나라 만세.
프리텐다드 medium

동해물과 백두산이 마르고 닳도록
하느님이 보우하사 우리나라 만세.
더잠실

동해물과 백두산이 마르고 닳도록
하느님이 보우하사 우리나라 만세.
봄바람체 3.0

동해물과 백두산이 마르고 닳도록
하느님이 보우하사 우리나라 만세.
국립박물관문화재단클래식

동해물과 백두산이 마르고 닳도록
하느님이 보우하사 우리나라 만세.
Y이드스트릿체

동해물과 백두산이 마르고 닳도록
하느님이 보우하사 우리나라 만세.
비트로 코어

동해물과 백두산이 마르고 닳도록
하느님이 보우하사 우리나라 만세.
강원교육튼튼

동해물과 백두산이 마르고 닳도록
하느님이 보우하사 우리나라 만세.
레페리 포인트 타입(Leferi Point Type)

## 이미지(사진) : 직접적인 키워드

컬러와 폰트가 작업물 디자인의 전체적이고 디테일한 분위기를 결정한다면, 이미지는 작업물 디자인의 직관적인 분위기를 결정합니다. 이미지를 선택할 때, 고화질이며 키워드가 명확하고, 컬러가 너무 튀지 않아야 좋습니다. 여러 장의 이미지를 배치할 때는 서로 유사하거나 이질감이 없어야 보다 짜임새 있는 디자인이 가능합니다. 어떤 이미지를 선택하느냐에 따라 작업물의 퀄리티가 달라집니다.

컬러와 폰트는 작업물의 전반적인 느낌을 다를 뿐 콘텐츠를 담을 수는 없습니다. 반면에 이미지는 콘텐츠 자체가 되기도 하므로 고화질의 뚜렷한 이미지를 선택해야 작업물을 보는 사람들로 하여금 더 빠른 이해를 도울 수 있습니다. 즉, 집중을 유도할 수 있어 표현하고자 하는 바를 온전히 전달할 수 있습니다.

▲ 텍스트 없이 이미지 한 장이 콘텐츠가 된 PPT

텍스트와 도형, 이미지가 함께 있는 작업물에서 가장 먼저 눈에 띄는 요소는 이미지입니다. 이미지 선택을 신중하게 해야 하는 이유입니다. 다음 작업물은 워킹 홀리데이의 목적과 과정을 담은 소제목 슬라이드입니다. 텍스트가 많지 않으나 주제에 적합한 고화질 이미지를 배경에 배치하여 꽉 차 보이는 느낌을 전달합니다.

▲ 주제에 적합한 고화질 이미지를 사용하여 전달력을 높인 PPT

다음 작업물은 사업 계획서입니다. 디자인 작업에서 사용된 메인 컬러는 짙은 파란색(네이비 계열)입니다. 오른쪽에 배치한 이미지도 메인 컬러인 파란색 계열을 포함하고 있습니다. 이미지를 선택할 때 반드시 메인 컬러와 동일한 컬러 톤이 아니어도 됩니다. 단, 메인 컬러와 유사한 계열의 컬러가 담긴 이미지를 사용하면 더욱 안정적인 디자인이 됩니다.

▲ 메인 컬러와 유사한 계열의 컬러가 담긴 이미지를 사용하여 조화를 이룬 PPT

다음 작업물도 마찬가지입니다. 과일이라는 주제에 어울리는 신선하고 깨끗한 파란색과 연한 파란색을 배경에 사용했습니다. 텍스트와 부분 부분 작은 요소에 들어간 컬러는 이미지(사진)에 있는 컬러인 주황색, 다홍색, 초록색 등을 포인트로 사용했습니다.

▲ 메인 컬러와 서브 컬러를 고려하여 적절한 이미지를 선택한 PPT

초록색 계열과 파란색 계열은 색상표 기준으로 가까이 위치해 있어 함께 활용했을 때 이질감이 없습니다. 최종적으로 여러 이미지 사이에서 하나를 선택해야 할 때, 메인 컬러−서브 컬러를 고려해서 고른다면 보다 통일감 있는 디자인을 완성할 수 있습니다.

## 윤피티의 팁! **고화질 이미지 사이트**

### PEXELS.COM

가로 형태의 이미지를 찾기에 적합한 사이트입니다. 가로형 이미지는 PPT 작업 시 배경 이미지로 활용하면 안정적입니다. PEXELS 사이트는 동영상 클립을 제공하고 있어서 동영상을 활용한 배경 이미지 디자인을 만들 수 있습니다. 또한 사실적인 느낌의 이미지들을 많이 제공하고 있습니다. 영어로 검색하는 것이 검색 결과에 유리합니다.

### UNSPLASH.COM

세로 형태의 이미지를 찾기에 적합한 사이트입니다. 감성적인 느낌을 낼 수 있는 아웃 포커싱과 라이팅 이펙트가 있는 이미지가 많습니다. 영어로 검색하는 것이 검색 결과에 유리합니다.

### PIXABAY.COM

고화질 이미지를 상당히 많이 보유한 사이트입니다. 다른 사이트에서 원하는 이미지를 찾지 못할 때 PIXABAY 사이트에 접속하면 필요한 이미지를 찾는 경우가 많습니다. 한국어 검색이 가능해 편리합니다.

그 외에도 FREEPIK.COM은 일러스트 사이트로 유명하지만 사실적인 이미지도 많이 보유하고 있는 사이트입니다. 일러스트레이터를 다룰 수 있는 독자들은 일러스트(AI) 파일을 다운로드해 벡터 이미지를 활용합니다. 영어로 검색하는 것이 검색 결과에 유리합니다.

LESSON 03

# 트렌드보다 더 중요한
# 필수 요소들

디자인의 트렌드는 시대에 따라 자주 변화합니다. 하지만 디자인 작업물을 만들 때 변하지 않는, 꼭 지켜야 하는 요소들이 있습니다. 디자인 작업물을 만드는 기본적인 이유는 정보를 보다 잘 전달하기 위해서입니다. 이 목적을 염두에 두고 꼭 지켜야 하는 요소에는 어떤 것들이 있는지 살펴봅니다.

## 가독성 : 가시성과 전달력

프레젠테이션을 하는 가장 기본적인 이유는 상대방에게 내용을 잘 전달하기 위해서입니다. 작업물을 보는 사람들의 연령과 직업군, 관심사 등을 고려해야 하며, 전하고자 하는 내용의 배치에도 우선순위를 두어야 합니다. 프레젠테이션 초반부에는 해당 주제의 배경지식과 결론을 먼저 배치하고 후반부로 갈수록 디테일한 내용을 전개해야 전달력이 좋아집니다. 덧붙여 폰트, 컬러, 개체 간의 간격을 고려하면 가독성을 더욱 높일 수 있습니다.

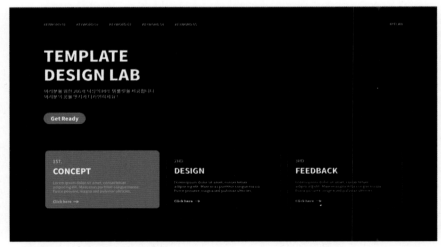

▲ 우선순위를 강조하여 가독성을 살린 PPT

본문에는 텍스트가 많기 때문에 일반적으로 고딕 계열의 폰트를 사용합니다. 본문에 필기체를 사용하거나 굵은 폰트를 사용하게 되면 본문에서 말하고자 하는 내용의 전달력에 문제가 생길 수 있습니다. 컬러는 파스텔 톤의 비비드한 컬러를 사용하게 되면 눈에 피로감을 주어 가독성이 떨어질 수 있습니다. 프레젠테이션을 할 때 디스플레이에서 출력하거나 스크린에 프로젝터 빔을 활용하는 경우가 많은데 비비드한 컬러 톤을 활용하게 되면 표현하고자 하는 개체가 선명하게 표현되지 않으니 주의합니다.

▲ 눈에 부담을 주지 않는 컬러를 활용한 PPT

배경에 사용되는 컬러와 개체에 사용되는 컬러의 차이가 또렷한 조합을 사용합니다. 컬러 차이가 크지 않으면 전달력이 떨어집니다. 개체의 간격 또한 너무 좁거나 넓어도 가독성에 해가 되므로 적당한 간격을 유지합니다. 적당한 간격이란 사용하고 있는 개체의 크기가 동일하다고 가정했을 때, 개체 크기의 1/3에서 1/4 정도의 간격으로 배치하는 것을 의미합니다.

▲ 개체 간격을 적절하게 두어 가독성을 살린 PPT

## 여백 : 밀도와 안정감

슬라이드에서 본문이 차지하는 공간보다 여백이 많으면 허전한 느낌을 줍니다. 슬라이드 여백은 20~30% 정도만 주는 것을 추천합니다. 여백이 너무 없으면 슬라이드가 답답해 보입니다. 또한, 한 슬라이드에서 소요되는 시간이 길어져 집중도를 떨어뜨릴 수 있습니다. 반면에 여백이 너무 많으면 내용적으로 부족해 보인다는 인상을 줄 수 있습니다. 상하좌우 여백 공간과 그 안의 본문 공간을 비교해보면 이해하기가 쉽습니다. 본문 내부의 요소들 간의 간격이 넓으면 이것도 여백으로 간주할 수 있지만, 디테일한 계산이 어려울 경우에는 상하좌우 여백을 본문 내부 공간과 비교해보면 됩니다.

▲ 여백에 개체를 넣기 전

▲ 여백에 개체를 넣은 후

슬라이드의 여백을 구성할 때는 먼저 각각의 슬라이드에 균일한 분량으로 내용을 배치한 뒤 설정하면 수월합니다. 내용을 구성한 뒤 여백을 구성해야 슬라이드마다 동일한 상하좌우의 여백을 설정했을 때 슬라이드에 적절한 여백이 생깁니다. 내용 배치에 앞서 먼저 여백을 설정하면 한 슬라이드는 내용이 많아서 여백이 맞지 않고, 또 다른 슬라이드는 내용이 너무 적어서 여백이 많아 보이게 되는 문제가 생깁니다.

내용(콘텐츠)을 모두 배치한 후에 여백이 많이 남는다면 배경에 이미지를 활용합니다. 이미지를 삽입할 때는 원본 그대로를 사용하기보다는 투명도를 높이거나 그라데이션을 설정하여 배경으로서 역할을 할 수 있게 합니다.

▲ 여백에 이미지를 넣기 전

▲ 여백에 이미지를 넣은 후

# 레이아웃 : 공간 구성

레이아웃은 공간을 구성하는 것입니다. 즉, 외곽의 여백을 어느 정도로 구성할 것인지, 제목이 들어가는 공간과 본문이 들어가는 공간을 구분해주는 것을 말합니다. 비율과 퍼센트를 사용해 전체 슬라이드의 레이아웃을 동일하게 설정할 수 있지만 카테고리마다 내용의 구성과 양이 다르므로 그에 따라 레이아웃을 설정해주는 것이 좋습니다. 레이아웃은 표지/소제목 레이아웃, 본문용 레이아웃, 간지 레이아웃 등 세 가지 정도로 만들어서 활용합니다.

▲ 직사각형을 4x4 배치하여 안정감 있는 PPT

각각의 레이아웃을 설정할 때에는 전체 여백은 동일하게 두되, 용도에 맞춰서 레이아웃을 설정해주는 것이 좋습니다. 제목과 소제목, 본문은 들어가야 하는 내용 및 요소가 다르므로 다른 레이아웃을 미리 설정해둔 뒤 본격적인 시각화와 디자인 작업을 진행합니다.

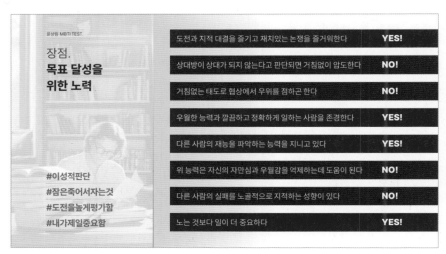

▲ YES OR NO 질문을 가로로 긴 직사각형으로 배치한 PPT

## 톤앤매너 : 콘셉트와 통일감

여백을 동일하게 하여 레이아웃을 구성했더라도 세부적으로 들어가는 본문의 내용 구성이 슬라이드마다 다르면, 여러 슬라이드를 봤을 때 통일감을 느끼지 못하게 됩니다. 프레젠테이션의 통일감과 콘셉트를 맞춰줄 톤앤매너를 설정한 뒤 모든 슬라이드에 적용해야 합니다.

톤앤매너를 구성하는 요소는 컬러, 폰트, 도형의 형태와 서식입니다. 컬러와 폰트에 대해서는 **LESSON 02**에서 자세히 다루었으니 참고합니다. 프레젠테이션은 연속성을 가진 작업물이므로 일관된 컬러와 폰트를 사용하는 것이 중요합니다. 또한 도형의 형태(원, 사각형, 둥근 사각형 등)와 입체감을 고려한 서식을 선택한 후 전체 슬라이드에 동일하게 적용하고, 세부적인 디테일 디자인을 진행합니다. 이렇게 하면 작업물을 보는 사람은 슬라이드의 통일감, 안정감을 느낄 수 있습니다.

▲ 시원시원한 컬러와 도형으로 톤앤매너를 갖춘 PPT

# CHAPTER 02

# 꼭 기억해야 하는 파워포인트 디자인의 기본 기능

파워포인트의 기본 기능을 알면 다양한 디자인 작업을 할 수 있습니다. 작업의 효율을 올려주는 기능을 익히고, 속도를 향상해주는 단축키를 숙지하여 윤피티처럼 작업해봅니다.

## LESSON 01

# 파워포인트 기본 설정 작업

발표 자료의 폰트가 깨지거나 설정해둔 폰트가 아닌 엉뚱한 폰트로 바뀌어 당혹했던 경험이 누구나 한 번쯤은 있을 것입니다. 이런 실수를 하지 않도록 작업 전에 파워포인트를 설정하는 방법을 알아보겠습니다.

## 작업 효율을 높이는 파워포인트 환경 설정

[파일] 탭-[옵션]을 클릭하면 [PowerPoint 옵션] 대화상자가 나타납니다. 작업에 앞서 필요한 기본 설정을 진행합니다.

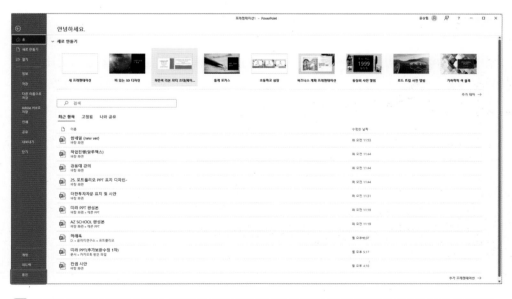

TIP 이 책은 MS OFFICE 365 버전으로 설명합니다. 하위 버전이어도 일부 인터페이스의 차이만 있을 뿐 대부분의 기능은 동일합니다.

## [일반] – [PowerPoint Designer] 비활성화하기

①[PowerPoint 옵션] 대화상자에서 [일반]을 클릭합니다. ②[PowerPoint Designer]-[디자인 아이디어를 자동으로 표시]에 체크를 해제합니다. 이 기능은 이미지나 도형을 삽입했을 때 파워포인트 AI 기능이 적합한 레이아웃을 제안합니다. 그러나 실제 작업 시 활용도가 굉장히 낮고, 로딩이 길어지는 문제가 발생합니다. 이 기능은 체크를 해제하여 비활성화하는 것이 작업에 유리합니다.

## [언어 교정] – [자동 고침 옵션] – [한/영 자동 고침] 비활성화하기

①[PowerPoint 옵션] 대화상자에서 [언어 교정]을 클릭합니다. ②[자동 고침 옵션]을 클릭하여 [자동 고침] 대화상자가 나타나면 ③[한/영 자동 고침]의 체크를 해제합니다. [한/영 자동 고침]은 키보드가 영문 입력 상태일 때 한글 문장을 입력하면 영문이 한글로 바뀌어 입력되는 기능입니다. 반대로 한글 입력 상태일 때 영어 문장을 입력하면 영어가 입력됩니다. [한/영 자동 고침]을 비활성화하면 해당 기능은 적용되지 않습니다.

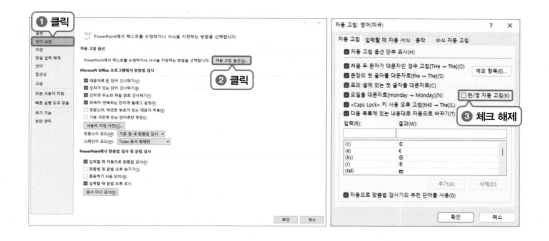

## [자동 고침 옵션] 입력과 결과 설정하기

[자동 고침] 탭에는 텍스트를 입력했을 때 도출되는 결괏값을 바꿀 수 있는 기능들이 있습니다. 입력값과 결괏값을 넣어서 추가 설정을 할 수도 있습니다. 예를 들어, ①[입력]에 **당구장 표시**라고 입력하고② [결과]에 ※를 입력한 다음③[추가]를 클릭합니다. 슬라이드에 당구장 표시라고 입력하고 Enter 를 누르면 ※로 변경됩니다. 자주 쓰는 단어를 설정해두고 활용해봅니다.

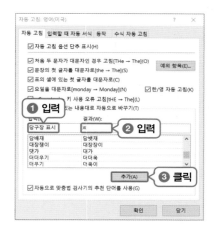

## [자동 고침 옵션] – [자동으로 글머리 기호 넣기 및 번호 매기기] 비활성화하기

①[자동 고침] 대화상자에서 [입력할 때 자동 서식] 탭을 클릭합니다. ②[자동으로 글머리 기호 넣기 및 번호 매기기]의 체크를 해제합니다. 이 기능을 해제하지 않으면 불필요할 때 작동되는 경우가 있어 작업에 방해를 줄 수 있습니다.

## [저장] – [파일의 글꼴 포함] 활성화하기

①[PowerPoint 옵션] 대화상자에서 [저장]을 클릭합니다. ②[파일의 글꼴 포함]을 체크하면, 다른 컴퓨터에서 파일을 열었을 때 글꼴(폰트)이 깨지는 현상을 막아줍니다. 이 기능을 활성화하면 [프레젠테이션에 사용되는 문자만 포함]과 [모든 문자 포함] 기능이 활성화됩니다. 다른 컴퓨터에서 수정 작업을 하는 경우 [모든 문자 포함]을 체크하고, 단순 제출용이라면 [프레젠테이션에 사용되는 문자만 포함]을 체크합니다. 이 기능은 폰트를 저장했을 때 파일의 크기가 커지지 않아 제출하는 사이트에 용량 제한이 있는 경우 유용합니다.

## [고급] – [실행 취소 최대 횟수] 늘리기

①[PowerPoint 옵션] 대화상자에서 [고급]을 클릭합니다. ②[실행 취소 최대 횟수]의 기본값은 20으로 설정되어 있습니다. **150**으로 변경합니다. 이 기능은 실행 취소( Ctrl + Z )를 몇 번 사용할 수 있는가를 설정합니다. 최대 150까지 설정할 수 있으므로 최대 수치를 입력합니다. Ctrl + Z 가 150번으로 늘어나는 만큼 실행 취소 되돌리기( Ctrl + Y ) 또한 150번까지 사용할 수 있습니다. 작업을 하다 보면 이전의 작업 상태로 되돌리고 싶은 경우가 꽤 많습니다. [실행 취소 최대 횟수]를 활용하여 작업의 편의성을 높입니다.

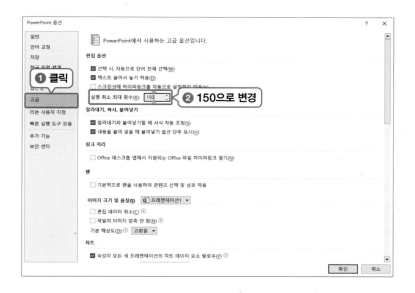

## [고급] – [인쇄] 품질 설정하기

[고급] 목록에는 [인쇄] 기능이 있습니다. 인쇄 시 출력물의 품질을 결정하는 기능으로, 고품질로 출력을 원한다면 모든 기능을 체크합니다.

## [빠른 실행 도구 모음] 설정하기

① [PowerPoint 옵션] 대화상자에서 [빠른 실행 도구 모음]을 클릭합니다. ② [명령 선택]-[모든 명령]을 클릭하고 ③ 원하는 기능을 선택합니다. ④ [추가]를 클릭하면 오른쪽 [빠른 실행 도구 모음 사용자 지정]에 추가됩니다. 계속해서 원하는 기능을 추가하고 ⑤ [확인]을 클릭하면 실제 작업 기본창에서 활용할 수 있습니다.

**[윤피티의 빠른 실행 도구 모음] 설치 방법**

예제 파일로 제공하는 **윤피티의 빠른 실행 도구 모음**은 파워포인트 작업 중 가장 많이 활용하는 기능으로 구성했습니다. 배경, 텍스트, 도형 서식 설정과 정렬 기능 등을 구성해 개별로 기능을 찾을 때보다 더욱 편리하게 활용할 수 있습니다. 파워포인트를 실행하고 새 슬라이드에서 실습을 진행합니다.

**준비 파일** 윤피티의 빠른 실행 도구 모음.exportedUI

**01** ①[파일] 탭-[옵션]을 클릭하여 [PowerPoint 옵션] 대화상자를 엽니다. ②[빠른 실행 도구 모음]을 클릭하고 ③[가져오기/내보내기]-[사용자 지정 파일 가져오기]를 클릭합니다.

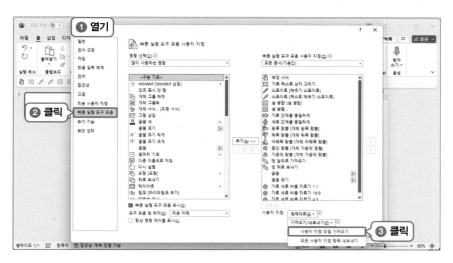

**02** [파일 열기] 대화상자가 나타나면 다운로드한 준비 파일에서 ①**윤피티의 빠른 실행 도구 모음.exportedUI** 파일을 선택하고 ②[열기]를 클릭합니다.

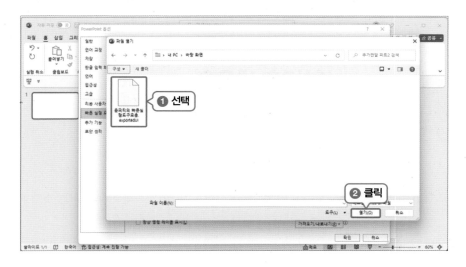

**03** [Microsoft Office] 대화상자가 나타나면 [예]를 클릭합니다. 윤피티가 사용하는 설정을 그대로 가져왔습니다.

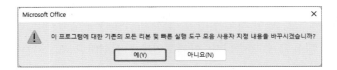

**04** ①[빠른 실행 도구 모음 사용자 지정] 아이콘을 마우스 오른쪽 버튼으로 클릭합니다. ②[리본 메뉴 아래에 빠른 실행 도구 모음 표시]를 선택합니다.

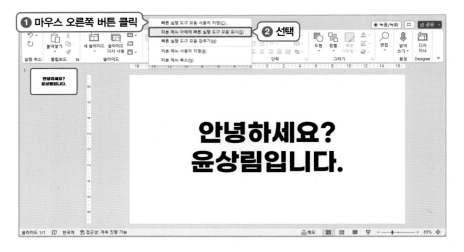

**05** 설정을 모두 마친 화면입니다. 빠른 실행 도구 모음에 배치된 기능들은 개체를 넣으면 일반 기능처럼 활성화됩니다. 언제든지 필요한 기능을 편리하게 사용할 수 있습니다.

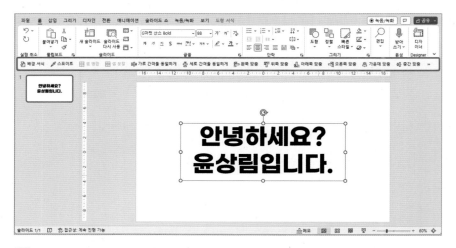

> **TIP** 빠른 실행 도구 모음은 상단에 배치하는 것이 기본값으로 설정되어 있습니다. 상단 공간이 넓지 않으므로 상대적으로 공간이 넉넉한 하단에 배치하면 편하게 작업할 수 있습니다.

**간단 실습 ▶ 빠른 실행 도구 모음을 통한 단축키 설정**

이번에는 빠른 실행 도구 모음의 단축키를 활용해봅니다. 단축키를 얼마나 많이 잘 사용하느냐에 따라 작업의 속도와 효율성이 증가합니다. 작업에 필요한 기능들을 빠른 실행 도구 모음으로 활용해봅니다.

**01** ①[파일] 탭-[옵션]을 클릭하여 [PowerPoint 옵션] 대화상자를 엽니다. ②[빠른 실행 도구 모음]을 클릭하고 ③[명령 선택]-[모든 명령]을 클릭하고 원하는 기능을 선택합니다. ④[추가]를 클릭하여 오른쪽 [빠른 실행 도구 모음 사용자 지정]에 추가합니다. ⑤원하는 기능을 모두 추가한 후 [확인]을 클릭합니다. 이제 이 기능을 이용하여 단축키를 활용할 수 있습니다.

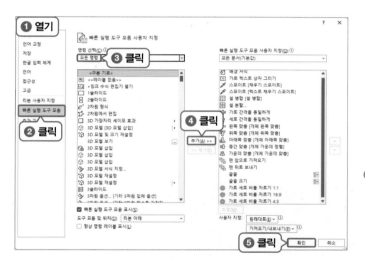

TIP 빠른 실행 도구 모음에서 상단에 있는 기능부터 왼쪽에 배치됩니다. 오른쪽 중앙에 있는 위아래 화살표 버튼을 클릭하면 위치를 변경할 수 있습니다. 원하는 위치에 따라 순서를 변경합니다.

**02** ①아이콘 중 하나를 마우스 오른쪽 버튼으로 클릭합니다. ②[명령 레이블 숨기기]를 선택하면 아이콘만 남고 텍스트는 사라집니다. 파워포인트를 닫습니다.

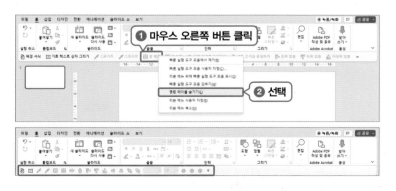

**03** 파워포인트를 실행하고 임의의 파일을 엽니다. `Alt` 를 한 번 누르면 메뉴 탭에 `F` , `H` , `N` 등의 알파벳과 빠른 실행 도구 모음 메뉴의 왼쪽부터 `1` ~ `9` , `09` ~ `01` 등의 숫자가 표시됩니다. 단축키입니다. 이 상태에서 임의의 키를 누르면 해당 기능이 실행됩니다.

**04** 예를 들어 `Alt` + `1` 을 누르면 오른쪽에 [배경 서식] 작업 창이 나타나고, `Alt` + `2` 를 누르면 텍스트 상자가 나타납니다. 윤피티는 빠른 실행 도구 모음에서 ①단축키 `1` 에 해당하는 기능이 [배경 서식]이고, ② `2` 에 해당하는 기능이 텍스트 상자이기 때문입니다.

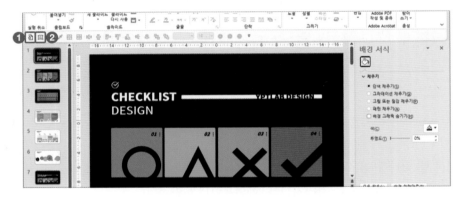

**05** 더 빠르게 빠른 실행 도구 모음으로 지정하는 방법이 있습니다. ①메뉴 탭에서 원하는 아이콘을 마우스 오른쪽 버튼으로 클릭합니다. ②[빠른 실행 도구 모음에 추가]를 선택하면 빠른 실행 도구 모음에 바로 추가됩니다.

LESSON 02

# 단축키로 익히는 필수 기능

빠른 실행 도구 모음의 단축키와는 별개로 기본적인 파워포인트 단축키를 알고 작업을 해야 작업의 속도와 퀄리티를 높일 수 있습니다. 파워포인트에는 많은 단축키가 있는데 그중에서 작업에 필수적으로 활용하는 단축키를 소개합니다.

## 서식 복사 / 붙여넣기

`Ctrl` + `Shift` + `C` (서식 복사)와 `Ctrl` + `Shift` + `V` (붙여넣기)는 파워포인트에서 가장 중요한 단축키입니다. 작업을 할 때마다 텍스트 서식과 도형 서식을 만들면 시간이 많이 소요되고 비효율적입니다. 이 단축키를 활용하면 만들어진 서식을 다른 도형 및 텍스트에 빠르게 적용할 수 있습니다.

**01** ①[삽입] 탭-[일러스트레이션] 그룹-[도형]을 클릭하고 ②[직사각형]을 선택합니다. ③ `Shift` 를 누른 채 드래그합니다. 1:1 비율의 정사각형이 만들어집니다.

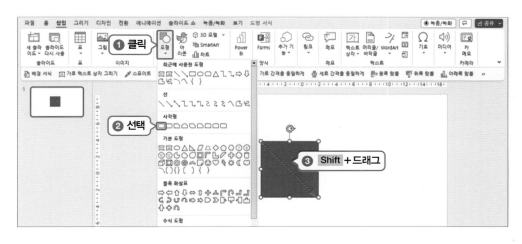

**02** ①사각형을 마우스 오른쪽 버튼으로 클릭하고 ②[도형 서식]을 선택합니다. 오른쪽에 [도형 서식] 작업 창이 나타납니다. ③[도형 서식] 작업창에서 [도형 옵션]-[효과🎨]를 클릭하고 ④[그림자], [반사], [네온] 등 원하는 효과를 적용합니다. ⑤사각형이 선택된 상태에서 Ctrl + Shift + C 를 눌러서 서식을 복사합니다.

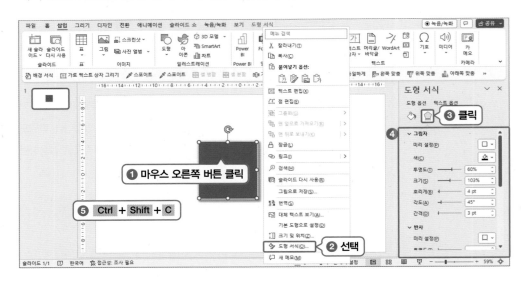

**03** ①[삽입] 탭-[일러스트레이션] 그룹-[도형]을 클릭하고 ②[타원]을 선택합니다. ③ Shift 를 누른 채 드래그합니다. 1:1 비율의 정원이 만들어집니다.

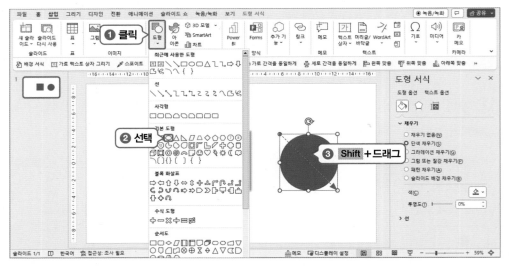

**TIP** 파워포인트에서 가장 많이 활용하는 단축키이므로 손에 익을 때까지 연습합니다.

**04** 02에서 복사해둔 사각형의 서식을 원에 붙여 넣겠습니다. 원이 선택된 상태에서 Ctrl + Shift + V 를 누릅니다. 사각형에 적용한 서식이 원에 그대로 적용되었습니다. 이때 도형의 크기나 모양(형태)은 바뀌지 않습니다.

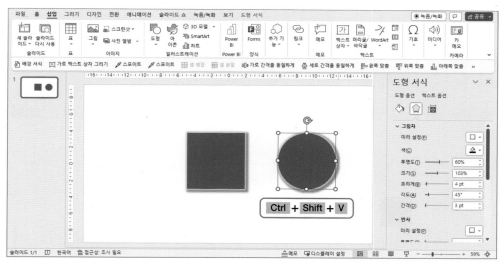

TIP 서식 복사를 하면 새로운 서식을 설정해 복사하기 전까지 계속해서 서식 붙여넣기를 할 수 있습니다.

---

**윤피티의 팁!** **도형과 텍스트에 모두 가능한 서식 복사**

텍스트 상자도 도형이기 때문에 도형 서식을 복사해서 텍스트 상자에 붙여 넣으면 텍스트 상자에 서식이 적용됩니다. 다만 서식의 복사와 붙여넣기를 활용할 때는 도형 서식은 도형에만, 텍스트 서식은 텍스트에만 적용하는 것이 좋습니다. 도형 안에 텍스트가 있을 때, 텍스트 서식만 수정하고 싶거나 도형 서식만 변경해야 할 경우가 생기면 번거롭고 불편하기 때문입니다.

# 복제

단축키 Ctrl + D (복제)는 복사와 비슷하지만 조금 다릅니다. 복제는 규칙성을 가진 상태로 붙여 넣을 수 있습니다.

**01** ①빈 슬라이드에 임의로 도형 하나를 삽입합니다. ②도형이 선택된 상태에서 Ctrl + D 를 누릅니다. 누르는 동시에 동일한 도형이 하나 생성됩니다.

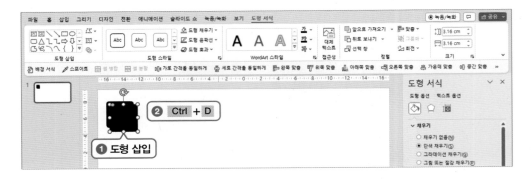

**02** ①이때 복제된 도형을 원하는 위치로 이동한 뒤, ②다시 Ctrl + D 를 누릅니다. 이동한 거리만큼의 규칙성을 갖고 새로운 도형이 복제됩니다. 이 기능을 활용하면 원하는 간격과 개수만큼 개체를 복제할 수 있습니다.

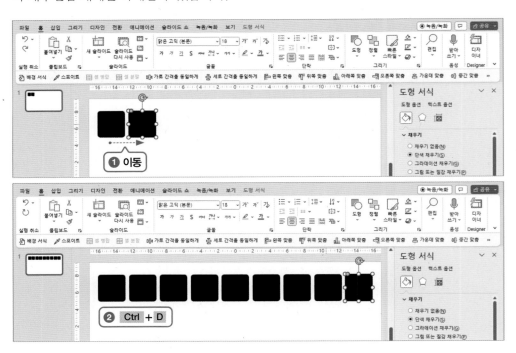

**TIP** 도형뿐만 아니라 텍스트 상자, 이미지 등 개체는 모두 복제가 가능합니다. 여러 개체를 규칙적으로 배치할 때 활용하면 편리합니다.

**03** 그룹화한 개체도 복제할 수 있습니다. 이 기능을 활용하면 가로세로 일정 너비만큼 떨어진 도형들을 여러 개 배치해야 할 때 수월하게 작업할 수 있습니다.

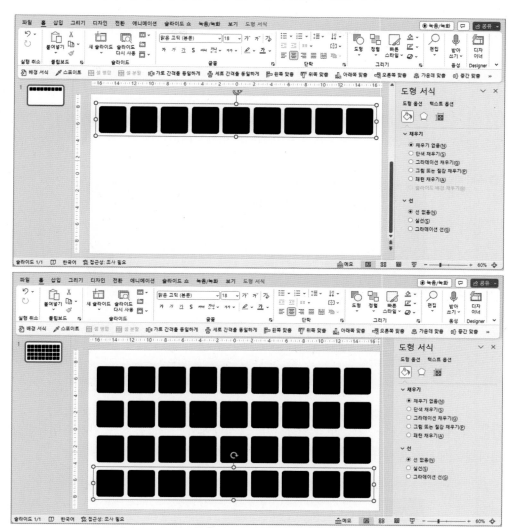

**TIP** 슬라이드를 복사하고 붙여넣기를 해서 만드는 것과 복제를 활용해서 만드는 것은 차이가 있습니다. 슬라이드를 복제하면 배경 서식이 적용된 채로 복제됩니다. 하지만 슬라이드를 복사하고 붙여넣기를 하면 배경 서식 없이 붙여넣기가 됩니다. 동일한 배경 서식을 활용할 때는 복사가 아닌 복제를 합니다.

## 그룹화 / 해제

여러 개체(도형 및 텍스트 등)를 선택하고 Ctrl + G 를 누르면 그룹화할 수 있습니다. 그룹화한 개체를 선택하고 Ctrl + Shift + G 를 누르면 그룹을 해제할 수 있습니다.

준비 파일 **그룹화 예제.pptx**

**01** ①준비 파일을 엽니다. ②3번 슬라이드를 선택하고 다음과 같이 Shift 를 누른 채 개체들을 모두 선택합니다. ③ Ctrl + G 를 눌러 개체들을 그룹화합니다.

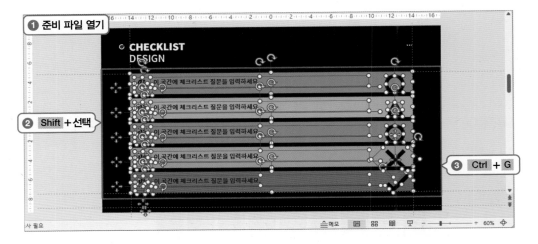

**02** 각 개체가 하나의 그룹으로 되었습니다. 그 상태에서 드래그를 하여 위치를 이동하면 하나의 개체처럼 움직입니다.

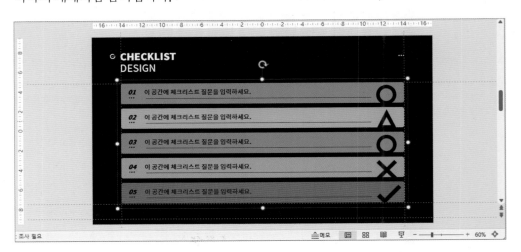

**03** 그룹화한 상태에서 선이나 테두리에 설정을 바꾸면 각 개체에 변경한 설정값이 적용됩니다. ①그룹화한 상태에서 마우스 오른쪽 버튼을 클릭하고 [도형 서식]을 선택합니다. ②[텍스트 옵션]–[텍스트 채우기 및 윤곽선▣]–[텍스트 채우기]를 클릭합니다. [단색 채우기]가 선택된 상태에서 ③[색]을 클릭하고 흰색으로 설정합니다. 각 개체의 텍스트가 모두 흰색으로 바뀐 것을 확인할 수 있습니다.

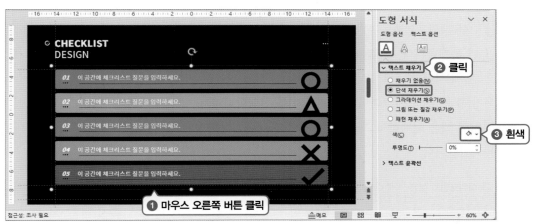

**04** ①그룹화가 된 개체 중 별도로 수정하고 싶은 개체가 있다면, 그 개체만 한 번 더 선택합니다. ②해당 개체의 서식을 수정하면 그 부분만 변경됩니다.

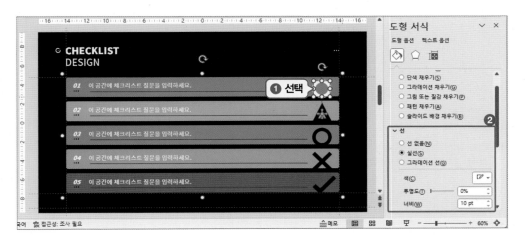

## 그룹화한 개체에 그라데이션 적용하기

여러 개체가 하나의 개체로 인식이 되는 그룹화 기능은 그라데이션을 적용할 때도 유용합니다. 단일 개체에 그라데이션을 설정하는 것과 그룹화한 개체에 그라데이션을 설정하는 것은 차이가 있습니다. 다음의 과정을 통해 살펴보겠습니다.

**01** ①파워포인트를 실행합니다. ②다음과 같이 세로로 긴 직사각형 하나를 삽입하고 일곱 번 복제합니다. ③ Shift 를 누른 채 모든 도형을 선택하고 마우스 오른쪽 버튼을 클릭한 후 [개체 서식]을 선택합니다. [도형 서식] 작업 창에서 [도형 옵션]-[채우기 및 선 ◆]-[채우기]를 클릭하고 [그라데이션 채우기]를 선택합니다. ④그라데이션 중지점을 클릭하고 ⑤ 임의의 색을 선택하여 그라데이션을 채웁니다. 각 도형에 동일한 형태의 그라데이션이 적용되었습니다.

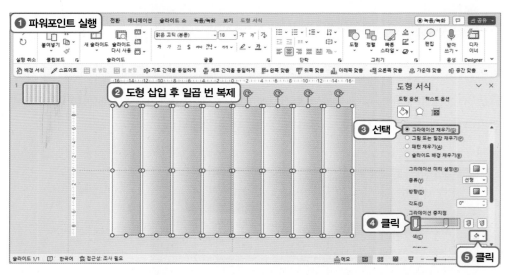

**TIP** [그라데이션 채우기]를 선택하면 기본적으로 그라데이션 중지점이 네 개가 배치됩니다. 가운데 중지점 두 개를 삭제합니다. 삭제할 중지점을 선택하고 오른쪽 [그라데이션 중지점 제거] 아이콘을 클릭하면 됩니다.

**02** 그룹화한 개체에도 그라데이션을 적용해보겠습니다. ①여덟 개의 도형이 선택된 상태에서 Ctrl + G 를 누릅니다. ②그룹화한 상태에서 [도형 옵션]-[채우기 및 선 ◆]-[채우기]를 클릭하고 [그라데이션 채우기]를 선택합니다. ③그라데이션 중지점을 클릭하고 ④임의의 색을 선택하여 그라데이션을 채웁니다. 다음과 같이 여러 도형이 하나의 개체처럼 그라데이션이 이어지는 것을 확인할 수 있습니다.

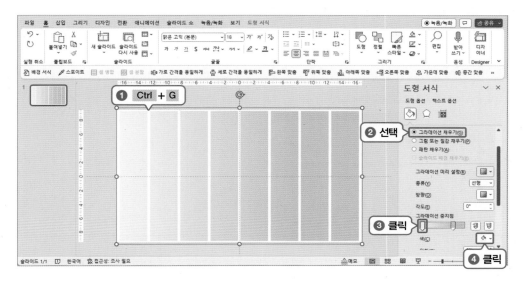

**03** 그룹에 적용하는 그라데이션의 형태는 특히 그래프를 만들 때 활용도가 높습니다. 그라데이션 중지점 위치에 따라서 아래쪽은 밝게, 위쪽은 짙게 표현하여 다양한 그래프를 만들 수 있습니다.

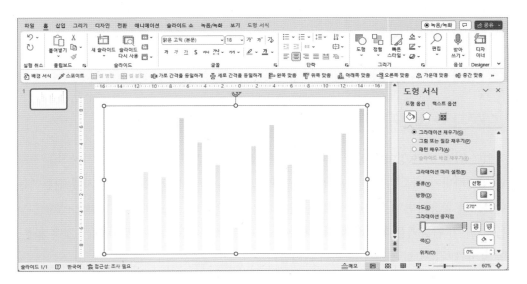

행과 열 각각에 값을 입력하고 수정하는 표는 그룹화를 할 수 없습니다. 즉, 표의 칸 하나하나가 선택이 되지 않도록 만들 수는 없습니다. 하지만 표를 그룹화한 것처럼 만들 수는 있습니다. 먼저 표를 선택하고 Ctrl + C 를 누릅니다. 그런 다음 Ctrl + Alt + V 를 누릅니다. [선택하여 붙여넣기] 대화상자가 나타나면 [형식]에서 [그림 (PNG)]를 선택하고 [확인]을 클릭합니다. 복사된 표는 이미지 형태가 되어 누군가가 임의로 수정하거나 변경할 수 없습니다. 추후 표를 수정해야 하는 경우가 생길 수 있으니 이미지로 복사하기 전의 표만 따로 저장해두도록 합니다. 참고로 차트는 그룹화가 가능합니다.

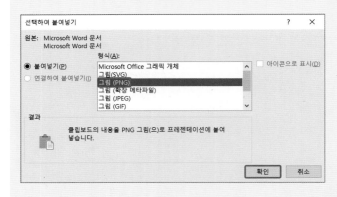

## 실행 취소 / 되돌리기

Ctrl + Z (실행 취소)와 Ctrl + Y (되돌리기)는 [PowerPoint 옵션] 대화상자의 [고급] 목록에서 설정할 수 있습니다. 최대 150번까지 활용할 수 있으니 기본값으로 입력된 20을 150으로 수정한 후 작업합니다. 작업 중 실수를 하거나 되돌리고 싶을 때 Ctrl + Z 와 Ctrl + Y 를 적극적으로 사용합니다.

TIP 실행 취소에 대한 자세한 내용은 052쪽을 참고합니다.

## 대문자 ↔ 소문자 변환

작업을 하다 보면 영어 문장을 입력해야 하는 경우가 빈번히 있습니다. 대문자나 소문자로만 입력하다가 대소문자를 바꿔야 하는 상황도 생깁니다. 이때 대문자/소문자를 변환하는 단축키를 활용하면 매우 편리합니다. 변경하고 싶은 텍스트를 드래그하고 Shift + F3 을 누릅니다. 이 단축키를 활용하면 대문자는 소문자로, 소문자는 대문자로 바뀌는 것은 물론, 앞 글자만 대문자로 변경할 수 있어 편리합니다.

▲ 기존 텍스트

▲ 대문자(`Shift` + `F3` 한 번)

▲ 소문자(`Shift` + `F3` 두 번)

▲ 앞 글자만 대문자(`Shift` + `F3` 세 번)

**TIP** 버전에 따라서 대문자/소문자/앞 글자만 대문자로 바뀌는 순서는 다를 수 있습니다.

## 텍스트 크기 키우기 / 줄이기

텍스트 크기를 키우거나 줄여야 할 때도 단축키를 사용하면 편리합니다. 크기를 줄이고 싶은 텍스트만 드래그해서 `Ctrl` + `[` 를 누릅니다. 다시 크기를 키우려면 `Ctrl` + `]` 를 누릅니다. 일부 텍스트 외에 텍스트 상자 안에 있는 모든 텍스트 크기를 키우거나 줄일 때도 해당 단축키를 사용하면 한 번에 적용할 수 있어 매우 효율적입니다.

**TIP** 버전에 따라서 적용되는 단축키가 다를 수 있습니다. `Ctrl` + `Shift` + `<` , `Ctrl` + `Shift` + `>` 도 텍스트 크기를 조절하는 단축키이므로 활용해봅니다.

---

### 윤피티의 팁! 단축키 활용하기

- 개체를 선택하고 `Ctrl` 을 누른 채 드래그하면 개체가 복사됩니다.
- 개체를 선택하고 `Ctrl` 을 누른 채 개체의 조절점을 바깥으로 드래그하거나 안쪽으로 드래그합니다. 개체의 중심점이 유지된 상태로 크기를 조절할 수 있습니다.
- 개체를 선택하고 `Alt` 를 누른 채 드래그하면 촘촘하게 이동할 수 있습니다.
- 개체를 선택하고 `Shift` 를 누른 채 드래그하면 수평 혹은 수직으로만 이동합니다.
- 개체를 선택하고 `Shift` 를 누른 채 개체의 조절점을 바깥으로 드래그하거나 안쪽으로 드래그합니다. 개체의 가로세로 비율을 유지하면서 크기를 조절할 수 있습니다.

# 안내선을 활용해
# 분량에 맞는 여백 설정

안내선과 슬라이드 마스터를 활용하여 프레젠테이션 작업의 기준이 될 여백을 만들고 작업을 진행합니다. 안내선은 첫 슬라이드부터 마지막 슬라이드까지 동일하게 유지합니다. 슬라이드 마스터에서 설정한 안내선은 마스터 밖으로 나오면 움직이지 않습니다. 슬라이드 마스터가 아닌 일반 슬라이드에서 배치한 안내선은 드래그를 통해 이동할 수 있습니다. 필수 안내선이라면 슬라이드 마스터에서 작업합니다.

## 상하좌우 여백의 중요성

다음 이미지는 PPT로 작업한 템플릿입니다. 오른쪽과 왼쪽에 여백을 동일하게 두고 안내선을 설정합니다. 위아래의 여백은 오른쪽과 왼쪽 여백보다 조금만 남기고 설정합니다. 이렇게 만들어진 안내선을 기준으로 이미지와 텍스트를 적절하게 배치합니다.

이미지나 다른 개체를 삽입할 때 안내선 바깥으로 넘어가지 않게 배치하는 것이 좋습니다. 하지만 슬라이드의 공간을 조금 더 활용하고 싶거나 꽉 채워진 느낌을 전달하고 싶다면 다음과 같이 배치할 수 있습니다. 단, 이런 경우는 슬라이드의 끝부분까지 이미지가 닿아야 합니다. 안내선과 슬라이드 끝부분의 어중간한 사이에 이미지가 배치되어 있으면 애매하고 엉성한 느낌을 줄 수 있습니다. 먼저 안내선 안쪽에 개체들을 조화롭게 배치하는 연습을 많이 한 후에 시도해봅니다.

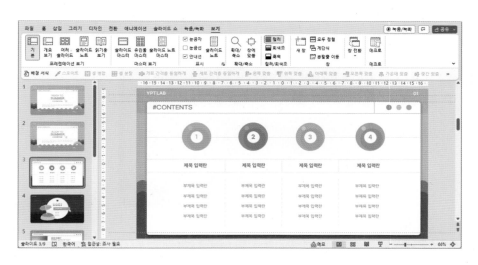

상하좌우 여백은 본문으로 활용하는 슬라이드를 기준으로 만들어주는 것이 좋습니다. 제목이나 소제목 슬라이드의 경우, 삽입하는 개체의 양이 본문보다는 많지 않아 제목 및 소제목 슬라이드를 기준으로 여백을 설정하면 본문에서 사용할 공간이 좁게 됩니다. 다음 슬라이드처럼 같은 템플릿이지만 본문의 레이아웃을 다르게 구성하는 경우도 많으므로 여백 설정은 본문으로 활용할 슬라이드를 기준으로 만듭니다.

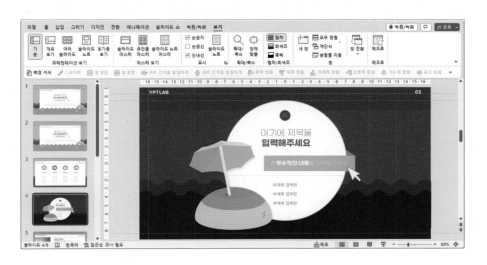

## 윤피티의 팁! 콘텐츠 분량에 따른 여백 설정

본문 슬라이드는 슬라이드당 프레젠테이션 시간이 보통 50초에서 1분 정도 소요된다고 생각하면 됩니다. 소요 시간을 염두에 두고 슬라이드마다 콘텐츠 분량을 적절히 배분합니다. 한 슬라이드에 콘텐츠를 많이 넣게 되면 여백을 줄이고, 반대의 경우이면 여백을 넉넉하게 둡니다.

**콘텐츠가 많은 경우** : 왼쪽과 오른쪽 여백 안내선 위치 14.5~15.5 / 위아래 여백 안내선 위치 8.0~8.8

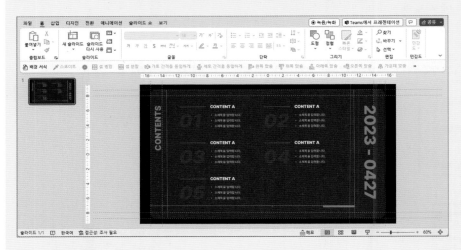

**콘텐츠가 적은 경우** : 왼쪽과 오른쪽 여백 안내선 위치 13.5~14.0 / 위아래 여백 안내선 위치 7.5~8.0

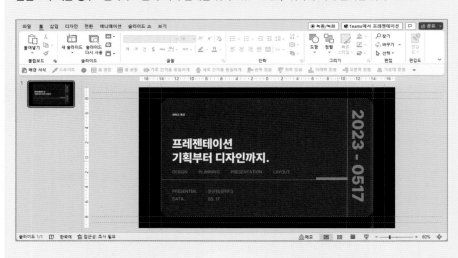

## 슬라이드 마스터로 작업 효율 극대화하기

모든 슬라이드에 공통적으로 삽입해야 하는 개체가 있거나 카테고리별로 레이아웃을 고정시켜서 활용하고 싶은 경우에는 슬라이드 마스터를 활용합니다. 많은 슬라이드를 구성했을 때 슬라이드 마스터만 수정하면 다수의 슬라이드에 마스터가 적용되어 불필요한 시간 낭비와 수고스러움을 덜 수 있습니다.

파워포인트를 실행하고 슬라이드를 만들 때마다 다음과 같은 기본 레이아웃이 나타납니다. 원하는 레이아웃이 아니라면 해당 레이아웃을 지우고 새로 작업해야 하는 과정이 번거롭습니다. 작업을 시작하기에 앞서 슬라이드 마스터에서 필요 없는 레이아웃들을 제거합니다. [보기] 탭-[마스터 보기] 그룹-[슬라이드 마스터]를 클릭합니다.

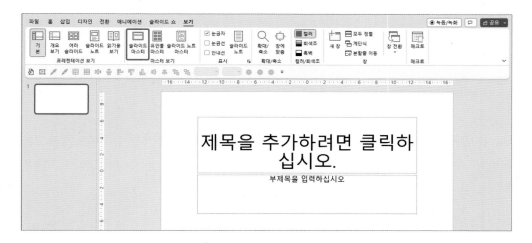

[슬라이드 마스터] 탭이 나타나면 왼쪽에 여러 레이아웃의 슬라이드를 확인할 수 있습니다.

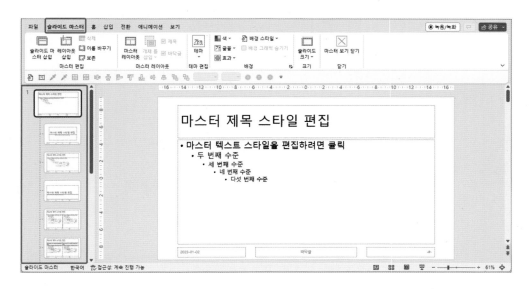

각 슬라이드에 있는 개체 틀과 불필요한 슬라이드를 Delete 를 눌러 삭제합니다. [슬라이드 마스터] 탭에서 [마스터 보기 닫기]를 클릭합니다.

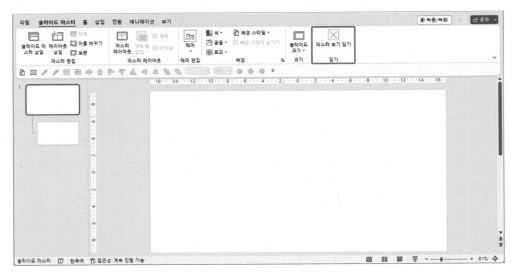

**TIP** 모두 삭제한 후 [홈] 탭–[슬라이드] 그룹–[새 슬라이드]를 클릭하여 새 슬라이드를 만들어봅니다. '제목을 추가하려면 클릭하십시오' 등의 레이아웃이 나타나지 않습니다.

[보기] 탭–[마스터 보기] 그룹–[슬라이드 마스터]를 클릭합니다. 모든 슬라이드에 로고를 일괄적으로 삽입해야 하는 경우, 왼쪽 레이아웃에서 가장 위에 있는 슬라이드에 로고(혹은 텍스트)를 삽입합니다.

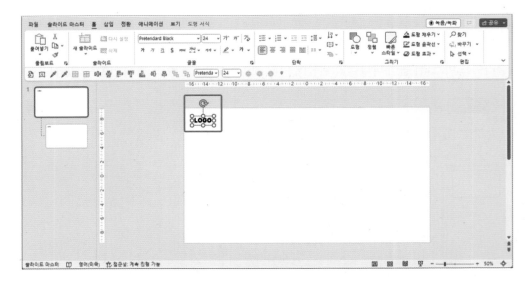

아래의 모든 슬라이드에 동일하게 적용되는 것을 확인할 수 있습니다.

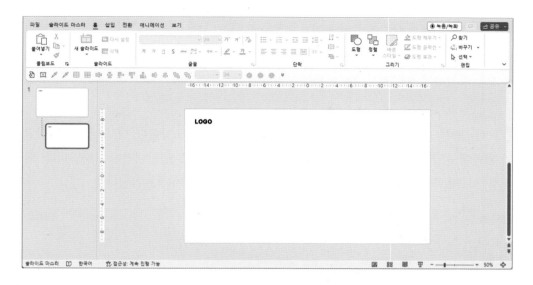

왼쪽 레이아웃에서 아래에 있는 슬라이드에는 개별적으로 배경, 텍스트, 레이아웃을 다르게 설정합니다. 카테고리별로 다르게 설정을 하면 목차나 챕터를 구분할 때 유용합니다.

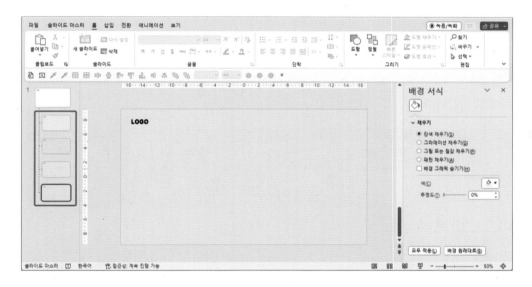

# 눈금자와 안내선으로 여백 확보하기

작업에 앞서 여백을 설정할 때 기본적으로 좌우의 여백, 상하의 여백을 각각 동일하게 합니다. MS OFFICE 365 버전의 파워포인트는 기본적으로 16:9 비율입니다. 상하좌우의 여백을 모두 동일하게 하는 것보다는 비율을 고려하며 설정해줍니다.

**01** ①[보기] 탭–[표시] 그룹에서 [눈금자]와 [안내선]에 체크합니다. ②슬라이드의 상단과 왼쪽에 눈금자가 나타나고 슬라이드의 중앙에는 점선으로 된 안내선이 나타납니다. 안내선을 드래그하면 중앙을 기점으로 안내선의 위치에 따른 숫자가 표기됩니다.

**02** 16:9 기준으로 ①상하는 8~8.5 위치에 안내선을 배치하고, ②좌우는 15.5 정도의 위치에 배치합니다.

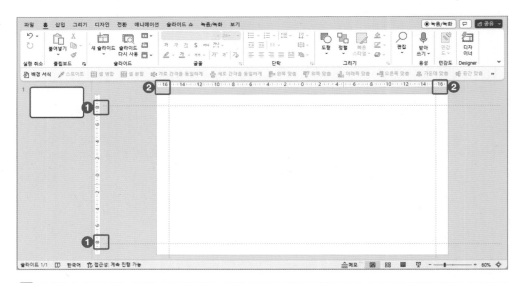

**TIP** 안내선을 추가로 생성하는 방법은, 안내선을 마우스 오른쪽 버튼으로 클릭하고 [세로 안내선 추가], [가로 안내선 추가]를 선택하면 됩니다. 파워포인트 버전에 따라서 해당 메뉴가 없는 경우도 있습니다. 이때는 **Ctrl** 을 누른 채 안내선을 드래그합니다.

**03** 이렇게 설정된 안내선의 바깥쪽은 여백 그대로 두고, 회색 직사각형으로 표현된 부분을 활용합니다. 최소한의 여백이 확보되어야 가독성을 높일 수 있습니다.

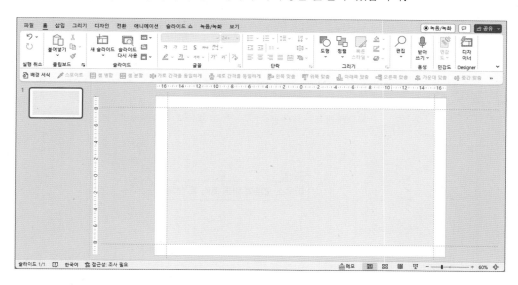

**04** 안내선을 마우스 오른쪽 버튼으로 클릭하면 컬러를 변경할 수 있습니다.

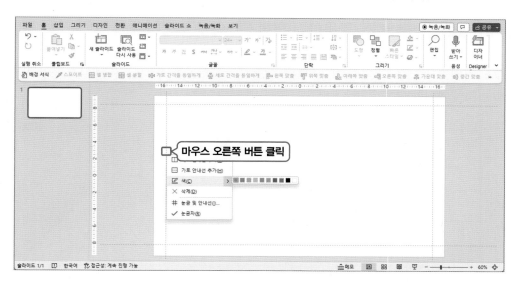

**TIP** 제목 공간, 본문 공간 또는 텍스트 공간, 이미지 공간 등 콘텐츠에 따라 구획을 나누어 작업할 때 컬러가 다른 안내선을 이용하면 작업이 즐겁고 능률도 올라갑니다.

**05** 안내선이 불필요하게 많으면 산만해보이고 콘텐츠를 배치할 때 헷갈릴 수 있습니다. 삭제할 안내선을 선택하고 마우스 오른쪽 버튼을 클릭한 후 [삭제]를 선택합니다. 또는 안내선을 슬라이드 바깥쪽으로 드래그합니다.

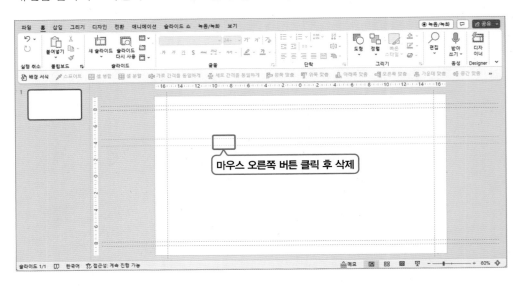

### 간단 실습 ▶ 안내선을 활용하여 전체 레이아웃 구성하기

**01** 파워포인트를 실행하면 새 슬라이드에 앞에서 적용해둔 눈금자와 안내선이 표시되어 있는 것을 확인할 수 있습니다.

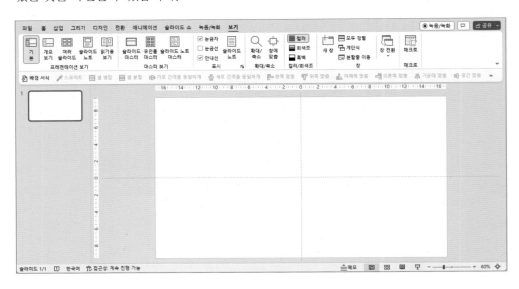

**02** ① 왼쪽에서 15에 위치하는 안내선과 ② 오른쪽에서 15에 위치하는 안내선을 만듭니다. ③ 상단에서 8.7에 위치하는 안내선과 ④ 하단에서 8.7에 위치하는 안내선을 만듭니다. 직사각형 레이아웃이 되었습니다. 상단에서 8에 위치하는 안내선과 하단에서 8에 위치하는 안내선을 추가로 생성합니다. 첫 번째와 두 번째의 가로 안내선 사이와 세 번째와 네 번째의 가로 안내선 사이에는 모든 슬라이드에 공통으로 표시될 요소를 삽입합니다.

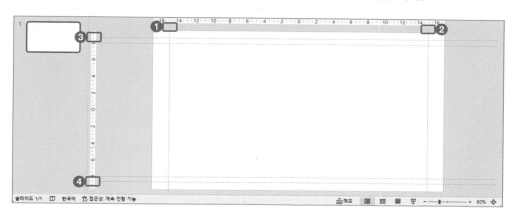

**03** 프레젠테이션의 제목, 기관(회사), 발표자, 팀명, 날짜 등의 요소를 다음과 같이 배치합니다. 텍스트 상자는 안내선에 붙이지 않고 텍스트를 안내선에 붙도록 합니다. Ctrl 을 누른 채 마우스 휠을 올리면 슬라이드 화면 크기가 커집니다. 이와 같이 세밀한 작업을 요할 때는 슬라이드 화면 크기를 키운 상태에서 작업합니다.

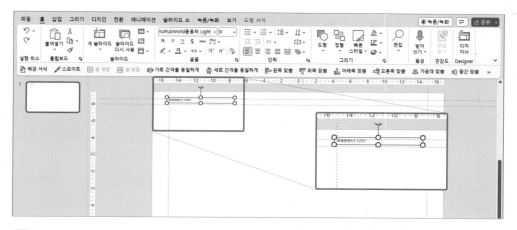

**TIP** 텍스트 상자에 텍스트를 입력할 때 텍스트 시작 부분(왼쪽)에 여백이 생깁니다. 이런 불필요한 여백으로 인해 다른 텍스트를 아랫부분에 이어서 입력했을 때 왼쪽 정렬이 들쑥날쑥해 보입니다. 텍스트(글자)를 안내선에 붙이면 텍스트의 시작 부분(왼쪽)들이 깔끔하고 일정하게 돼 안정적인 느낌을 줄 수 있습니다.

**04** 다음과 같이 각 모서리에 배치합니다. 작업물 성격에 따라서 모서리 네 군데에 개체를 넣거나 필요한 두세 개 정도만 배치해도 됩니다. 이때, 왼쪽 상단은 시선이 가장 먼저 머무르는 곳이므로 꼭 배치를 하고 나머지 공간은 선택적으로 넣습니다.

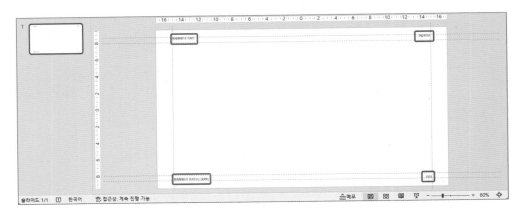

**05** 슬라이드 상단에 핵심 메시지(거버닝 메시지, 슬라이드 제목)를 삽입합니다. ① 먼저 왼쪽 안내선에 붙여서 제목을 배치합니다. ② 오른쪽 안내선에 붙여서 키워드 세 가지를 배치합니다. 전체적으로 균형이 잡힌 모습입니다. 제목과 키워드 아래에 가로 안내선을 하나 더 배치하면 제목 공간과 본문 공간을 구분할 수 있습니다.

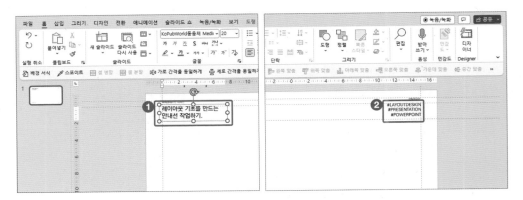

---

**윤피티의 팁!** **필수 개체를 안내선의 모서리에 배치하는 이유**

작업물을 보는 사람들에게 해당 프레젠테이션의 고정된 거버닝 메시지, 가이드가 되는 개체들을 보여줘야 합니다. 본문에 들어가는 콘텐츠는 슬라이드마다 그 양과 형태가 다르므로 거버닝 메시지와 필수 개체는 시선을 방해하지 않으면서 통일감을 느낄 수 있게 모서리에 배치합니다.

**06** ①제목 아래에 배치한 안내선에 맞춰 슬라이드의 개요를 입력합니다. ②슬라이드 하단의 가로 안내선 위에는 키워드를 배치합니다. 개요와 키워드를 배치한 후 ③오른쪽에 세로 안내선을 추가합니다. 왼쪽은 슬라이드의 제목 및 정보를, 오른쪽은 본문으로 활용할수 있습니다.

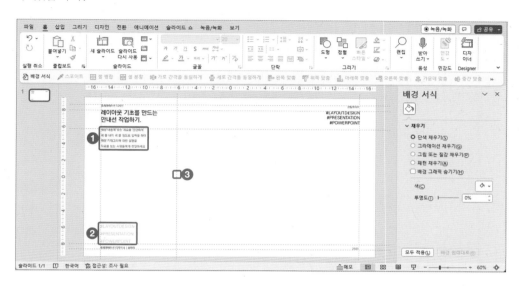

**07** 06에서 만든 안내선을 기준으로 왼쪽에 직사각형을 삽입하여 오른쪽의 본문 공간과 구분합니다. 직사각형은 옅은 색상으로 설정하고, 그보다 짙은 색으로 제목의 키워드를 설정합니다.

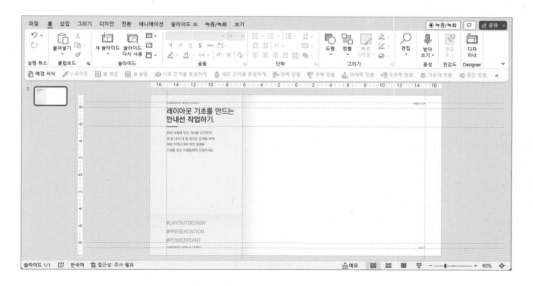

## 윤피티의 팁!　제목을 중앙에 배치한 레이아웃

제목을 슬라이드 상단 중앙에 배치할 때는 설명 부분은 제목 아래에 한 줄 정도로 적어줍니다. 이런 레이아웃은 텍스트를 중심으로 좌우 여백이 있어도 텍스트를 다음과 같이 적당한 길이로 입력해주면 안정적인 느낌을 줄 수 있습니다.

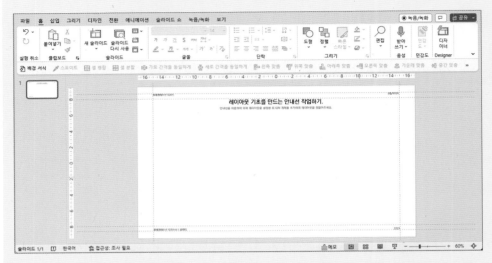

**TIP** 가장 정통적인 제목/본문의 상하 분할 레이아웃입니다. 많이 사용한 만큼 가장 친근하고 무난한 레이아웃입니다. 상단 중앙에 제목을 입력할 때 한 줄로 입력합니다. 두 줄로 제목을 입력하게 되면 제목만으로 많은 공간을 차지하여 부담을 줄 수 있습니다.

# LESSON 04

# 작업물의 완성도를 높여주는 톤앤매너

톤앤매너는 전체적인 통일감과 콘셉트를 맞춰주는 요소입니다. 컬러, 폰트, 도형뿐만 아니라 모든 슬라이드에 공통 적용되는 요소들이 모두 톤앤매너입니다. 작업을 진행하기 전에 톤앤매너를 설정하고 작업을 진행합니다.

## 완성도와 작업 시간을 책임지는 톤앤매너

내용을 정리하고 배치하고 톤앤매너를 설정하는 작업은 처음에는 굉장히 오랜 시간이 걸릴 수 있습니다. 하지만 작업물의 완성도를 높여주므로 빼놓을 수 없는 중요한 과정입니다. 톤앤매너를 설정하지 않고 작업이 이루어지면 작업이 진행될수록 첫 슬라이드에서 설정한 콘셉트와 통일감이 무너집니다. 그런 경우 다시 톤앤매너를 맞추기 위해 앞의 과정으로 돌아와서 수정 작업을 거치게 됩니다. 매우 비효율적인 작업이 아닐 수 없습니다. 이러한 이유로 처음부터 톤앤매너를 확실하게 갖추고 작업을 하는 것이 시간적으로 더 효율적이고 편리합니다.

### 톤앤매너 설정에 앞서

LESSON 01에서 말했듯이 디자인은 콘텐츠를 보다 잘 전달하기 위한 것입니다. 톤앤매너 또한 콘텐츠의 내용을 고려하여 설정합니다. 먼저 큰 맥락에서 내용을 정리하고 안내선과 슬라이드 마스터를 활용하여 기본 레이아웃을 설정한 뒤 톤앤매너를 설정합니다.

TIP 안내선과 슬라이드 마스터를 설정하는 방법은 073쪽을 참고합니다.

## 톤앤매너를 설정하는 순서

프레젠테이션 작업 초반에는 모든 슬라이드에 동일한 여백을 두는 등 비슷한 디자인을 활용합니다. 하지만 톤앤매너를 구체적으로 설정하고 작업한다면 슬라이드마다 레이아웃이나 사용되는 이미지가 다르더라도 통일감을 유지할 수 있습니다. 다음을 통해 톤앤매너를 설정하고 다듬어가는 순서를 배우고 꾸준히 연습합니다.

### 1. 메인/서브/베이스 컬러 설정

메인 컬러, 서브 컬러, 베이스 컬러 세 가지를 설정합니다. 안정적인 메인 컬러를 선택하는 방법은 포트폴리오, 제안서 또는 기획서의 경우 브랜드 컬러를 따르는 것이 가장 직관적이고 수월합니다. 특정 브랜드가 없는 자료의 경우, 보여주고자 하는 느낌을 중심으로 컬러를 선택할 수 있습니다. 서브 컬러는 메인 컬러와 유사한 계열을 선택하되, 추가적으로 어필하고 싶은 느낌을 고려합니다.

예를 들어, 어느 은행의 로고로 파란색을 메인 컬러로 선택한다고 가정합니다. 색상표에서 파란색 좌우로 초록색과 보라색이 있습니다. 파란색은 차분하고 시원한 느낌과 함께 신뢰감과 깔끔함을 전달합니다. 서브 컬러는 메인 컬러와 근접하게 위치해 있으면서 특별히 어필하고 싶은 느낌에 따라 선택하면 됩니다. 초록색은 깨끗하고 건강한 느낌을 줄 수 있고, 보라색은 고급스럽고 세련된 느낌을 줄 수 있습니다.

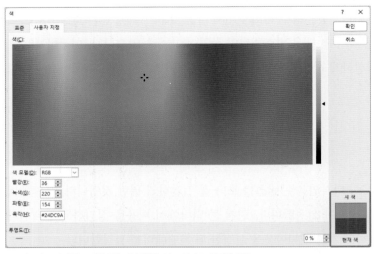

▲ 깨끗하고 건강한 느낌을 주는 초록색을 서브 컬러로 설정한 경우

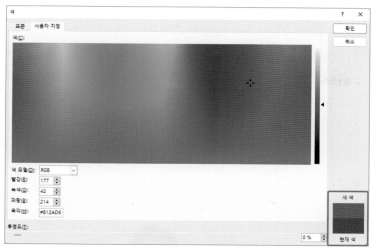

▲ 고급스럽고 세련된 느낌을 주는 보라색을 서브 컬러로 설정한 경우

## 2. 제목용/본문용 폰트 설정

제목용, 본문용 폰트를 설정합니다. 포인트로 사용할 폰트는 추후에 좀 더 구체적인 디자인 작업을 할 때 설정하면 됩니다. 제목용 폰트는 가독성이 좋은 폰트로 골라주되 전체적인 프레젠테이션의 느낌을 생각했을 때 격식을 갖춰야 하는 자료인지, 캐주얼하게 진행하는 자료인지를 고민해보고 설정합니다. 예를 들어, 같은 고딕 계열의 폰트라고 하더라도 Kopub World 돋움체나 Noto Sans는 격식 있는 느낌이고, 네이버 나눔고딕이나 에스코어드림은 캐주얼한 느낌을 줍니다. 텍스트에 삐침이나 꺾임 포인트가 있는 경우, 글자에서 자음이 차지하는 비율이 높아지거나 둥근 느낌이 있을 때 상대적으로 캐주얼한 느낌이 들 수 있으니 이를 고려해서 선택합니다.

본문에 이성적인 데이터가 많다면 고딕체를, 감성적인 표현이 많다면 명조체를 선택합니다. 일반적으로는 고딕체가 본문에 많이 활용되지만, 텍스트의 양이 적고 감성적인 느낌을 표현하고 싶다면 본문에도 명조체를 활용할 수 있습니다.

▲ 명조체(왼쪽)와 고딕체(오른쪽)

Kopub World돋움체 폰트 활용
**Noto Sans KR 폰트 활용**
나눔고딕 폰트 활용
Pretendard 폰트 활용
**G마켓 산스 폰트 활용**
에스코어드림 폰트 활용

▲ 다양한 고딕 폰트

## 3. 전체적인 도형의 형태 설정

슬라이드별로 다른 모양의 도형을 사용하는 것이 아니라 프레젠테이션 전체에 비슷한 도형들을 지속적으로 활용하는 것이 중요합니다. 원형은 같은 가로 폭의 사각형에 비해 공간을 덜 차지하므로 문장보다는 키워드 형태로 표현하기에 적합합니다. 또한, 둥근 모양이기에 부드러운 느낌을 준다는 장점도 있습니다. 원형의 크기가 제각각이라면 자칫 정돈되지 않아 보일 수 있으니 주의합니다.

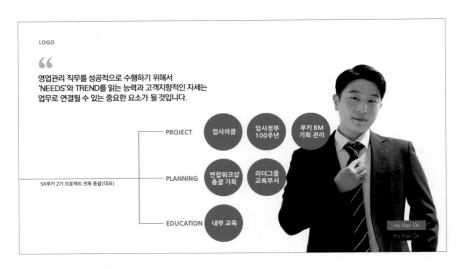

다음 슬라이드를 살펴봅니다. 오른쪽에 도넛 모양의 둥근 그래프가 있고 왼쪽과 중앙에는 사각형의 막대그래프가 있지만 자연스럽게 조화를 이룹니다. 모서리가 둥근 사각형은 원형과 사각형의 중간으로 양쪽의 장점을 모두 갖고 있어 부드러운 느낌을 연출할 수 있기 때문입니다. 둥근 사각형은 문장형 텍스트를 넣기에도 편하고 정리 정돈된 느낌을 줄 수 있습니다. 또한, 슬라이드의 밀도가 높아 보인다는 장점이 있어 자주 사용됩니다.

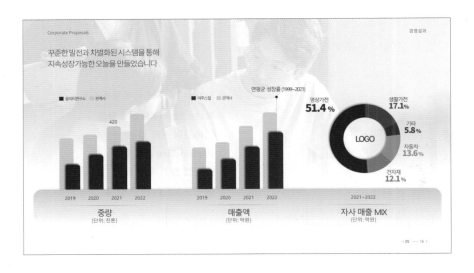

| 원 | 사각형 |
|---|---|
| 키워드 중심의 표현에 유리 | 문장 중심의 표현에 유리 |
| 캐주얼한 느낌 | 정리 정돈된 느낌 |
| 도형이 차지하는 공간이 상대적으로 적음 | 도형이 차지하는 공간이 상대적으로 많음 |

**윤피티의 팁!  슬라이드 밀도를 채우는 방법**

슬라이드에서 개체가 차지하는 공간이 많으면 슬라이드의 밀도가 높다고 표현합니다. 반대로 개체가 차지하는 공간이 적다면 밀도가 낮다고 표현합니다. 슬라이드가 비어 보이는 느낌이 든다면 개체 사이의 빈 공간에 옅은 컬러의 도형을 채웁니다. 또는, 그라데이션 도형을 활용하거나 키워드 등의 텍스트로 채워도 비어 보이는 느낌을 덜 수 있습니다.

## 4. 이미지 표현 방식

프레젠테이션에 삽입할 사진 이미지를 넣을 때도 고려해야 할 사항이 있습니다. 원하는 느낌의 이미지를 찾을 때, 표현 방식이 다채로운 이미지들이 많아 신중하게 선택해야 합니다. 먼저 비슷한 표현을 한 이미지들을 골라줘야 전체적인 톤앤매너를 맞출 수 있습니다. 이미지 표현 중 가장 쉽게 구분할 수 있는 것은 흑백 이미지와 컬러 이미지입니다.

다음을 보면 흑백 이미지와 컬러 이미지의 차이를 확인할 수 있습니다. 이미지를 여러 장 활용할 때, 흑백 이미지는 전체적인 사진의 분위기만 고려하면 쉽게 사용할 수 있고 컬러 이미지는 채도, 밝기 등 고려할 부분이 상대적으로 많습니다. 하지만 색감만 잘 맞으면 표현하고자 하는 느낌을 굉장히 풍부하게 표현할 수 있습니다.

| 흑백 이미지 | 컬러 이미지 |
| --- | --- |
| 차분함과 깔끔한 느낌 표현 | 생동감과 풍부한 느낌 표현 |
| 특유의 세련된 느낌 전달 | 이미지 내의 컬러가 주는 느낌 전달 |
| 여러 사진을 함께 활용하기가 쉬움 | 여러 사진을 함께 활용하기가 어려움 |

작업 시 시간적인 여유가 많지 않다면 흑백 이미지를 활용하는 쪽으로 톤앤매너를 설정합니다. 이미지를 찾고 편집하는 시간이 작업 과정에서 많은 부분을 차지하기 때문입니다. 빠른 작업이 중요하다면 흑백 이미지를 선택하고, 높은 퀄리티를 요하는 작업이라면 컬러 이미지를 선택합니다.

## 5. 벡터 이미지(일러스트) 사용 유무

프레젠테이션 작업을 하다 보면 모든 내용들을 사진으로 시각화할 수 없습니다. 도형으로 구조화/시각화 작업을 많이 하더라도 단조롭거나 심심합니다. 이때 벡터 이미지(일러스트)를 활용하면 생동감 있고 풍성한 느낌의 분위기를 줄 수 있습니다. 단, 너무 많이 삽입하거나 중간중간 검토를 하지 않으면 작업 마무리 과정에서 슬라이드 쇼를 확인할 때 짜집기된 형태로 보일 수 있습니다. 각각의 일러스트 이미지(벡터 이미지)의 톤앤매너가 조화롭지 않기 때문입니다. 벡터 이미지를 고를 때 '평면형/입체형', '테두리 선의 유무', '단색/그라데이션 표현', '컬러가 채워진 형태/비워진 형태' 등을 고려합니다.

## 6. 아이콘의 형태

벡터 이미지(일러스트)와 동일한 관점에서 설정합니다. 아이콘을 사용할 때에도 '전체적인 모습은 어떠한가(예 : 원 안에 개체가 있는 형태/개체 그대로 사용하는 형태)', '테두리 선의 유무, 테두리 선이 있다면 두께는 얼마인가', '도형의 전체적인 느낌은 직각인가, 둥근가' 등을 고려해서 앞에 설정한 톤앤매너와 연결합니다.

## 7. 소제목 등 글머리 기호

소제목이나 거버닝 메시지 등 슬라이드를 구성할 때 글머리 기호가 필요한 텍스트가 있습니다. 간단하게 표현하고 싶을 때는 글머리 기호를 활용하고, 조금 더 세밀하게 표현하고 싶다면 도형을 함께 사용합니다. 이때, 앞서 설명한 '전체적인 도형의 형태 설정', '벡터 이미지(일러스트) 사용 유무', '아이콘의 형태' 등을 함께 고려해 작업합니다.

다음 슬라이드에서는 큼직하게 배치한 소제목들의 디자인을 확인할 수 있습니다. 소제목 및 거버닝 메시지가 들어가는 공간의 디자인을 설정하고 나면 이어서 본문(키워드, 문장 등)이 들어가는 공간을 설정합니다.

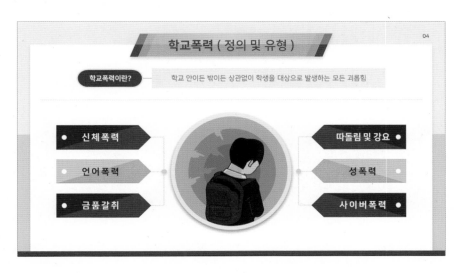

# CHAPTER 03

---

# 윤피티의 프레젠테이션 디자인 디테일

실력의 차이는 작업을 빠르고 섬세하게 처리하는 능력에 따라 결정됩니다. 파워포인트를 배우면서 사용하는 기능들은 대체로 비슷하지만, 자세히 이해하고 응용할수록 작업물의 퀄리티가 높아집니다. 이번 장에서는 실무 작업에서 주의해야 할 사항과 필수적인 작업 노하우를 소개합니다. 이 내용들은 실습 예제에서도 활용되기 때문에, 별도로 연습해보는 것을 권합니다.

LESSON

# 01

# 컬러를 조합해
# 톤앤매너 갖추기

주제와 분위기에 잘 어울리는 트렌디한 색을 선택하는 일은 생각보다
어렵습니다. 여기서는 디자인의 기본이자 기초인 컬러별 활용처를 살펴
본 후 컬러의 조합 방법 등 다양한 팁을 알아봅니다.

## 컬러로 메인 콘셉트 정하기

컬러 활용법은 두 가지로 나뉩니다. 첫째, 배경은 흰색 혹은 연회색으로 설정하고 텍스트나
개체에 컬러를 표현하는 방법입니다. 둘째, 배경에 컬러를 표현하고 텍스트나 개체는 흰색
혹은 검은색으로 표현하는 방법입니다. 상황에 따라 두 방법 중 하나를 선택하면 됩니다. 각
사례와 함께 사용처와 팁을 살펴보겠습니다.

### 컬러 선택의 중요성

프레젠테이션에서 컬러는 전체적인 톤앤매너를 잡는 데 중요한 역할을 합니다. 슬라이드에
배치되는 텍스트와 도형 등 모든 개체에는 컬러가 있습니다. 이것은 전체 슬라이드가 컬러

의 통일성, 조화로움을 가져야 하는 중요한
이유입니다. 컬러의 수는 셀 수 없이 많고
더 세밀하게 나누면 무궁무진합니다. 수많
은 컬러 중에서 어떤 컬러를 선택할지는 매
우 어려운 고민이므로 기준을 두고 선택해
야 합니다.

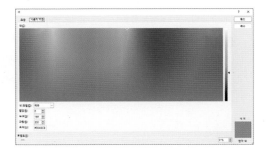

## 텍스트나 개체에 컬러 포인트 주기

다음 슬라이드는 배경을 흰색이나 연회색으로 설정하고 텍스트나 개체에 컬러로 포인트를 준 디자인입니다. 메인 컬러는 초록색입니다. 메인 컬러를 배경이 아닌 개체에 적용했을 때 장점은 확실한 강조가 되고 깔끔한 느낌을 줄 수 있다는 것입니다. 또한 흰색 배경에 이미지를 삽입하면 어떤 이미지든 배경과 조화를 이룹니다. 다만 비비드한 컬러를 메인으로 정했을 때 메인 컬러를 적용한 개체가 제대로 보이지 않는 경우가 생길 수 있습니다. 특히 연회색 배경에서 이 문제가 더 도드라집니다. 직접 연습을 해보고 따라 하기를 많이 하면서 감을 익히도록 합니다.

## 배경 컬러로 풍성한 느낌 만들기

다음 슬라이드는 배경에 메인 컬러를 활용하고 텍스트에는 흰색 혹은 서브 컬러를 활용한 디자인입니다. 배경에는 그라데이션이나 단색을 활용합니다. 그라데이션 배경의 경우에는 두 가지 색 이상을 활용하므로 풍성한 느낌을 줄 수 있습니다. 단색 배경의 경우에는 보다 깔끔하고 차분한 느낌을 내기에 적합합니다. 메인 컬러를 배경에 사용하면 해당 컬러에서 표현되는 전반적인 무드(mood)가 강조됩니다. 같은 개체를 사용했을 때 흰색 배경보다는 메인 컬러의 배경이 상대적으로 밀도가 높아 보입니다. 반면에 개체가 많아지면 흰색 배경보다 더 복잡해 보일 수 있습니다. 즉, 개체가 많이 삽입되는 작업이라면 이 방법은 지양하는 것이 좋습니다.

## 윤피티의 팁!  배경과 사진 두 마리 토끼 잡는 방법

사진은 픽셀 단위로 이루어진 개체입니다. 픽셀마다 컬러가 있고, 이 픽셀들을 모아서 만든 것이 바로 사진(이미지)입니다. 사진을 보면 가장 눈에 띄는 컬러가 있기 마련입니다. 한 화면 내에서 배경 컬러와 사진의 색 차이에 따라 사진이 돋보이거나 그렇지 않은 느낌을 받을 수 있습니다. 사진을 개체로 활용한다면 배경색을 흰색이나 밝은 색으로 설정합니다. 다음 예시를 통해 확인해보겠습니다. 흰색 배경과 회색 배경입니다. 슬라이드에 배치된 사진은 다양한 색을 가지고 있습니다. 흰색 배경에서는 각 사진이 돋보이지만 연회색 배경에서는 색감이 또렷하게 보이지 않습니다.

 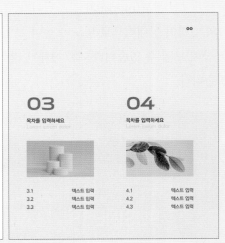

▲ 배경색에 따른 개체 주목도 차이(왼쪽 흰색 배경, 오른쪽 회색 배경)

다음은 진한 보라색을 사용한 배경입니다. 흰색 배경일 때보다 이미지에 집중하기가 어렵습니다. 배경 컬러가 강하면 키워드와 이미지보다 배경에 시선이 먼저 갑니다. 특정 이미지는 눈에 띄지 않기도 합니다. 이때 이미지 테두리에 옅은 색을 넣어서 배경과 살짝 분리를 해줍니다. 배경에 묻혀 잘 보이지 않던 이미지가 전보다는 도드라져 보입니다.

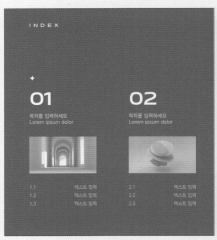 

▲ 이미지 테두리 유무에 따른 주목도 차이(왼쪽 테두리 없음, 오른쪽 테두리 있음)

이번에는 파워포인트에서 직접 컬러를 고르는 과정을 소개합니다. 메인 컬러, 서브 컬러, 베이스 컬러가 조화를 이루도록 설정해보겠습니다. 파워포인트를 실행하고 새 슬라이드에서 실습을 진행합니다.

**01** ①[삽입] 탭-[일러스트레이션] 그룹-[도형]을 클릭하고 [직사각형]을 선택합니다. 동일한 크기의 직사각형을 세 개 삽입합니다. ②[삽입] 탭-[텍스트] 그룹-[텍스트 상자]를 클릭하고 [가로 텍스트 상자 그리기]를 선택합니다. 각 직사각형 아래에 **메인컬러, 서브컬러, 베이스컬러**를 입력합니다. ③세 개의 직사각형을 드래그한 후 마우스 오른쪽 버튼을 클릭합니다. [개체 서식]을 선택하면 [도형 서식] 작업 창이 나타납니다. [도형 옵션]-[채우기 및 선 ◈]-[채우기]를 클릭하고 [단색 채우기]가 선택된 상태에서 [색]을 클릭해 회색을 선택합니다. [선]-[선 없음]을 선택합니다.

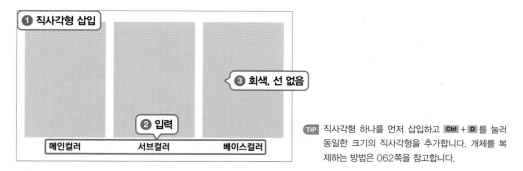

TIP 직사각형 하나를 먼저 삽입하고 Ctrl + D 를 눌러 동일한 크기의 직사각형을 추가합니다. 개체를 복제하는 방법은 062쪽을 참고합니다.

**02** ①메인 컬러 직사각형을 선택합니다. ②[도형 서식] 작업 창에서 [색]-[다른 색]을 클릭합니다.

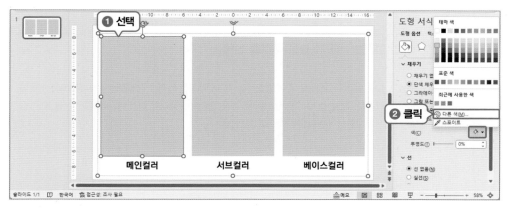

TIP 파워포인트 2010 버전은 [도형 서식] 작업 창이 대화상자로 나타납니다.

**03** ①[색] 대화상자에서 [사용자 지정] 탭을 클릭합니다. ②섬세한 컬러 선택을 위해 [색] 대화상자를 오른쪽으로 넓게 늘립니다. ③메인 컬러로 활용할 컬러를 임의로 선택합니다. 여기서는 R : 235, G : 29, B : 93으로 설정했습니다.

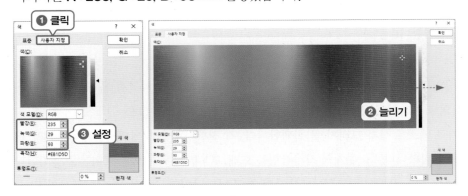

**04** 서브 컬러 도형에도 메인 컬러와 동일한 색상을 적용합니다. 서브 컬러 도형을 선택하고 [도형 서식] 작업 창에서 [채우기]−[색]−[최근에 사용한 색]을 확인하면 방금 설정한 컬러(메인 컬러)가 표시되어 있습니다. 메인 컬러로 사용한 색을 선택합니다.

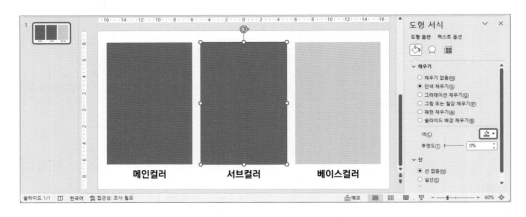

---

**윤피티의 팁!**　**메인 컬러는 채도가 높은 컬러를 선택**

메인 컬러는 채도가 높고 짙은 컬러로 설정하는 것이 좋습니다. 프레젠테이션 특성상 강조점을 뚜렷하게 표현하여 전달하는 것이 중요하기 때문입니다. 서브 컬러와 베이스 컬러는 메인 컬러보다 옅어야 하기 때문에, 옅은 색을 메인 컬러로 설정하면 프레젠테이션의 표현이 전반적으로 약해질 수 있습니다.

**05** 다시 [색]-[다른 색]을 클릭하고 [색] 대화상자를 오른쪽으로 넓게 늘립니다. 메인 컬러 좌우에 어떤 컬러가 있는지 확인합니다. 왼쪽에는 보라색이 있고 오른쪽에는 빨간색이 있습니다.

TIP [색] 대화상자는 띠 형태로 이어져 있다고 생각하면 이해가 쉽습니다.

**06** 좌우에 있는 색상을 확인하고 프레젠테이션에 어울리는 색감을 고려하여 서브 컬러를 선택합니다. ① 여기서는 **R : 242, G : 22, B : 216**으로 설정하였습니다. ② [색] 대화상자의 오른쪽 하단에 있는 [새 색](서브 컬러)과 [현재 색](메인 컬러)을 확인하고 [확인]을 클릭합니다. ③ 만약 서브 컬러가 더 짙어 보인다면 [색] 대화상자의 왼쪽에 있는 컬러 바의 삼각형을 위로 움직여 명도를 조절합니다. 메인 컬러보다 더 옅어지도록 합니다.

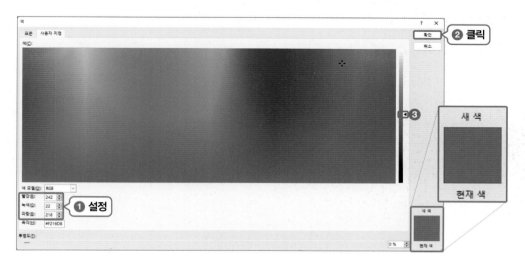

**07** ①베이스 컬러 도형을 선택하고 ②[도형 서식] 작업 창에서 [채우기]−[색]−[다른 색]을 클릭합니다. ③[색] 대화상자에서 **R : 182, G : 170, B : 177**로 설정한 후 ④[확인]을 클릭합니다.

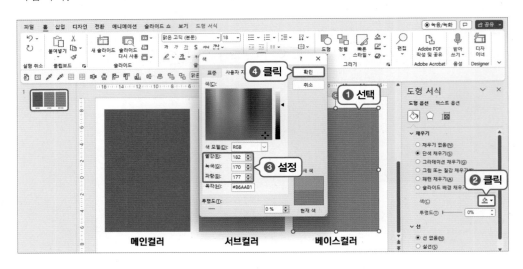

**윤피티의 팁!**  **베이스 컬러로 회색을 사용하는 이유**

메인 컬러와 서브 컬러는 높은 채도를 가진 컬러를 사용하여 선명하게 표현되지만, 베이스 컬러는 무채색인 회색을 사용합니다. 이것은 메인 컬러와 서브 컬러로 표현된 데이터나 객체를 더 강조하기 위한 것입니다.

왼쪽 이미지는 회색 텍스트를, 오른쪽 이미지는 검은색 텍스트를 사용한 예입니다. 이미지를 비교해보면 왼쪽 이미지는 메인 컬러가 더 강조되고 오른쪽 이미지는 메인 컬러보다 텍스트의 검은색이 더욱 눈에 띄는 것을 알 수 있습니다.

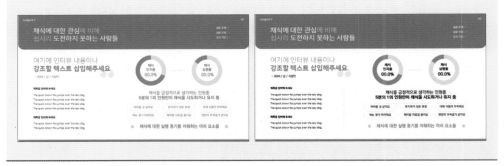

메인 컬러나 서브 컬러가 비슷한 계열이더라도, 베이스 컬러를 고르는 방식에 따라서 컬러 조합의 느낌이 다르게 나타날 수 있습니다. 이 작업은 한 번에 정리하기가 쉽지 않습니다. 자신이 원하는 느낌이 나도록 여러 번 시도해보고, 그중에서 가장 적합한 컬러 조합을 선택합니다.

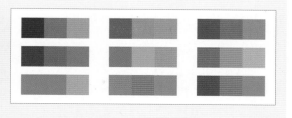

## 간단 실습 ▶ PPT 예제에 컬러 설정하기

제공된 준비 파일은 회색과 검은색 등 무채색 계열의 디자인입니다. 이번 작업에서 제목과 소제목, 중요하다고 판단되는 개체를 고려하여 메인 컬러와 서브 컬러를 설정해봅니다.

**준비 파일** PPT 예제에 컬러 설정하기.pptx

**01** ① 준비 파일을 엽니다. ② Shift 를 누른 채 두 개의 제목 텍스트 상자를 선택하고 [홈] 탭-[글꼴] 그룹-[글꼴 색]을 클릭하고 파란색을 선택합니다. ③ 이번에는 Shift 를 누른 채 제목 아래의 가장 왼쪽에 있는 원과 오른쪽 하단의 사각형을 선택합니다. ④ [도형 서식] 작업 창에서 [도형 옵션]-[채우기 및 선 ◇]-[채우기]를 클릭합니다. [단색 채우기]가 선택된 상태에서 [색]을 클릭하고 파란색으로 설정합니다. ⑤ 제목 아래의 두 번째 원은 서브 컬러 (연한 파란색)로 설정하고 ⑥ 남은 도형은 베이스 컬러로 채웁니다. [투명도] 값은 임의로 설정합니다.

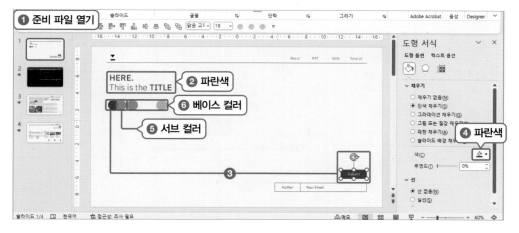

TIP 컬러를 적용한 개체의 수가 적용하지 않은 개체의 수보다 적어야 합니다. 컬러로 포인트를 준 개체가 너무 많으면 어느 것이 포인트인지 알 수 없게 되고 오히려 산만한 디자인이 될 수 있습니다.

**02** ①간지로 활용할 2번 슬라이드로 이동합니다. ②톤앤매너를 유지하기 위해 투명도가 적용된 사각형을 선택합니다. ③[도형 서식] 작업 창에서 [색]−[최근에 사용한 색]에서 메인 컬러로 사용한 파란색으로 설정합니다.

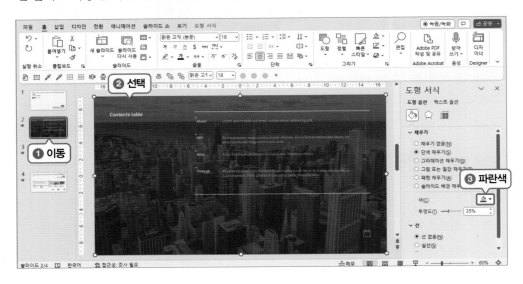

**03** ①3번 슬라이드로 이동합니다. ②제목을 메인 컬러(파란색)로 설정합니다. ③ 'About' 사각형을 선택하고 베이스 컬러(연한 파란색)로 설정한 후 ④[투명도]를 **80**으로 설정합니다.

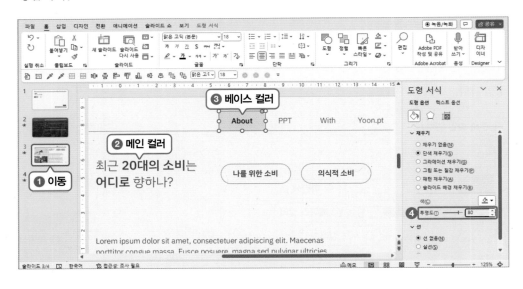

**04** ① 4번 슬라이드로 이동합니다. ② 다음과 같이 가장 중심이 되는 키워드를 메인 컬러(파란색)로 설정합니다. 나머지 소제목 및 키워드는 서브 컬러(연한 파란색)로 설정합니다.

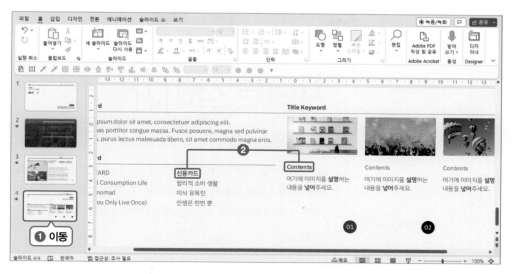

**TIP** 전체 슬라이드를 무채색으로 작업한 후 중요도에 따라 포인트 컬러를 적용합니다. 컬러를 과도하게 사용하는 것을 방지할 수 있습니다.

LESSON 02

# 이미지를 편집해
# 포인트 살리기

고화질 이미지를 사용해야 하는 것은 기본이지만 간혹 저화질 이미지를 사용해야 할 때도 있습니다. 또한, 색감이 다른 여러 이미지를 사용해야 할 때 어떻게 조화를 이루어야 하는지 고민되는 경우도 있습니다. 이러한 상황에서 사용할 수 있는 이미지 편집 방법에 대해 정리해보겠습니다.

## 이미지의 중요성 알아보기

중요한 내용이나 키워드를 강조하기 위해 표지(타이틀) 슬라이드에 배경 이미지를 꽉 채워서 사용하는 경우가 있습니다. 이때 이미지에 텍스트가 들어갈 공간이 충분한지를 확인해야 합니다.

### 키워드가 담긴 이미지 선택하기

표지에 배경을 꽉 채우는 이미지를 활용하면 감각적이고 풍성한 느낌을 연출할 수 있습니다. 그러나 주제와 부합하지 않는 이미지를 사용하면 전달하고자 하는 정보에 방해가 됩니다. 따라서 주제와 부합하는 명확한 키워드를 전달할 수 있는 이미지를 선택하는 것이 중요합니다.

다음은 슬라이드에 사진을 꽉 차게 넣어 배경으로 활용한 예입니다. 주제와 부합하는 명확한 키워드가 담긴 이미지를 선택하고 활용하였습니다.

## 텍스트를 넣기 좋은 이미지 선택하기

배경에 꽉 찬 이미지를 삽입하되, 텍스트가 들어갈 공간이 충분한지 고려합니다. 앞의 예처럼 이미지에 담긴 색감이 풍부하다면 텍스트를 넣기 위해 사진 편집을 해야 합니다. 그러나 다음 슬라이드와 같이 상단에는 옅은 하늘이 있고 하단에는 산과 초원이 보이는 이미지는 텍스트를 배치하기에 매우 훌륭합니다. 이처럼 배경에 어떤 이미지를 선택하느냐에 따라 전체적인 디자인 느낌이 달라집니다.

## 윤피티의 팁! 사진 위에 텍스트를 잘 보이게 하는 방법

배경에 꽉 찬 이미지를 활용하는 경우 보통 흰색 텍스트를 사용하는 경우가 많습니다. 이런 경우 텍스트가 잘 보이지 않는 문제가 발생합니다. 흰색 텍스트가 눈에 잘 띄게 하기 위해 두 가지 방법을 활용할 수 있습니다.

### 1. 사진을 어둡게 만드는 방법

사진에 밝기와 대비를 설정해 어둡게 만든 후 흰색 텍스트를 잘 보이게 합니다. 밝기를 내리면 사진이 어두워지는데, 이때 사진에서 어두운 부분이 있었다면 그 부분도 까맣게 표현되어 어색해 보일 수 있습니다. 대비와 밝기를 함께 내려서 어두운 부분이 더 까맣게 표현되지 않도록 합니다.

① 사진(이미지)을 선택하고 마우스 오른쪽 버튼을 클릭합니다. [그림 서식]을 클릭하고 [그림 서식] 작업 창에서 [그림 📷]-[그림 수정]-[밝기/대비]에서 설정합니다.

② [그림 서식] 탭-[조정] 그룹-[수정]을 클릭하면 [선명도 조절], [밝기/대비]의 여러 프리셋이 나타납니다. 원하는 프리셋을 선택합니다.

### 2. 텍스트에 그림자 효과를 적용하는 방법

사진의 색감을 그대로 사용하고 싶은 경우 텍스트에 그림자 효과를 활용합니다. 텍스트에 그림자를 설정할 때 그림자 색을 어두운 색으로 설정하고, 흐리게 효과를 높여주면 텍스트의 뒤쪽에 어두운 그림자가 넓게 배치됩니다. 이로 인해 사진 위에 배치한 흰색 텍스트가 잘 보입니다.

① 텍스트 상자를 선택하고 [도형 서식] 탭-[WordArt 스타일] 그룹-[텍스트 효과]-[그림자]-[그림자 옵션]을 클릭합니다. [도형 서식] 작업 창이 나타나면 [텍스트 옵션]-[텍스트 효과 📷]-[그림자]에서 [투명도]와 [흐리게] 등을 설정할 수 있습니다.

② 텍스트 상자를 마우스 오른쪽 버튼으로 클릭하고 [도형 서식]을 선택합니다. [도형 서식] 작업 창이 나타나면 ①의 과정을 따라 합니다.

사진을 배경으로 사용할 때는 사진 속에 있는 중요한 개체들을 가리지 않도록 합니다. 간혹 사진 속에 있는 개체들을 일부러 텍스트나 도형과 겹치게 사용하는 표현을 하기도 합니다. 하지만 아직 연습을 하는 초보자라면 사진 속에 있는 개체들을 최대한 가리지 않는 선에서 도형 및 텍스트를 삽입합니다.

이번에는 컬러 이미지를 흑백 이미지로 만드는 작업을 해봅니다. 먼저 고화질 이미지 사이트에서 연습하고 싶은 이미지를 다운로드합니다. 파워포인트를 실행하고 새 슬라이드에서 실습을 진행합니다.

준비 파일 **사무실.jpg**

**01** ①[삽입] 탭-[이미지] 그룹-[그림]-[이 디바이스]를 클릭합니다. [그림 삽입] 대화상자가 나타나면 **사무실.jpg** 파일을 불러옵니다. ②사진을 클릭하면 상단에 [그림 서식] 탭이 나타납니다. ③[그림 서식] 탭을 클릭합니다.

**02** ①[그림 서식] 탭-[조정] 그룹-[색]을 클릭합니다. ②[다시 칠하기]에서 [회색조]를 선택하면 흑백 이미지로 전환됩니다.

**03** ①흑백의 느낌을 더 어둡게 만들고 싶다면 [그림 서식] 탭–[조정] 그룹–[수정]을 클릭합니다. ②[밝기/대비]에서 원하는 프리셋을 선택합니다. 어두운 정도가 다르므로 원하는 프리셋을 골라서 활용하면 더 어두운 흑백 이미지를 쉽게 만들 수 있습니다.

---

**윤피티의 팁!** **컬러 이미지와 흑백 이미지의 차이와 활용 방법**

컬러 이미지와 흑백 이미지를 대조해보면 컬러 이미지는 풍부한 느낌을 전달할 수 있는 대신에 색감이 튀는 경우 전체적인 프레젠테이션 무드와 맞지 않을 수 있습니다. 반면에 흑백 이미지는 풍부한 느낌은 없지만 차분하면서도 세련된 느낌을 전달하기에 적합합니다.

프레젠테이션에서 무채색 개체 위주로 사용하여 전반적인 분위기가 차분한 경우라면 흑백 이미지를 적극적으로 활용합니다. 사진을 여러 장 삽입할 때 색감이 튀거나 이미지별로 컬러가 다양하다면 흑백으로 바꿔서 통일성 있게 사용합니다.

이미지를 어둡게 만드는 방법은 흑백 이미지를 만드는 방법과 비슷합니다. 이전 실습과 동일하게 사무실 파일을 불러와 작업합니다.

**01** ①[삽입] 탭–[이미지] 그룹–[그림]–[이 디바이스]를 클릭합니다. [그림 삽입] 대화상자가 나타나면 **사무실.jpg** 파일을 불러옵니다. ②사진을 마우스 오른쪽 버튼으로 클릭하고 [그림 서식]을 클릭합니다. ③[그림 서식] 작업 창에서 [그림 🖼]–[그림 수정]–[밝기/대비]–[미리 설정]에서 원하는 프리셋을 선택합니다. 어두운 이미지를 쉽게 만들 수 있습니다.

**02** 설정값을 입력해서 사진을 더욱 어둡게 만들고 싶다면 [그림 서식] 작업 창에서 [밝기/대비]에 값을 입력합니다.

단순히 밝기만 낮추면 사진이 어두워져서 개체가 잘 보이지 않습니다. 이때 대비를 낮추면 사진에서 까맣게 표현되던 부분이 회색으로 표현되면서 개체가 잘 보이게 됩니다. 즉, 밝기와 대비를 함께 조절하는 것이 효과적입니다. 사진마다 차이가 있기에 설정값을 다르게 지정해야 하지만 일반적으로 밝기보다 대비를 20%p 높게 설정합니다. 단, 대비를 0%보다 높게는 설정하지 않습니다.

▲ 원본

▲ 밝기 −40%, 대비 −20%

▲ 밝기 −60%, 대비 −40%

사진을 정확한 사이즈로 만들어야 할 때, 슬라이드에 꽉 차는 이미지를 만들고 싶을 때 활용하는 기능입니다.

**01** ①사진을 선택하고 ②[그림 서식] 탭–[크기] 그룹–[자르기]를 클릭합니다. [자르기] 기능이 활성화됩니다.

**02** ①[자르기] 아래에 화살표를 클릭하면 세부 기능을 선택할 수 있습니다. ②[가로 세로 비율]을 클릭하면 1:1 비율부터 16:9, 4:3 등 다양한 비율을 선택할 수 있습니다. 원하는 비율을 선택하고 슬라이드의 빈 공간을 클릭하면 필요한 부분만 남습니다.

**03** 모서리마다 있는 자르기 조절 핸들을 이용하여 크기와 비율을 조절할 수도 있습니다.

TIP 원하는 부분만 더 정밀하게 남기고 싶을 때는 Shift , Alt 등의 단축키를 누르면서 크기를 조절합니다.

**04** 이렇게 원하는 부분만 깔끔하게 잘라서 활용할 수 있는 편리한 기능입니다. 단, 사진을 너무 많이 자르게 되면 확대했을 때 화질의 선명도가 떨어집니다. 이러한 부분도 고려하여 적절하게 자르기 기능을 활용합니다.

일반적으로 사진은 사각형이지만 원형이나 평행사변형으로 잘라서 표현하고 싶을 때가 있습니다. 이번 실습은 자신의 이미지를 불러와 진행해봅니다.

**01** ①원하는 인물 사진을 불러옵니다. 상체 부분을 슬라이드 중앙에 배치합니다. 사진이 선택된 상태에서 ②[그림 서식] 탭–[크기] 그룹–[자르기] 아래에 화살표를 클릭하고 [도형에 맞춰 자르기]를 클릭합니다. ③[기본 도형]에서 [타원]을 선택합니다. ④다시 [자르기] 아래에 화살표를 클릭하고 [가로 세로 비율]–[1:1]을 클릭합니다.

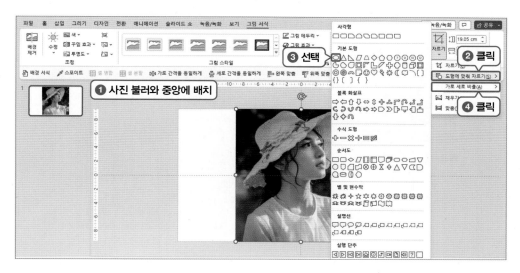

**02** 1:1 비율의 얼굴 이미지가 중앙에 배치됩니다. 카카오톡 프로필 이미지로 사용할 수도 있고, 다양한 느낌의 이미지로 활용할 수 있습니다.

**꾸밈 효과로 이미지 퀄리티 높이기**

꾸밈 효과에는 23개의 다양한 효과가 있습니다. 이번 실습에서는 가장 많이 쓰이는 흐리게 (블러) 효과와 강조 효과를 활용해보겠습니다. 특히 저화질 이미지를 사용해야 할 때 꾸밈 효과를 사용하면 전체적인 느낌을 유지하면서 프레젠테이션 퀄리티를 향상할 수 있습니다.

**01** 꾸밈 효과는 사진 위에 텍스트를 입력하거나 색다른 분위기를 만들어줄 때 효과적으로 활용할 수 있는 기능입니다. ① 원하는 사진을 불러옵니다. ② 사진이 선택된 상태에서 [그림 서식] 탭-[조정] 그룹-[꾸밈 효과]를 클릭하면 여러 프리셋이 나타납니다. ③ [흐리게]를 선택합니다.

**02** 흐리게 효과를 적용하면 사진이 블러 처리되어 더욱 부드러운 느낌을 줍니다. 이 기능은 주로 사진 위에 얹는 텍스트나 개체를 더욱 뚜렷하게 표현하기 위해 사용합니다.

**03** ①사진을 마우스 오른쪽 버튼으로 클릭하고 [그림 서식]을 선택합니다. ②[그림 서식] 작업 창에서 [효과 📷]–[꾸밈 효과]–[반경]의 값을 **25**로 설정합니다. ③[그림 서식] 작업 창을 닫습니다.

**TIP** 반경의 값을 크게 설정할수록 더욱 흐리게 표현됩니다. 반경의 값을 0으로 맞추면 흐리게 효과가 사라집니다.

**04** 이번에는 사진을 그림으로 바꿔보겠습니다. ①원하는 사진을 불러옵니다. ②사진이 선택된 상태에서 [그림 서식] 탭–[조정] 그룹–[꾸밈 효과]를 클릭합니다. ③[강조]를 선택하면 사진이 그림을 그린 것처럼 바뀝니다.

**05** ①사진을 마우스 오른쪽 버튼으로 클릭하고 [그림 서식]을 클릭합니다. ②[그림 서식] 작업 창에서 [효과 ◯]–[꾸밈 효과]–[음영 수]를 **6**으로 설정합니다.

TIP 음영 수를 높일수록 사진이 자세하게 표현됩니다.

**06** [꾸밈 효과]–[투명도]를 **60**으로 설정합니다. 투명도가 높을수록 원본 이미지에 가까 워집니다.

TIP 이 효과는 일종의 레이어입니다. 보통 프레젠테이션에서 사진이 갑작스럽게 나타나서 전반적인 분위기를 해치는 경우에 사용합니다.

LESSON 03

# 텍스트를 설정해 완성도 높이기

텍스트의 디테일을 신경 쓴다면 전체적인 프레젠테이션의 분위기를 섬세하게 강조하고 가독성을 높일 수 있습니다. 제출용 자료에서는 텍스트 설정이 가장 중요합니다.

## 텍스트의 중요성 알아보기

프레젠테이션에서 텍스트를 중점적으로 활용하는 경우도 있습니다. 이때는 작업물을 보는 사람이 텍스트에 온전히 집중할 수 있도록 만들어주는 것이 중요합니다. 폰트 자체에 디자인이 가미된 폰트, 굵은 폰트를 선택하는 것이 효과적입니다.

컬러가 있는 배경을 사용할 때는 텍스트가 잘 보일 수 있는 색상을 선택하여 명확한 전달이 가능하도록 합니다. 이미지와 함께 사용할 때는 텍스트에 더 집중할 수 있도록 이미지를 어둡게 혹은 흐리게 만듭니다. 텍스트를 옅게 하여 배경으로 사용할 때는 전달하고자 하는 텍스트는 굵은 폰트를 사용해 가시성을 높입니다. 이미지나 도형으로 공간의 밀도를 채워주는 것도 좋습니다.

표지에 들어가는 제목은 문장형으로 입력하여 작업물을 보는 사람들에게 전달하고자 하는 메시지를 강하게 전달합니다.

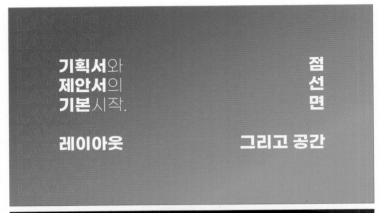

◀ 굵은 폰트 사용

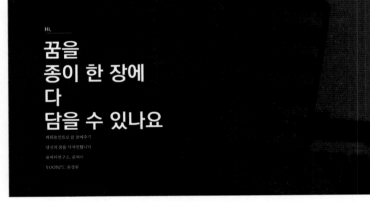

◀ 제목에 문장형 사용

## 자간 차이 한눈에 확인하기

자간은 글자와 글자 사이의 간격을 말합니다. 자간이 너무 넓거나 좁으면 가독성이 떨어집니다. PPT 작업을 할 때 텍스트가 잘 보이게 하는 것만으로도 전달하고자 하는 정보의 전달력을 높일 수 있습니다.

맑은 고딕과 같이 자간이 넓은 폰트의 경우, 자간을 좁혀주는 것이 효과적입니다. 일부 지원 사업이나 프레젠테이션에서 맑은 고딕만 사용해야 하는 제한적인 상황이 있습니다. 이때 기본 형태로 사용하는 것과 자간을 좁히고 간격을 조절하여 사용하는 것의 차이는 상당히 큽니다. 맑은 고딕의 자간을 좁게 설정하면 문장의 폭이 줄어들어 더 깔끔한 표현이 가능합니다.

다음은 맑은 고딕의 자간을 '보통/좁게/좁게 +0.8'로 설정하였을 때 비교입니다. 맑은 고딕의 자간을 보통으로 두었을 때는 자간이 넓어서 글자 사이의 불필요한 공간을 느끼게 됩니다. 반면 '좁게'로 설정하면 자간이 너무 붙어서 답답해 보입니다. 자간을 '좁게 +0.8'로 설정하면 불필요한 공간도 없애고 가독성도 높아지는 것을 확인할 수 있습니다.

<보통 | 맑은 고딕, 18pt>
Lorem ipsum dolor sit amet, consectetuer adipiscing elit.
Maecenas porttitor congue massa. Fusce posuere, magna sed pulvinar ultricies,
purus lectus malesuada libero, sit amet commodo magna eros quis urna.

<좁게 | 맑은 고딕, 18pt>
Lorem ipsum dolor sit amet, consectetuer adipiscing elit.
Maecenas porttitor congue massa. Fusce posuere, magna sed pulvinar ultricies,
purus lectus malesuada libero, sit amet commodo magna eros quis urna.

<좁게 + 0.8 | 맑은 고딕, 18pt>
Lorem ipsum dolor sit amet, consectetuer adipiscing elit.
Maecenas porttitor congue massa. Fusce posuere, magna sed pulvinar ultricies,
purus lectus malesuada libero, sit amet commodo magna eros quis urna.

▲ 맑은 고딕의 자간을 '보통/좁게/좁게+0.8'로 설정했을 때 비교

## 행간 차이 한눈에 확인하기

행간은 텍스트 줄의 위아래 간격을 말합니다. 글자 크기가 작아도 해당 줄의 위아래에 여백이 적당하면 텍스트를 읽는 데 아무 문제가 없습니다. 제목 텍스트는 행간의 문제가 없지만 텍스트가 많은 본문은 행간을 조절해서 글의 가독성을 높여야 합니다.

다음과 같이 행간이 좁을 때와 넓을 때의 차이를 확인합니다. 오른쪽처럼 텍스트의 위아래에 적당한 여백을 준 쪽이 상대적으로 좁은 행간의 텍스트보다 더 깔끔하고 시원시원해 보이는 것을 알 수 있습니다.

▲ 행간이 좁아서 본문이 답답해 보임 　　　　　▲ 행간이 넓어서 본문이 시원해 보임

작업을 할 때 텍스트를 모두 입력했음에도 공간이 남아 있는 경우에 행간을 좀 더 늘려서 표현을 하게 된다면 텍스트 줄과 줄 사이에 공간이 늘어나면서 자연스럽게 가장 윗줄과 아랫줄의 간격이 멀어지게 됩니다. 즉, 텍스트가 슬라이드에서 차지하고 있는 공간이 커지게 됩니다. 별도의 개체를 넣지 않더라도 텍스트의 행간을 늘려서 슬라이드가 비어 보이지 않도록 표현해줄 수 있습니다.

텍스트의 양에 비해 텍스트가 많은 공간을 차지하는 경우에 자간을 좁히는 것이 좋습니다. 자간을 좁혀 가독성을 높이는 과정을 살펴보겠습니다.

**준비 파일** 자간을 좁혀 가독성 높이기.pptx

**01** ①준비 파일을 엽니다. 박스 친 부분은 텍스트 양에 비해 많은 공간을 차지하고 있습니다. ②[홈] 탭-[글꼴] 그룹-[문자 간격]을 클릭하면 [표준으로]로 설정되어 있습니다.

**02** [홈] 탭-[글꼴] 그룹-[문자 간격]-[좁게]를 클릭합니다. 이번에는 자간이 너무 좁아져 답답하게 보입니다.

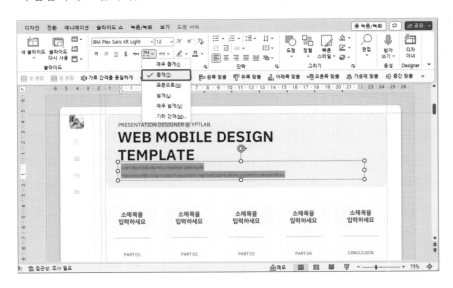

본문 텍스트로 사용되는 글꼴 크기(9~16pt)에 [문자 간격]을 [좁게]로 설정한다면 자간이 너무 좁아져서 가독성에 문제가 생깁니다. 자간이 너무 넓거나 좁아도 가독성은 떨어집니다. 폰트에 따라 [표준]보다는 조금 좁게, [좁게]보다는 살짝 넓은 중간값을 설정합니다.

**준비 파일** 자간을 좁혀 가독성 높이기.pptx

**01** ①준비 파일을 엽니다. ②텍스트를 선택하고 ③[홈] 탭-[글꼴] 그룹-[문자 간격]-[기타 간격]을 클릭합니다.

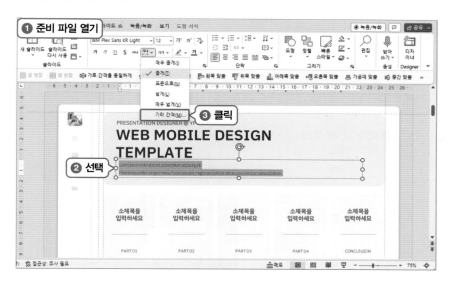

**02** [글꼴] 대화상자가 나타나면 [문자 간격] 탭이 선택되어 있습니다. ①[간격]은 [좁게], [값]은 **0.5~1.0** 정도로 설정하면 좀 더 안정된 자간으로 표현할 수 있습니다. ②[확인]을 클릭합니다.

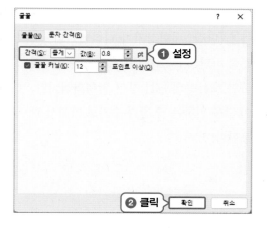

한 슬라이드에 텍스트가 많으면 보기에 답답하고 작업물을 보는 사람들은 흥미와 집중력을 금방 잃습니다. 이 점을 고려하여 자간과 행간을 적절하게 설정하여 보다 효과적으로 슬라이드를 표현해봅니다.

**준비 파일** 행간 차이 한눈에 확인하기.pptx

**01** ①준비 파일을 엽니다. ②6번 슬라이드를 선택하고 ③중앙에 있는 텍스트를 드래그하여 선택합니다. ④[홈] 탭-[단락] 그룹-[줄 간격]-[줄 간격 옵션]을 클릭합니다.

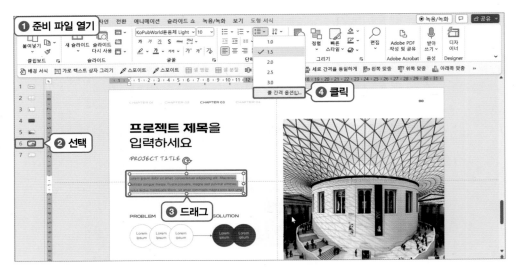

TIP 줄 간격은 기본적으로 0.5 단위로 선택할 수 있고, 원하는 값만큼 설정할 수도 있습니다.

**02** [단락] 대화상자가 나타납니다. 오른쪽 하단의 [줄 간격]에서 [배수]를 선택하면 오른쪽의 [값] 창이 활성화됩니다. 이 값을 원하는 줄 간격 수치로 바꿔서 활용합니다.

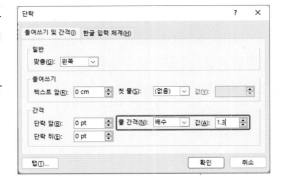

## 텍스트 윤곽선으로 깔끔하게 표현하기

파워포인트에서 텍스트를 입력하고 텍스트 효과 서식 메뉴를 확인하면 텍스트 채우기와 텍스트 윤곽선이 있습니다. 윤곽선 기능을 활용해서 텍스트를 뚜렷하고 깨끗하게 보이게 할 수 있고, 텍스트 채우기 없이 윤곽선만으로도 텍스트를 표현할 수 있습니다.

### 텍스트 윤곽선 옵션 알아보기

①텍스트 상자 혹은 텍스트를 마우스 오른쪽 버튼으로 클릭하고 ②[도형 서식] 또는 [텍스트 효과 서식]을 선택합니다. ③[도형 서식] 작업 창에서 [텍스트 옵션]−[텍스트 채우기 및 윤곽선 ▣]−[텍스트 윤곽선]을 클릭합니다. [실선]이 선택되어 있습니다. 텍스트 윤곽선은 텍스트의 외곽선을 따라서 선을 추가하고 설정할 수 있는 기능입니다.

**TIP** 텍스트 상자가 선택된 상태에서 마우스 오른쪽 버튼을 클릭하면 [도형 서식] 메뉴가 있습니다. 텍스트 상자가 아닌 텍스트에 커서가 위치한 상태에서 마우스 오른쪽 버튼을 클릭하면 [도형 서식]과 [텍스트 효과 서식] 메뉴가 있습니다. 어떤 것을 선택해도 무방합니다.

## 윤곽선 투명도 100% 설정하여 깨짐 예방하기

슬라이드에 텍스트를 입력한 뒤 화면 비율을 작게 하면 텍스트가 깨지는 현상을 볼 수 있습니다. 텍스트에 윤곽선을 설정하고 투명도를 100%로 설정하면 텍스트가 깨지지 않고 부드럽게 표현됩니다. 윤곽선 투명도를 100%로 설정한다면 윤곽선 색상은 어떤 색을 사용해도 무방합니다.

윤곽선을 넣고 윤곽선 투명도를 100%로 설정하면 일반적으로는 윤곽선이 없는 것과 동일하게 표현이 되어야 한다고 생각합니다. 하지만 미묘한 차이가 생깁니다. 윤곽선이 없는 텍스트는 울퉁불퉁한 느낌이 있지만 윤곽선 투명도를 100%로 설정한 텍스트는 더 깨끗하게 표현됩니다. 이러한 이유로 발표용 자료에는 일괄적으로 모든 텍스트에 윤곽선 투명도를 100% 설정해서 사용합니다. '윤곽선 투명도 100%'는 실무 작업에서 많이 활용하고 있습니다.

<맑은 고딕 (윤곽선 없음)>
Lorem ipsum dolor sit amet, consectetuer adipiscing elit.
Maecenas porttitor congue massa. Fusce posuere, magna sed pulvinar ultricies,
purus lectus malesuada libero, sit amet commodo magna eros quis urna.

<맑은 고딕 (윤곽선 투명도 100%)>
Lorem ipsum dolor sit amet, consectetuer adipiscing elit.
Maecenas porttitor congue massa. Fusce posuere, magna sed pulvinar ultricies,
purus lectus malesuada libero, sit amet commodo magna eros quis urna.

## 윤곽선 투명도 50~80% 설정하여 부드럽게 표현하기

얇은 텍스트를 사용하다 보면 잘 안 보이는 경우가 종종 생깁니다. 윤곽선을 텍스트 채우기 색상과 동일하게 설정하고 투명도를 50~80%로 설정하면 텍스트가 살짝 두껍게 보이며 테두리 부분이 부드럽게 표현됩니다. 이 방식을 활용하면 전반적으로 텍스트의 색감과 부드러운 느낌을 보다 잘 표현할 수 있지만 설정 시간이 좀 더 소요되는 단점이 있습니다.

<맑은 고딕 (투명도 50%)>
Lorem ipsum dolor sit amet, consectetuer adipiscing elit.
Maecenas porttitor congue massa. Fusce posuere, magna sed pulvinar ultricies,
purus lectus malesuada libero, sit amet commodo magna eros quis urna.

<맑은 고딕 (투명도 80%)>
Lorem ipsum dolor sit amet, consectetuer adipiscing elit.
Maecenas porttitor congue massa. Fusce posuere, magna sed pulvinar ultricies,
purus lectus malesuada libero, sit amet commodo magna eros quis urna.

## 텍스트 윤곽선으로 제목 작성하기

텍스트 채우기 없이 윤곽선으로만 설정할 수 있는데 이때는 얇은 두께의 폰트보다는 굵은 두께의 폰트를 활용하는 것이 좋습니다. 윤곽선만으로 표현된 텍스트는 같은 폰트를 쓰더라도 공간을 덜 차지하는 듯한 느낌을 줄 수 있습니다. 다음의 두 예를 보면 제목을 텍스트 채우기로 활용하는 것과 윤곽선으로 활용하는 것의 느낌이 다른 것을 확인할 수 있습니다. 전체적인 디자인을 가볍게 하고 싶다면 윤곽선으로 활용하고, 일반적인 형태로 강조하고 싶다면 텍스트 채우기 형태를 활용합니다.

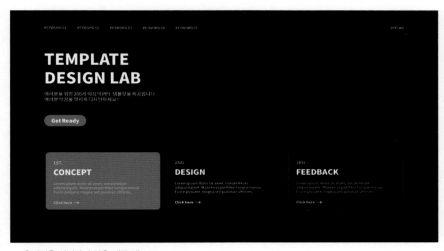

▲ 윤곽선을 설정하지 않은 제목 텍스트

▲ 윤곽선으로만 설정한 제목 텍스트

## 텍스트 윤곽선을 디자인 요소로 활용하기

텍스트 윤곽선은 제목, 거버닝 메시지뿐만 아니라 디자인 요소로도 충분히 활용할 수 있습니다. 비어 있는 공간이 심심하게 느껴진다면 윤곽선을 이용한 텍스트를 삽입하여 빈 공간을 꽉 차게 만듭니다. 이때, 강조하려고 하는 개체가 뚜렷하게 강조가 되고 있는 상황에서 활용해야 한다는 것만 고려합니다. 다음은 소제목용 슬라이드로 만들어둔 디자인입니다. 왼쪽 하단에 있는 02라는 숫자의 윤곽선에 그라데이션을 적용하였습니다. 이로 인해 상대적으로 중요한 키워드인 ART, PLAY, KEYWORD가 더욱 진하고 또렷하게 돋보입니다.

## 기울임꼴로 핵심 전달하기

파워포인트에서 텍스트의 기울임 설정은 각도를 설정할 수가 없습니다. 이런 부분 때문에 한정적인 상황에서 활용하지만, 충분히 매력적으로 활용할 수 있는 기능입니다.

## 굵은 폰트로 결론을 보여주기

굵은 폰트를 활용하면서 한 줄 혹은 키워드만 깔끔하게 보여주고 싶을 때 텍스트 기울이기를 활용해봅니다. 좀 더 동적인 느낌을 줄 수 있습니다. 아이템 소개, 마케팅 제안처럼 임팩트를 줘야 하는 슬라이드나 결론을 도출해야 하는 슬라이드에서 활용할 수 있습니다.

강의 용도로 만드는 자료나 간단한 키워드를 보여주는 슬라이드에서 활용해도 좋습니다. 단, 이 경우에는 얇은 텍스트를 활용하는 것보다 굵은 텍스트를 활용합니다. 시각적으로 에너지가 느껴지는 텍스트처럼 표현됩니다.

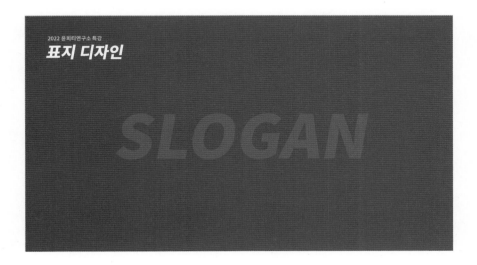

## 핵심 메시지만 기울이기

피칭자료에서 아이템에 대한 전개 및 필요성의 이야기를 전달할 때 핵심 메시지에 기울이기를 사용할 수 있습니다. 작업물에서 모든 텍스트에 기울이기가 적용되면 가독성이 매우 떨어지고 쉽게 피로가 옵니다. 가장 중요한 핵심 메시지만 기울이기를 활용해서 표현하고, 나머지 텍스트는 기본적인 텍스트로 활용합니다.

투명 페트병은 '고품질 재활용 원료'로 이용될 수 있음

※장(長)섬유로 활용하여 의류, 가방, 화장품 병, 플라스틱 용기 등 여러 제품을 만들 수 있음
그러나 그간 재활용이 되지 않아 일본, 대만, 중국에서 수입하는 실정

LESSON 04

# 그라데이션으로
# 디테일 살리기

그라데이션의 활용 방법을 배운다면 단색에서 표현할 수 없는 풍부한 느낌을 표현할 수 있어 작업에 큰 도움이 됩니다. 두 가지 이상의 색을 활용하여 다채로운 느낌을 표현할 수 있고, 공간감과 거리감을 표현하는 데에도 활용할 수 있습니다. 선, 도형, 배경 등 다양하게 활용할 수 있으며 여러 기법들이 있으니 예제 파일들을 참고하여 연습합니다.

**간단 실습 ▶** **기본적인 그라데이션 적용하기**

그라데이션은 도형을 비롯하여 배경, 선 등에서 모두 동일한 개념으로 활용됩니다. 그라데이션 채우기를 선택하면 [그라데이션 중지점]이라는 기능이 활성화됩니다. 이 중지점을 설정하여 그라데이션을 표현합니다. 일반적으로 중지점 두 개만 활용하더라도 단색과는 색다른 표현을 할 수 있습니다. 실무에서 중지점이 더 필요하다면 추가하여 사용하는 것을 추천합니다. 프레젠테이션을 실행하고 새 슬라이드에서 실습을 진행합니다.

**01** ①[삽입] 탭-[일러스트레이션] 그룹-[도형]을 클릭하고 [타원]을 선택합니다. ② Shift 를 누른 채 슬라이드를 드래그합니다. ③1:1 비율의 정원이 나타나면 마우스 오른쪽 버튼을 클릭하고 [도형 서식]을 선택합니다. ④[도형 서식] 작업 창에서 [도형 옵션]-[채우기 및 선 ◆]-[채우기]를 클릭하고 [그라데이션 채우기]를 선택합니다. ⑤[그라데이션 중지점]에 네 개의 중지점이 있습니다. 가운데 두 개의 중지점을 삭제합니다.

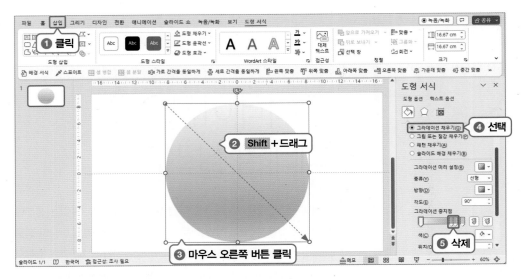

TIP 삭제할 중지점을 선택한 뒤 오른쪽 [그라데이션 중지점 제거] 아이콘을 클릭합니다.

**02** ① 두 개의 중지점만 남은 상태에서 [방향]을 클릭합니다. ② 원하는 그라데이션 방향을 선택합니다. 여기서는 [선형 오른쪽]을 선택했습니다.

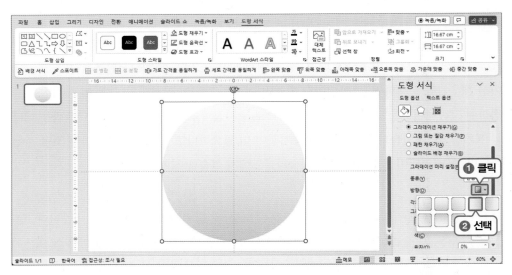

TIP 원의 윤곽선은 [선 없음]으로 설정하여 작업하였습니다. [도형 서식] 작업 창에서 [도형 옵션]–[채우기 및 선 ]–[선]을 클릭하고 [선 없음]을 선택합니다.

**03** 원하는 방향의 그라데이션을 설정한 뒤 각 중지점을 선택하여 컬러를 설정합니다. ①
왼쪽 중지점을 선택하고 ②[색]–[다른 색]을 클릭합니다. [색] 대화상자가 나타나면 [표준]
탭을 클릭하고 남색 계열을 선택합니다. ③오른쪽 중지점은 보라색 계열을 설정하여 자연
스러운 컬러가 이어지도록 표현해봅니다.

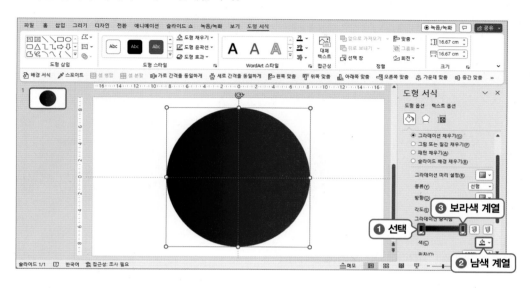

**04** 그라데이션 중지점의 간격이 너무 가깝거나 붙으면 다음과 같이 컬러의 구분선이 뚜
렷해져 어색한 느낌을 줍니다. 중지점의 간격이 멀어야 자연스러운 그라데이션 효과를 줄
수 있습니다.

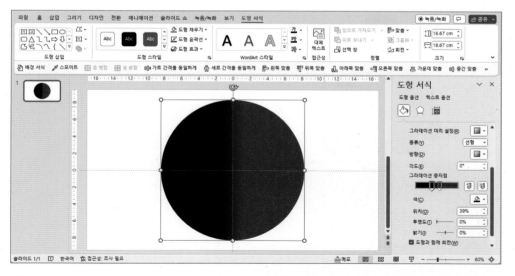

TIP 상황에 따라 가깝게 표현해야 할 때도 있습니다. 하지만 자연스러운 컬러의 변화를 표현하고 싶다면 중지점을 서로 멀리 둡니다.

**05** 중지점의 투명도와 밝기도 조절할 수 있습니다. ①중지점을 선택하고 ②다음과 같이 [투명도]와 [밝기]에 값을 입력해봅니다.

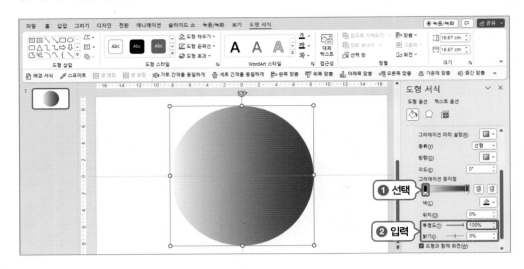

**윤피티의 팁!** **그라데이션 도형 활용하기**

포트폴리오를 예로 들어보겠습니다. 다음과 같이 흰색 배경에 인물 이미지만 삽입하면 밋밋한 느낌을 주게 됩니다. 인물 이미지 아래에 메인으로 활용한 컬러를 좀 더 옅게 설정하고 그라데이션을 준 도형을 배치합니다. 도형의 그라데이션 중지점 두 개를 양쪽 끝에 두고 한 쪽은 투명도를 100%, 다른 한 쪽은 작업 슬라이드를 보면서 투명도를 표현합니다. 포트폴리오의 색감과 통일성을 맞출 수 있고, 전체적인 밀도가 채워져 꽉 차 보이는 분위기를 연출할 수 있습니다.

**그라데이션 배경 슬라이드 만들기**

배경에 그라데이션을 활용할 때는 슬라이드의 길이를 고려해야 합니다. 16:9 비율의 슬라이드는 가로는 길고, 세로는 짧은 형태입니다. 여기서 세로 그라데이션을 활용하면 중지점이 최대로 멀리 있어도 개체(배경)의 거리가 짧기에 적합하지 않습니다. 그라데이션이 자연스럽게 표현될 수 있도록 가로 그라데이션 혹은 대각선 그라데이션을 활용하는 것이 좋습니다.

**01** ①빈 슬라이드에서 마우스 오른쪽 버튼을 클릭하고 [배경 서식]을 선택합니다. ②[배경 서식] 작업 창에서 [그라데이션 채우기]를 선택하면 기본적으로 그라데이션 중지점이 네 개 배치됩니다. ③가운데 중지점 두 개를 삭제합니다.

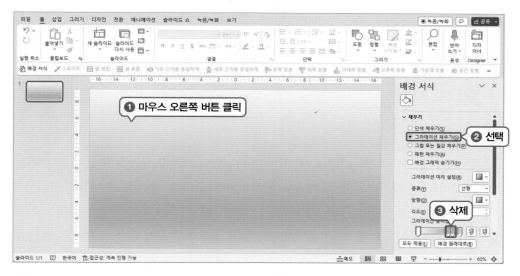

**TIP** 삭제할 중지점을 선택한 뒤 오른쪽 [그라데이션 중지점 제거] 아이콘을 클릭합니다.

**02** ①남은 중지점 두 개를 양쪽 끝에 배치합니다. ①[방향]-[선형 아래쪽]을 선택합니다. 슬라이드의 상단은 밝고 아래로 내려오면서 점점 짙어집니다.

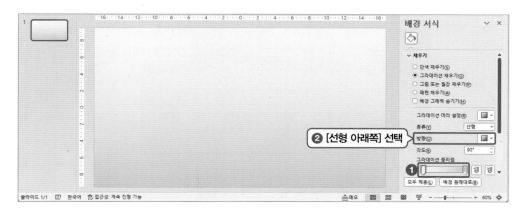

**03** 각도에 따라서 그라데이션이 달라집니다. 슬라이드를 기준으로 봤을 때 상하(90도, 270도)보다 좌우(0도, 180도)가 길기 때문에 좌우로 봤을 때 그라데이션이 좀 더 자연스럽게 바뀌는 모습을 볼 수 있습니다. 그라데이션이 가장 자연스럽게 바뀌는 길이는 가장 긴 대각선(45도, 135도, 225도, 315도)입니다.

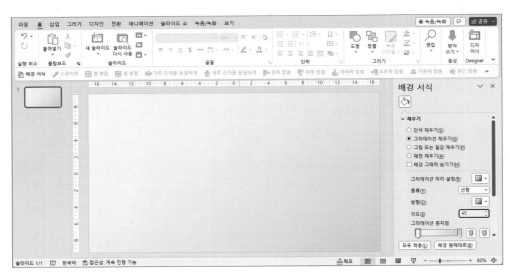

**04** ① 그라데이션 [방향]을 [선형 대각선-왼쪽 위에서 오른쪽 아래로]로 선택합니다. ② 중지점의 간격은 최대한 멀리(위치 0%, 위치 100%) 둡니다. ③ 왼쪽 중지점을 선택하고 [색]-[다른 색]을 클릭합니다. [색] 대화상자가 나타나면 [사용자 지정] 탭을 클릭하고 R : 3, G : 80, B : 208을 입력한 뒤 [확인]을 클릭합니다. ④ 오른쪽 중지점의 컬러는 R : 25, G : 167, B : 186을 입력합니다.

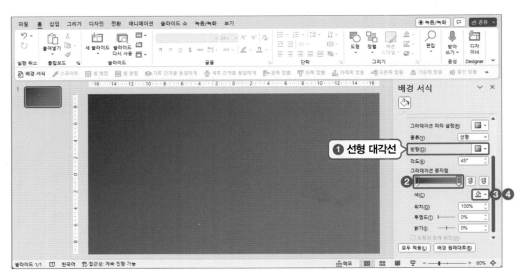

**TIP** 두 개의 그라데이션 중지점의 투명도는 모두 0%로 하였습니다.

**05** 이제 텍스트와 선을 임의로 삽입하여 슬라이드를 구성합니다. 배경에 그라데이션 효과를 준 간단한 제목 슬라이드가 완성되었습니다. 빠르게 작업을 해야 하는 경우, 컬러로만 포인트를 주는 경우에 배경 그라데이션을 활용하면 쉽고 편리하게 슬라이드를 구성할 수 있습니다.

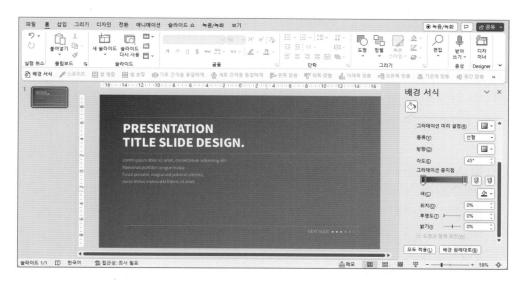

## 윤피티의 팁! 그라데이션을 자연스럽게 표현하기 위한 방법

그라데이션은 컬러의 차이와 중지점 간의 거리가 중요합니다. 특히 컬러의 차이가 크다면 그라데이션 중지점의 거리가 멀더라도 어색하게 표현될 수 있습니다. 컬러를 설정할 때 유사한 계열을 선택하거나 색상표에서 너무 거리가 먼 컬러는 피하는 것이 좋습니다. 또한, 그라데이션 중지점을 세 개 이상 활용하면 중지점 간의 거리가 가까워지기 때문에 컬러가 급격하게 바뀌는 구간이 생깁니다. 중지점을 세 개 이상으로 사용한다면 컬러를 비슷한 색으로 활용하는 것이 효과적입니다.

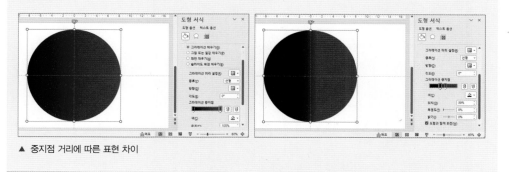

▲ 중지점 거리에 따른 표현 차이

선은 얇기 때문에 가로 선이라면 가로 그라데이션을, 세로 선이라면 세로 그라데이션을 활용해야 합니다. 선이 표현된 형태에 따라서 그라데이션 각도를 고려합니다. 선을 활용한 그라데이션에서는 양쪽 끝으로 갈수록 옅어지고 가운데는 짙은 형태가 좀 더 주목받을 수 있습니다. 앞의 과정에서 작업한 파일을 가져와 이어서 진행해봅니다.

**01** ①슬라이드에 배치된 선을 선택하고 마우스 오른쪽 버튼을 클릭해 [도형 서식]을 선택합니다. ②[도형 서식] 작업 창에서 [채우기 및 선 🔷]−[선]에서 [그라데이션 선]을 선택합니다. ③그라데이션 중지점이 나타나면 가운데의 중지점 두 개는 삭제합니다.

**02** 그라데이션이 가로로 형성되도록 [방향]−[선형 오른쪽]을 선택합니다.

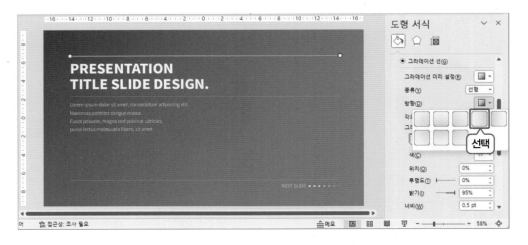

**03** ①왼쪽 중지점을 선택하고 [색]-[테마 색]에서 ②흰색을 선택합니다. ③오른쪽 중지점도 흰색으로 설정합니다. 텍스트와 멀리 있는 쪽의 그라데이션 중지점의 [투명도]를 **100%**로 설정합니다. 투명도 100%로 설정한 중지점의 위치를 중앙으로 조금만 당기면 그라데이션이 끝나는 지점이 자연스럽게 표현됩니다.

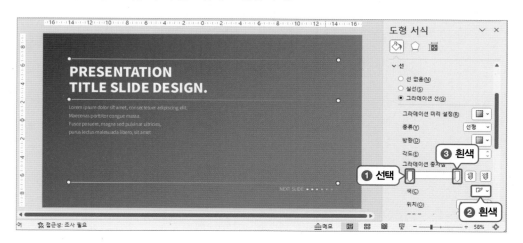

**04** 옆으로 길어질수록 옅어지면서 투명해지는 흰색의 선 그라데이션을 만듭니다. ①선을 선택하고 ②그라데이션 방향을 [선형 오른쪽]으로 선택합니다. ③맨 왼쪽에 있는 중지점을 선택하고 [위치]를 **10%**로 설정합니다. 두 번째 중지점은 **40%**, 세 번째 중지점은 **60%**, 네 번째 중지점은 **90%**로 설정합니다. ④10%와 90%에 위치한 중지점은 [투명도]를 **100%**로 설정합니다. 40%와 60%에 위치한 중지점은 [투명도]를 **0%** 또는 원하는 정도로 설정합니다.

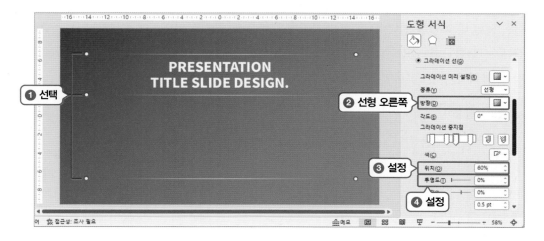

# 그림자를 활용해
# 입체감 만들기

그림자를 활용하면 프레젠테이션의 입체감과 공간감을 만들어줄 수 있습니다. 도형뿐만 아니라 이미지, 텍스트에도 그림자를 활용하여 보다 풍부한 느낌을 연출하는 데 도움을 줄 수 있습니다.

---

**간단 실습 ▶** ## 바깥쪽 그림자 적용하기

바깥쪽 그림자는 개체의 뒤쪽에 그림자를 주는 기능으로, 개체가 앞으로 튀어나온 듯한 양각 효과를 줍니다. 그림자가 없는 개체에 비해서 3D처럼 도드라지는 효과가 있어 강조하고 싶을 때 사용하면 효과적입니다.

> **준비 파일** 바깥쪽 그림자 적용하기.pptx
> **완성 파일** 바깥쪽 그림자 적용하기_완성.pptx

**01** ①준비 파일을 엽니다. ②흰색 사각형을 마우스 오른쪽 버튼으로 클릭하고 [도형 서식]을 선택합니다. ③[도형 서식] 작업 창에서 [도형 옵션]-[효과 🔲]-[그림자]-[미리 설정]을 클릭합니다. ④[바깥쪽] 그림자 중 [오프셋: 오른쪽 아래]를 선택합니다.

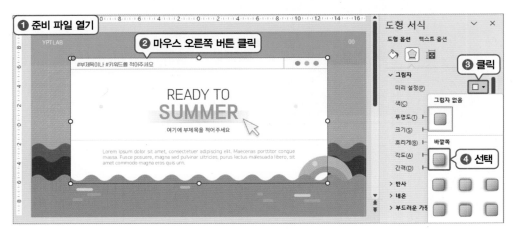

## 윤피티의 팁!  그림자 활용 시 주의할 점

### 1. 그림자의 방향에 주의하기

그림자를 설정할 때 일관된 각도(방향)를 설정하는 것이 중요합니다. 그림자는 개체에 빛이 비추었을 때 반대편에 나타나는 것입니다. 즉, 개체의 그림자 방향이 제각각이면 상당히 부자연스럽고 어색합니다. 한 슬라이드에 포함된 여러 개체의 그림자 방향은 한 방향으로 나오게 하는 것이 중요합니다.

### 2. 그림자를 자연스럽게 표현하기

그림자는 [색], [투명도], [흐리게]를 조절할 수 있습니다. 기본 그림자는 검은색으로 설정되어 있습니다. 그림자의 색을 회색으로 바꾼 후 [투명도]와 [흐리게]의 값을 올리면 부드럽고 자연스러운 그림자를 표현할 수 있습니다.

**02** 그림자의 기본값은 검은색으로 설정되어 있습니다.

**03** 검은색 그림자는 진하므로 [투명도]를 **80%**로 설정하여 조금 더 옅게 만듭니다. [흐리게]를 **15pt**로 설정해주면 부드럽고 자연스러운 느낌으로 표현할 수 있습니다.

**04** 2번 슬라이드를 선택합니다. ①흰색 사각형을 선택하고 ②[미리 설정]에서 [바깥쪽] 그림자 중 [오프셋: 오른쪽 아래]를 선택합니다. ③앞의 **01~03** 과정에서 설정한 효과를 동일하게 적용합니다. 작업물의 전체적인 톤앤매너를 유지하기 위함입니다.

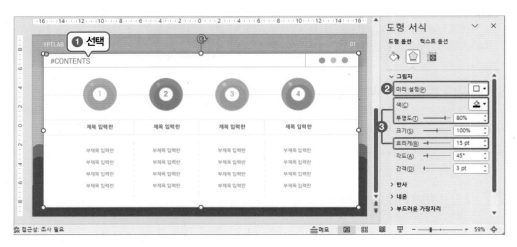

TIP 서식을 설정한 도형을 선택하고 Ctrl + Shift + C 를 눌러 서식을 복사합니다. 그런 다음 다른 도형을 선택하고 Ctrl + Shift + V 를 누르면 서식을 붙여 넣을 수 있습니다.

**05** ①맨 왼쪽에 있는 노란색 도넛 모양을 선택합니다. ②[바깥쪽] 그림자 중 [오프셋: 오른쪽 아래]를 선택합니다. 바깥쪽 그림자를 설정하면 그림자 색이 개체 색에 비해서 짙게 느껴질 수 있습니다.

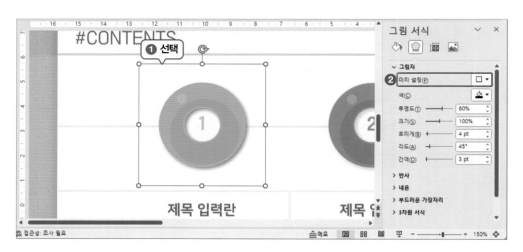

**06** 그림자 색을 변경합니다. ①그림자의 색을 개체의 색상과 동일하게 설정하고 ②[흐리게]를 **7pt**로 기본값보다 높입니다. 은은한 그림자 효과가 됩니다.

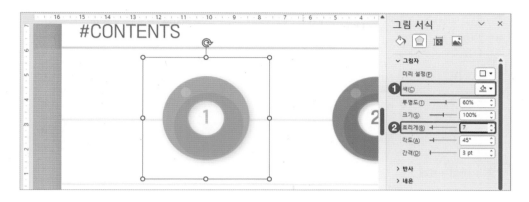

---

**간단 실습 ▶** **바깥쪽 그림자로 뉴모피즘 스타일 만들기**

개체를 구분할 때 배경과 개체가 동일한 색상이더라도 그림자를 활용하게 되면 구분감을 줄수 있습니다. 이 구분감을 이용하여 보다 간결하고 깔끔한 느낌의 표현이 가능합니다.

**준비 파일** 바깥쪽 그림자로 뉴모피즘 만들기.pptx

**01** ①준비 파일을 엽니다. ② Shift 를 누른 채 회색 사각형 세 개를 선택하고 ③마우스 오른쪽 버튼을 클릭합니다. [개체 서식]을 선택하고 ④[도형 옵션]-[효과 🔲]-[그림자]-[미리 설정]을 클릭합니다. ⑤[바깥쪽] 그림자 중 [오프셋: 오른쪽 아래]를 선택합니다. ⑥[투명도]는 **80%**, [흐리게]는 **20pt**, [간격]은 **10pt**로 설정합니다. 그림자가 부드러워지고, 방향이 오른쪽 아래쪽으로 이동합니다.

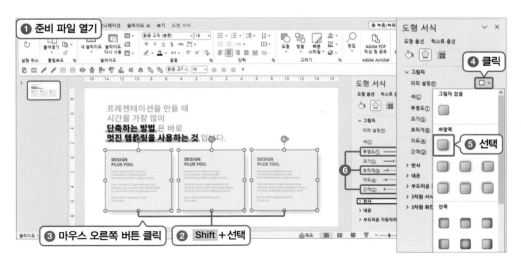

**02** 도형이 선택된 상태에서 Ctrl + Shift 를 누른 채 아래로 드래그합니다.

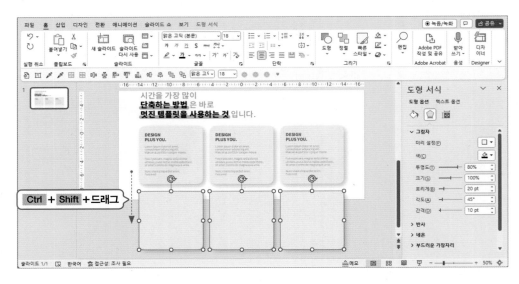

**03** ①복사한 세 개 도형의 그림자 방향은 [바깥쪽] 그림자 중 [오프셋: 왼쪽 위]를 선택합니다. ②각 도형의 그림자 색은 각 텍스트의 색과 동일하게 설정하고 ③[투명도], [흐리게], [간격]은 **01** 과정과 동일하게 설정합니다.

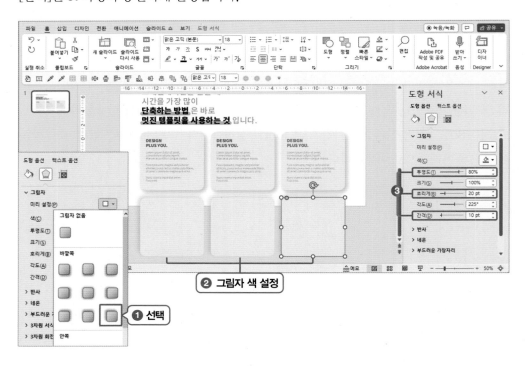

**04** ① Shift 를 누른 채 세 개의 도형을 모두 선택하고 ②마우스 오른쪽 버튼을 클릭하여 [맨 뒤로 보내기]를 선택합니다.

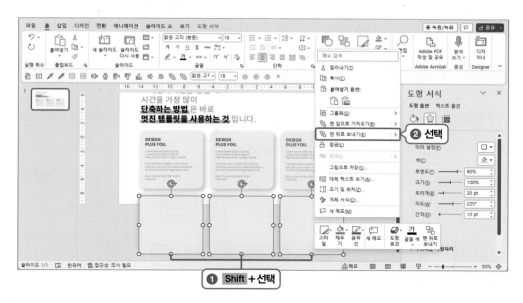

**05** ①복사한 도형을 원래 있던 도형과 겹치게 배치합니다. ②위에 있는 세 개의 회색 도형을 Shift 를 누른 채 선택하고 ③슬라이드의 배경 컬러(흰색)와 동일하게 설정합니다. 배경과 개체의 컬러가 동일해도 개체가 묻히지 않고 도드라지게 잘 보입니다. 앞서 설정한 투명도보다 좀 더 높게 설정해도 은은한 표현이 가능하며, 상황과 강조 정도에 따라서 세부적으로 수정해 활용할 수 있습니다.

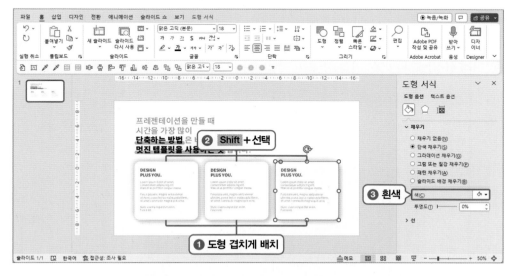

**TIP** 뉴모피즘 디자인이란 개체와 배경의 구분을 오직 그림자로 표현해 볼륨감 있고 생생하게 살아 있는 듯한 느낌을 주는 기법입니다.

개체에 안쪽 그림자를 적용하면 바깥쪽 그림자와는 반대로 안쪽으로 파인 듯한 음각의 느낌을 줄 수 있습니다. 이를 활용해 색다른 표현을 해보겠습니다.

준비 파일 안쪽 그림자 적용하기.pptx

**01** ①준비 파일을 엽니다. ②숫자 텍스트 상자를 선택하고 ③마우스 오른쪽 버튼을 클릭한 후 [도형 서식]을 선택합니다.

**TIP** 이 슬라이드는 오른쪽 하단의 공간에 숫자 텍스트가 넓게 배치된 형태입니다. 이런 경우 바깥쪽 그림자를 설정하게 되면 제목보다 더 강조될 수 있어 안쪽 그림자를 설정합니다.

**02** ①[도형 서식] 작업 창에서 [텍스트 옵션]–[텍스트 효과 A]–[그림자]를 클릭합니다. ②[미리 설정]에서 [안쪽: 왼쪽 위]를 선택합니다.

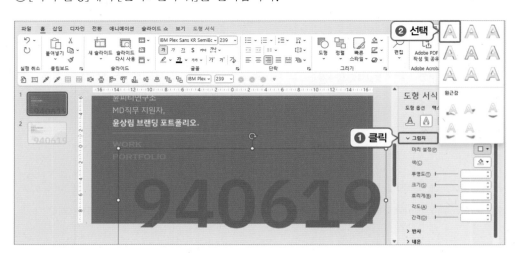

**03** 안쪽 그림자는 바깥쪽 그림자보다 짙게 보입니다. [투명도]를 **40%**, [흐리게]를 **10pt**로 설정합니다.

**04** 자동 설정된 그림자의 색을 검은색으로 두면 너무 짙습니다. 그림자의 색을 텍스트와 동일한 색(R : 33, G : 161, B : 133)으로 설정합니다. 다시 [색]–[다른 색]을 클릭합니다. [색] 대화상자가 나타나면 [사용자 지정] 탭을 클릭하고 오른쪽의 컬러 바를 위아래로 움직여 봅니다. [새 색]과 [현재 색]을 비교할 수 있습니다. [새 색]이 [현재 색]보다 짙은 색이 되면 [확인]을 클릭합니다.

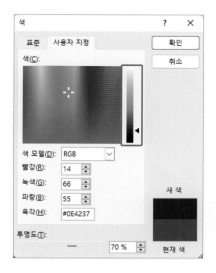

PART

# 02

프레젠테이션 템플릿
실무 작업 워크플로

PART 02에서는 여러 가지 템플릿을 활용해 다양한 형태의 디자인 작업을 연습합니다. 작업물의 내용과 형태를 고려한 비율 설정, 제목의 위치와 그에 따른 특징과 컬러, 폰트 등 톤앤매너를 고려하여 연습합니다. 소개서와 제안서, 발표 자료 등 전달하고자 하는 분위기에 맞춰 실무에 맞게 제작해봅니다.

# CHAPTER 01

# 회사소개서 및 제안서

회사 및 기관 등의 가장 대표적인 소개 자료의 형태는 회사소
개서와 제안서입니다. 여기서는 작업물(PPT)의 화면 비율이
일반적으로 많이 활용되는 4:3 비율과 16:9 비율을 예로 들
어 다룹니다. 소개서와 제안서를 구성하는 내용 플로를 설명
한 뒤 많이 활용되는 디자인을 예제와 함께 연습합니다.

PROJECT
01 /

# 슬라이드 비율과
# 플로 구성 정하기

파워포인트를 실행하고 슬라이드에서 가장 먼저 결정하는 것은 비율입니다. 파워포인트 2013 이후 버전은 기본으로 16:9 비율이 설정되어 있고 이전 버전은 4:3 비율입니다. 다양한 개체의 배치를 생각하여 슬라이드 비율을 설정하는 것이 중요합니다.

## 파워포인트의 비율, 4:3과 16:9

회사소개서는 4:3 비율부터 16:9 비율, A4 비율 등 다양하게 제작되어 왔습니다. 어떤 비율이 더 적합하냐는 질문을 많이 받지만 현재 파워포인트의 기본 슬라이드 비율이 16:9인 이유는 디스플레이 변화의 영향을 받았기 때문입니다. 과거에는 4:3 비율의 디스플레이(TV/모니터)가 많았지만 2010년대 이후부터는 많은 디스플레이가 16:9로 변화했습니다. 16:9 디스플레이가 주력인 시점에서 4:3 비율의 슬라이드로 프레젠테이션 쇼를 하게 되면 좌우에 레터 박스(검은색 여백)가 생기는 문제가 있습니다. 그렇다면 우리는 어떤 비율을 활용해야 좋을지 생각하고 작업에 임해야 합니다.

4:3 비율            16:9 비율

## 용도에 따라 슬라이드 비율 선택하기

텍스트 위주의 작업보다 이미지를 적극적으로 활용하여 회사소개서를 제작하면 보는 사람으로 하여금 신경 써서 준비했다는 느낌을 줄 수 있습니다. 최근에는 이미지를 배치할 공간이 넉넉하고, 시원시원하게 보이는 16:9 비율의 작업이 많이 활용되고 있습니다. 단, 회사소개서를 구성하는 전체적인 데이터를 고려한 뒤 적합한 비율을 결정합니다.

| | 16:9 비율 | 4:3 비율 | A4 비율 |
|---|---|---|---|
| 주 용도 | • 프레젠테이션<br>• 디스플레이 출력<br>  (일반 모니터, TV 활용) | • 프레젠테이션<br>• 디스플레이 출력<br>  (프로젝트 빔 및 스크린 활용) | • A4 출력<br>• 제본 활용 |
| 적합한<br>데이터<br>종류 | • 병렬형 내용 배치<br>• 넓은 이미지<br>• 여러 그래프 | • 수직적 내용 배치<br>• 조직도<br>• 표/단일 그래프 | 상대적으로 4:3과 유사 |
| 특징 | • 가로가 길어서 여러 사진 배치에 적합<br>• 내용에 풍성한 느낌을 더할 수 있음 | • 세로가 길고 가로가 짧아 수직적으로 표현해야 하는 단계적 설명, 분량이 많은 차트(표)에 적합함<br>• 상단에 제목, 하단에 결론을 넣어 표현하는 경우가 많음 | 출력/제본용으로 제작하는 경우가 많아, 텍스트 크기를 발표용처럼 크게 설정하지 않음 |
| 비율 선택 시<br>고려 사항 | • 사진 다수<br>• 병렬형 데이터 다수<br>• 사기업 | • 표/그래프 다수<br>• 수직형 데이터 다수<br>• 공기업/기관 | • 출력용<br>• 서면용 |

---

### 윤피티의 팁! 프레젠테이션 공간에 따른 화면 비율 선택법

내용에 따라 비율을 설정하는 것이 일반적입니다. 하지만 프레젠테이션을 하는 장소에 따라서 16:9 비율 혹은 4:3 비율을 고려할 수 있습니다.

일자형 강의실에 여러 사람이 있는 경우라면 하단에 배치한 텍스트 및 내용이 보이지 않을 수 있습니다. 계단형 강의실인 경우에는 어느 위치에서든 전체적인 화면이 잘 보이므로 4:3 비율을 활용하는 것이 좋습니다. 또한, 현장에서 회사소개서 내용을 토대로 피칭을 하는 경우, IR 피칭, 데모데이, 조별 과제 등에서도 활용할 수 있습니다.

**16:9 비율을 선택하는 상황**
첫째, 디스플레이(TV/모니터)를 사용하는 경우
둘째, 발표 공간이 평평한 일자형 강의실(공간)인 경우

**4:3 비율을 선택하는 상황**

첫째, 프로젝트 빔 및 스크린을 사용하는 경우

둘째, 발표 공간이 계단형 강의실(공간)인 경우

## 회사소개서 플로 구성하기

다음은 회사소개서 플로 중에서 가장 많이 활용되는 형태입니다. 다양한 회사소개서 가운데 가장 깔끔하게 전달되고 분량도 과하지 않습니다. 내용을 숙지하고 활용합니다.

표지 ➡ 목차 ➡ 소개말 ➡ 회사 현황 ➡ 주요 사업 ➡ 사업별 설명

❶ **표지** 회사명과 어필할 포인트가 들어갑니다. 회사에서 보여주고자 하는 전반적인 느낌(키워드)을 표현하되, 격식을 갖추어 구성합니다. 회사 로고(CI, BI)에 있는 컬러를 활용해 디자인합니다.

❷ **목차** 구성되는 카테고리와 슬라이드 번호(쪽번호)를 함께 기재합니다. 최근에는 회사소개서에 목차를 넣지 않고 15장 이내로 구성하는 경우가 많습니다. 하지만 분량이 많고 카테고리가 많은 경우에는 필수적으로 목차를 구성합니다.

❸ **소개말(브랜딩)** 대표 소개말, 회사 소개말이 들어가는 공간입니다. 단순히 인사말로 활용하지 말고 회사의 아이덴티티와 비전을 담아서 표현하는 것이 좋습니다. 소개말에 활용되는 키워드는 본문 내용에서 반복적으로 언급해줍니다. 이 카테고리는 회사소개서 본문 내용이 모두 구성된 이후에 작업하는 것도 좋습니다.

❹ **회사 현황** 회사소개서 내용 중 본문이 시작되는 부분입니다. 설립일, 직원 수, 회사 주소, 대표, 조직도, 연혁 등이 배치가 되며 회사 현황 내용 중 외부 공유가 가능한 내용들로 구성합니다. 짧은 회사소개서를 구성할 때는 한 슬라이드로 구성하지만 일반적으로 2~3장 정도로 구성합니다.

❺ **주요 사업** 회사의 주요 사업들을 한 슬라이드로 나타냅니다. 여러 사업들을 한 슬라이드에 정리하여 보는 사람들에게 이 회사가 어떠한 사업들을 진행하는지 인지시킵니다. 다음 카테고리인 [사업별 설명]의 목차 역할을 하는 슬라이드이기도 합니다.

❻ **사업별 설명** 사업별로 세부적인 내용을 기재하는 슬라이드입니다. 사업 현황, 프로세스, 설명, 제품(서비스) 이미지 등으로 구성합니다. 최대한 자세히 구성하되, 회사소개서를 전달받는 사람의 입장에서 쉽게 이해될 수 있도록 내용 정리가 필요합니다.

❼ **비전 및 가치관** 최근 회사소개서에 많이 구성하는 카테고리입니다. 단순 전달이 아니라 브랜딩의 목적과 회사의 비전을 보여주면서 현 사업 이외에 미래에 대한 계획과 가치관을 어필합니다. 이때 사용되는 키워드는 세 번째 카테고리인 소개말(브랜딩)과 이어질 수 있도록 만드는 것이 중요합니다.

❽ **파트너사(협력사)** 회사와 협력 관계에 있는 파트너사들의 로고를 배치합니다. 로고의 형태 및 크기를 최대한 동일하게 설정하고 일괄적으로 배치합니다.

❾ **브랜딩 및 엔딩** 마지막 카테고리이며, 이 카테고리에서는 앞에서 진행했던 브랜딩보다 조금 더 좁고 직접적인 범위의 브랜딩이 진행됩니다. 마지막으로 정리하는 파트에서 확실

한 임팩트를 전달하는 것이 중요합니다. '감사합니다'라는 문구 대신 회사를 대표하여 어필할 수 있는 문구(슬로건, 거버닝 메시지)를 활용합니다.

## 제안서 플로 구성하기

제안서는 사용처에 따라 정말 다양한 플로를 활용할 수 있습니다. 제안 피칭의 시간, 제한 슬라이드 매수, 제안하는 아이템/서비스 등의 형태에 따라서 다른 형태로 제작될 수 있습니다. 일반적으로 활용하기 좋은 제안서 구성 플로를 설명하겠습니다.

❶ **표지** 제안서의 표지는 간결한 제목과 제안을 하는 회사의 로고가 들어갑니다. 회사소개서보다 조금 더 간결한 형태로 제작합니다. 제안의 내용을 표지에서 확인할 수 있도록 개요 메시지를 넣거나 사진 및 일러스트를 활용하여 표현합니다.

❷ **목차** 제안서는 회사소개서와 별개로 플로가 다양하기에 목차를 설정해주는 것이 좋습니다. 슬라이드가 15장 미만의 경우에는 목차를 제외합니다. 15장 이내의 작업에서 표지, 목차, 엔딩(마무리 말) 등 형식적인 카테고리가 많아지면 제안서의 구성만 비대해 보이는 느낌을 줄 수 있기 때문입니다.

❸ **제안 개요** 제안 내용을 한 장에 확인할 수 있도록 간략하게 정리하는 슬라이드입니다. 정부 및 기관에서 운영하는 지원 사업들의 경우 제안 개요를 표 형태로 제출하도록 하는 일이 많은데 이는 표로 정리했을 때 가장 많은 내용을 담을 수 있기 때문입니다. 꼭 표 형식이 아니어도 되며, 제안서를 작업할 때 전체 내용을 간략히 정리할 수 있는 어떠한 방법을 활용해도 좋습니다.

❹ **제안 목적 및 목표** 제안 목적(동기)과 목표 내용은 시장 분석과 타깃 분석을 함께 내포합니다. 어떠한 제안을 하는 것인지, 회사에서 갖고 있는 아이템/서비스를 왜 제안하는지에

대한 내용들을 기재합니다. 주의해야 할 부분은 입찰 경쟁 제안(비딩)의 경우 목적과 목표가 사업의 확장과 매출 증대가 대부분이기에 ❹ 부분이 비대해질 이유가 없습니다.

❺ **제안/운영(수행)** 본격적인 제안/운영 슬라이드는 제안 내용 자체를 포함합니다. 타사와의 비교, 현황(문제점)을 개선할 수 있는 부분 등 현재와의 비교를 명확하게 해주는 것이 중요합니다. 두루뭉술한 이야기가 아닌 수치(비용), 퍼센트 등의 데이터를 활용하여 명확하게 비교 분석을 담아주는 것이 중요합니다. 운영(수행)을 하는 과정과 목표, 이로 얻을 수 있는 데이터를 다각도로 분석하여 정리합니다.

❻ **기대 효과** 대부분 기대 효과라고 한다면 향후 비용에 관련된 부분을 기재합니다. 하지만 비용만 기재를 하게 된다면 타사의 비용 혜택이 더 클 때 경쟁 입찰에서 밀릴 수밖에 없습니다. 비용을 제외한 다른 기대 효과를 함께 정리하는 것이 좋습니다. 제안을 통해 얻을 수 있는 편의성, 만족도, 안정성(신뢰), 개선될 수 있는 방안, 향후 추가적으로 확장할 수 있는 부분 등 다양한 부분을 다루는 것이 좋습니다.

❼ **정리 및 엔딩** 제안서는 회사소개서와 달리 표지-목차-제안 개요-목적 및 목표로 이어지는 플로가 데이터 및 이성적인 전달이 대부분입니다. 정리 및 엔딩 부분에서 감성적인 표현을 할 수 있는 스토리텔링과 마무리 멘트를 활용하는 것이 전체 구성 측면에서 좋습니다.

PROJECT 02

# 깔끔한 느낌의 회사소개서

제목(거버닝 메시지)과 본문 공간에 구분점을 명확히 두는 디자인은 과거부터 많이 활용된 형태입니다. 장점은 작업물을 보는 사람에게 확실한 구분감을 형성하여 내용의 전달(이해) 순서를 정확하게 설정할 수 있다는 점입니다. 그리고 오래 활용되었던 형태이기에 어느 곳에서 활용하더라도 무난하게 전달할 수 있습니다.

**템플릿 디자인** **제목이 중앙에 위치한 슬라이드 디자인**

제목 공간과 본문 공간이 명확히 구분이 된 상태에서 제목을 중앙에 배치하는 경우, 상단의 제목 및 거버닝 메시지를 강하게 전달할 수 있다는 장점이 있습니다. 이 형태의 단점은 자칫하면 촌스러운 느낌을 줄 수 있어 제목 아래에 작은 크기의 텍스트를 활용하여 제목 공간을 조금 두껍게 만들기도 합니다.

다음 슬라이드를 살펴봅니다. 기업의 다양한 부서 소개와 함께 몇 가지 데이터를 삽입해서 전체적으로 깔끔하게 표현해야 하는 작업물입니다. 많은 분량의 톤앤매너를 깔끔하게 맞춰내기 위해서는 제목 공간의 디자인, 사용되는 아이콘의 콘셉트, 컬러의 구성 측면을 고려해야 합니다. 가장 먼저 디자인을 설정한 것은 제목 공간으로, 상단 중앙에 크게 한 줄로 배치하되 짧은 형태로 문장을 구성합니다. 제목 공간을 뚜렷하게 설정하면 슬라이드마다 본문 내용과 구성이 달라져도 통일감을 줄 수 있습니다. 그리고 제목이 길어지면 좌우의 여백이 줄어들기 때문에 보다 무겁고 딱딱한 느낌이 들 수 있습니다. 이 슬라이드는 최대한 문장을 가볍게 구성하되 아래에 작은 텍스트를 활용하여 조금 더 자세한 설명을 전달할 수 있도록 구성한 형태입니다.

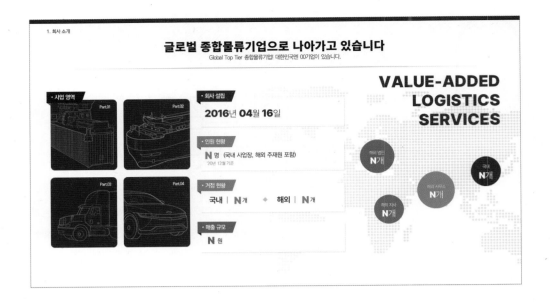

작업물의 두 번째 슬라이드입니다. 제목 공간에는 흰색과 회색을 활용한 옅은 패턴을 삽입합니다. 패턴은 있는 듯 없는 듯하게 표현해주는 것이 핵심입니다. 옅은 패턴을 활용하게 되면 상단 부분이 밋밋해지는 것을 줄여줍니다. 제목이 들어가는 공간을 화려하게 꾸미지 않은 이유는 슬라이드에 배치가 될 내용들이 많기 때문입니다. 해당 예처럼 본문에 들어간 내용이 다양하고 형태도 복잡한 경우 상단의 제목 공간까지 화려하게 디자인하면 전체적으로 가독성이 떨어질 수 있습니다.

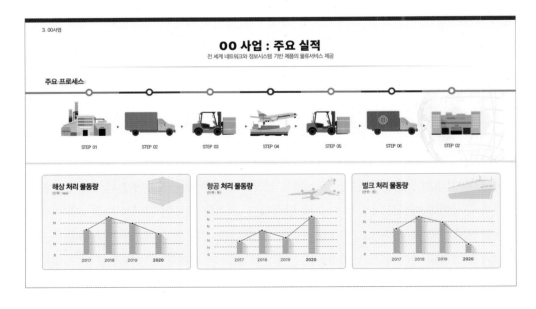

다음 슬라이드를 살펴봅니다. 제목 공간을 컬러로 채워서 활용하게 된다면 본문 공간이 상대적으로 좁아 보일 수 있습니다. 실제 사용하는 공간은 앞의 예와 동일하지만 제목 공간을 짙게 표현하면 본문 공간이 좁아 보입니다. 또한, 데이터(자료)가 많은 자료일수록 여러 색상을 활용하여 구분을 짓는 경우가 많으므로 제목 공간이 너무 부각되지 않도록 신경 쓰는 것이 중요합니다.

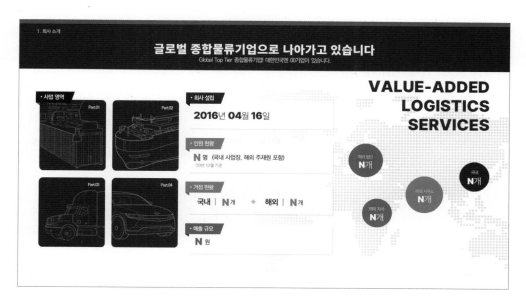

## 윤피티의 팁!

- **주요 컬러** R : 2, G : 69, B : 140
- **폰트** Kopub World 돋움체 Bold, Medium

## 윤피티의 팁!    제목 공간 꾸미는 방법

제목 공간을 디자인할 때 사용할 수 있는 방법은 여러 가지가 있습니다. 옅은 단색(흰색, 연회색)만으로 상단의 제목 공간을 디자인하면 자칫 밋밋할 수 있습니다. 이를 해결하기 위해 여러 방법들을 활용합니다.

### 1. 패턴을 활용하는 방법

패턴 채우기에는 배경색과 전경색이 있습니다. 배경색과 전경색을 둘 다 옅은 색으로 하되, 전경색을 조금 더 짙은 색으로 표현하면 깔끔한 패턴을 만들 수 있습니다.

프레젠테이션 제목을 입력합니다.
**슬라이드의 거버닝 메시지를 입력하는 공간입니다.**    CHAPTER 01

### 2. 이미지 활용하기

최근 파워포인트에서는 사진 투명도 설정이 가능합니다. 사진 투명도 설정을 통해서 제목 공간에 이미지를 삽입한 후 투명도를 90% 내외로 설정하여 이미지의 느낌만 전달할 수 있도록 합니다.

프레젠테이션 제목을 입력합니다.
**슬라이드의 거버닝 메시지를 입력하는 공간입니다.**    CHAPTER 01

### 3. 도형 그림자를 통해 구분하는 방법

제목 공간 크기에 맞는 직사각형을 삽입한 뒤, 직사각형에 바깥쪽 그림자(아래쪽)를 설정하여 제목과 본문 공간의 구분을 표현하는 방법도 좋습니다.

프레젠테이션 제목을 입력합니다.
**슬라이드의 거버닝 메시지를 입력하는 공간입니다.**    CHAPTER 01

## 정석적인 회사소개서 PPT 디자인하기

다음은 표지 디자인 작업입니다. 이 예제에서는 배경 컬러 및 전체적인 톤앤매너는 그대로 활용하며 폰트는 Kopub World 돋움체로 실습합니다. 실습할 때 컬러 및 폰트는 각자 원하는 형태로도 연습합니다.

준비 파일  정석적인 회사소개서 PPT 디자인하기.pptx, 세계지도.svg
완성 파일  정석적인 회사소개서 PPT 디자인하기_완성.pptx

TIP  폰트는 Noto Sans KR, Kopub World 돋움체를 사용했습니다. 폰트 설치는 폰트명을 구글 및 네이버에 검색한 후 다운로드하거나 눈누(noonnu.cc) 사이트에서 다운로드합니다. 폰트를 설치하고 예제를 실습합니다.

**01** **표지 슬라이드 디자인하기** ①준비 파일을 엽니다. 표지 슬라이드 오른쪽에 세 개의 칸이 있습니다. ②맨 위쪽에 원하는 사진을 삽입하고 위치를 조정합니다. ③사진을 선택한 상태에서 [그림 서식] 탭-[크기] 그룹-[자르기]를 클릭합니다. 공간에 맞게 사진을 자릅니다.

**TIP** 보기와 같이 안내선을 배치하고 따라 하기를 진행합니다.

**02** 나머지 두 칸에도 사진을 삽입하고 적절한 크기로 잘라 넣습니다.

**03** ①사진 크기에 맞게 직사각형을 삽입합니다. ②직사각형은 배경보다 더 어두운 컬러를 선택하고 ③[투명도]를 **20%**로 설정합니다.

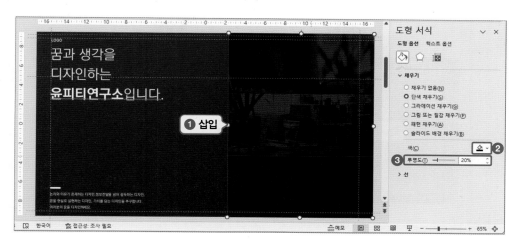

**04** 미리 배치가 되어 있던 선들이 사진과 직사각형으로 가려졌습니다. ①뒤로 가려진 선을 선택하기 위해서 개체가 모두 포함되도록 드래그합니다. 모든 개체가 선택되었으면 Shift 를 누른 채 가려졌던 세 개의 선을 선택합니다. ②선을 제외한 개체들이 선택된 상태에서 마우스 오른쪽 버튼을 클릭해 [맨 뒤로 보내기]를 선택합니다.

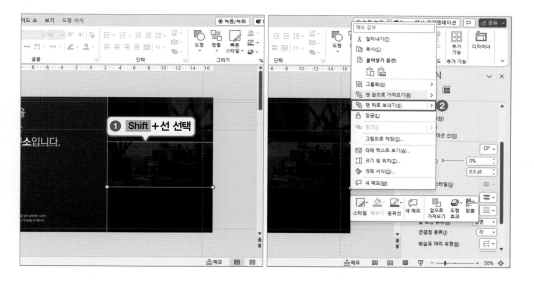

**05** ①사진 위에 키워드를 입력합니다. ②텍스트의 컬러는 흰색으로 설정하고 위치는 사진의 세로 폭 중앙에 배치합니다.

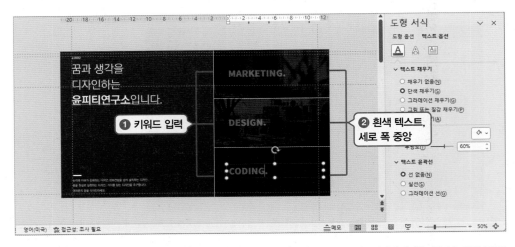

**TIP** 키워드를 배치하는 경우, 굵은 폰트를 활용하고 텍스트 투명도를 20% 내외로 적용합니다. 왼쪽 상단에 배치한 제목이 눈에 잘 띄도록 하기 위해서입니다.

**06** **내지 슬라이드 디자인하기** ①2번 슬라이드를 선택합니다. 내지 디자인은 상단의 긴 직사각형과 그라데이션으로 표현된 실선, 텍스트가 있습니다. 컬러가 들어가 있는 부분은 메인 컬러에 맞춰 설정합니다. ②그라데이션이 적용된 실선은 중지점 네 개 중 가운데 두 개만 컬러를 변경합니다.

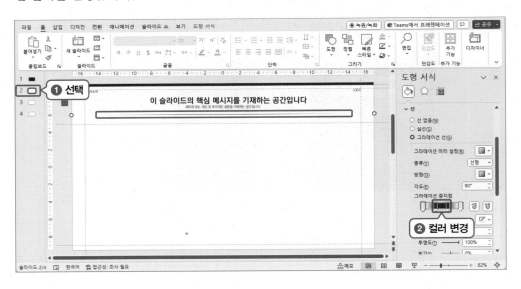

**07** 안내선의 자리에 맞춰 소제목과 설명을 입력합니다. 텍스트는 세로 안내선에 붙여서 배치합니다.

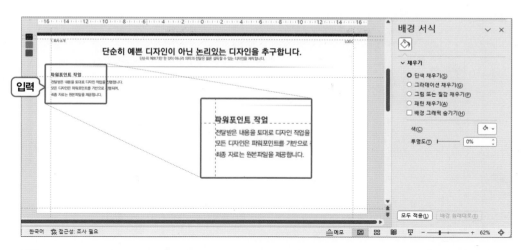

> **TIP** 슬라이드의 가장 왼쪽 상단에 소제목과 개요가 들어가는 위치를 고정해둡니다. 여러 장의 슬라이드를 작업할 때 유리합니다. 개체를 마우스 오른쪽 버튼으로 클릭하고 [잠금]을 선택합니다.

**08** ①소제목 뒤에는 사각형을 넣어서 본문과 구분을 짓습니다. ②이때 사각형은 슬라이드에 사용된 짙은 남색으로 설정하고, [투명도]를 **86%**로 설정합니다. 투명도는 80~90%가 자연스럽습니다.

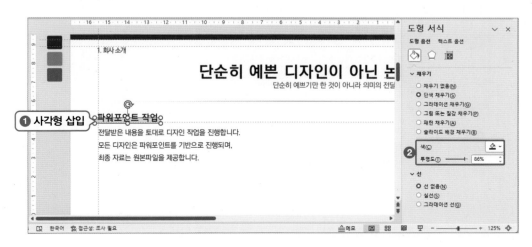

**09** ①본문 왼쪽에 둥근 모서리 사각형을 삽입합니다. 이 사각형은 세로 안내선을 조금 벗어나서 크게 배치합니다. ②둥근 모서리 사각형은 테두리와 채우기 색을 밝은 회색으로 설정하고 [투명도]는 **71%**로 설정합니다.

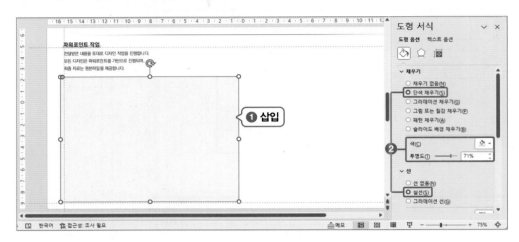

TIP 둥근 모서리 직사각형을 왼쪽의 세로 안내선보다 조금 벗어나게 삽입하는 이유는, 도형 내부에 입력하는 텍스트 혹은 도형을 세로 안내선에 붙여서 배치하기 위해서입니다.

**10** ①슬라이드 왼쪽에 만든 소제목과 개요, 둥근 모서리 사각형을 Shift 를 누른 채 선택합니다. ② Ctrl + Shift 를 누르고 오른쪽으로 드래그하여 복사합니다. 양쪽 여백의 조화를 맞춰 배치합니다. ③소제목과 개요 텍스트를 수정합니다.

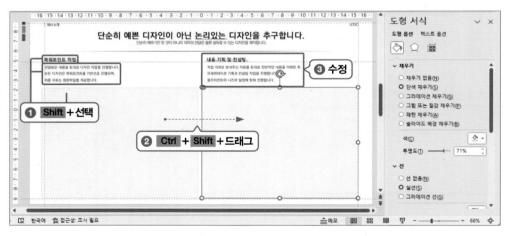

TIP 만들어둔 개체들을 하나 더 만들고 싶을 때는, 같이 움직여야 되는 개체들을 모두 선택한 뒤 Ctrl + G 를 눌러 그룹화합니다. 그룹화한 개체를 Ctrl + Shift 를 누른 채로 드래그하면 수평 혹은 수직으로 복사할 수 있습니다.

**11 도형 그룹화하고 복제하여 배치하기** ①둥근 모서리 사각형 내부에 가로로 긴 흰색 직사각형을 삽입합니다. ②마우스 오른쪽 버튼을 클릭하여 [도형 서식]을 선택합니다. ③[도형 서식] 작업 창에서 [도형 옵션]-[효과 🔲]를 클릭하고 [그림자]-[미리 설정]에서 [오프셋: 오른쪽 아래]를 선택합니다. ④[투명도]는 **88%**로 설정합니다.

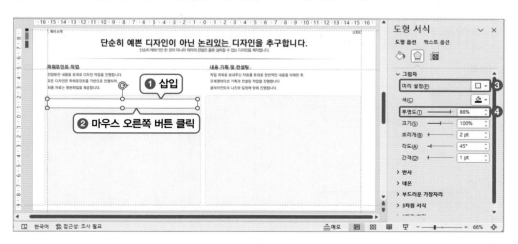

**12** ①가로로 짧은 직사각형과 직각 삼각형을 삽입하여 다음과 같이 사다리꼴 형태를 만듭니다. ②두 도형은 파란색으로 설정합니다. 사다리꼴 도형에는 키워드, 흰색 직사각형에는 설명을 넣을 것입니다.

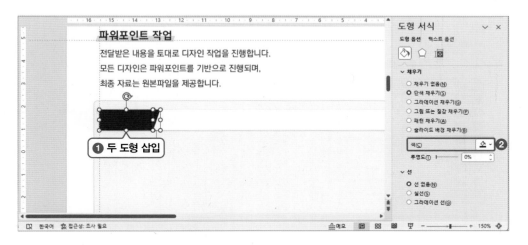

**13** ①파란색(메인 컬러) 도형 위에 키워드를 입력하고, 흰색 도형 위에는 적당한 설명을 입력합니다. ②설명 텍스트는 [오른쪽 맞춤]을 합니다. ③파란색 도형과 흰색 도형, 키워드와 설명 텍스트를 그룹화합니다.

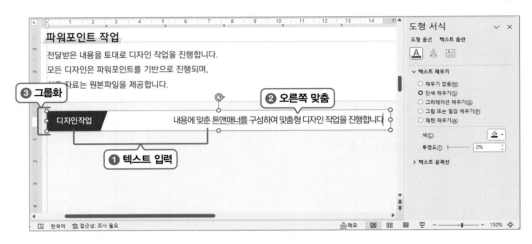

**14** ①그룹화한 도형이 선택된 상태에서 Ctrl + D 를 눌러 복제합니다. 원하는 간격의 위치로 옮긴 뒤 Ctrl + D 를 한 번 더 누르면 동일한 간격으로 복제됩니다. 다음과 같이 필요한만큼 복제합니다. ②구분이 필요한 곳에는 도형의 컬러를 다르게 설정하여 명시성을 높입니다.

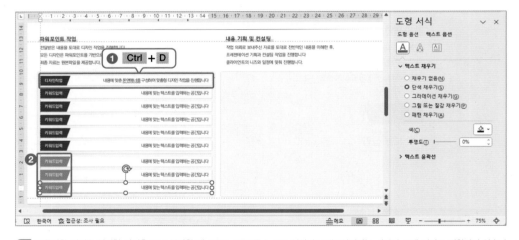

TIP 그룹화한 개체를 일정한 간격을 두고 복사할 때, Ctrl + Shift 를 누르고 일일이 드래그하기에는 시간이 오래 걸리고 정확하지 않습니다. 이때 그룹화한 개체를 선택하고 Ctrl + D 를 활용하면 작업 시간을 단축할 수 있습니다.

**15** ①오른쪽에 있는 둥근 모서리 사각형 위에 동일한 크기의 도형을 삽입합니다. ②좀 더 짙은 회색으로 설정합니다.

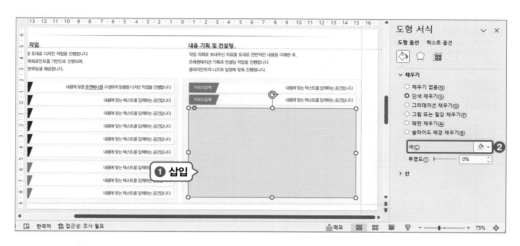

**16 육각형으로 키워드 정리하기** ①흰색의 육각형 도형을 삽입합니다. ②[투명도]를 72%로 설정하고 ③[선 없음]을 선택합니다.

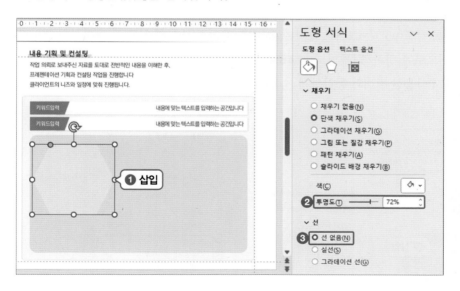

**17** ①그 위에 조금 작은 육각형을 하나 더 삽입합니다. ②서브 컬러로 설정합니다.

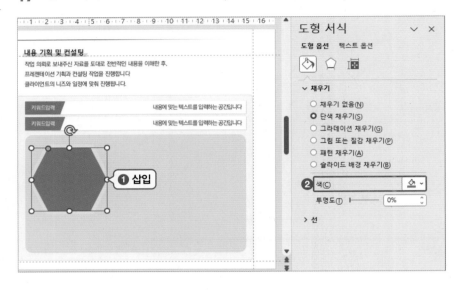

**18** ①육각형 도형 위에 작은 삼각형을 삽입합니다. 육각형의 한 변이 삼각형의 한 변과 맞도록 배치한 뒤 그라데이션을 설정합니다. ②중지점은 두 개로 하고 그라데이션이 세로로 형성되도록 각도(90°)는 그대로 둡니다. ③왼쪽 중지점(도형의 위쪽)은 육각형의 색상보다 어두운 색으로 설정하고 [투명도]를 **48%**로 설정합니다. 나머지 중지점(도형의 아래쪽)은 육각형에서 사용한 컬러와 동일하게 설정합니다.

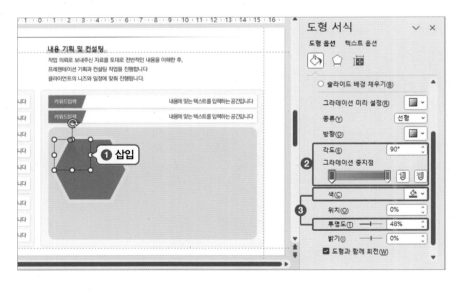

**19** 삼각형을 `Ctrl` + `D` 를 눌러 복제한 뒤, 도형을 회전시켜 육각형의 오른쪽 하단에 맞게 배치합니다.

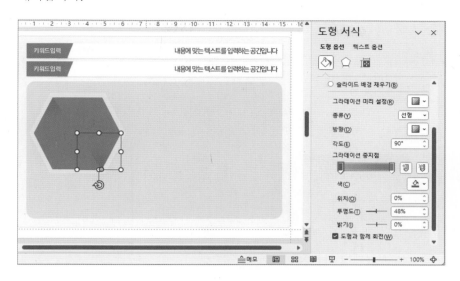

**20** ①완성된 도형을 `Ctrl` + `G` 를 눌러 그룹화합니다. ②그룹화한 도형을 두 개 더 복사합니다. ③육각형의 좌우 부분이 살짝 겹치도록 배치합니다. ④가운데에 위치한 육각형은 좌우와 다른 컬러를 활용합니다.

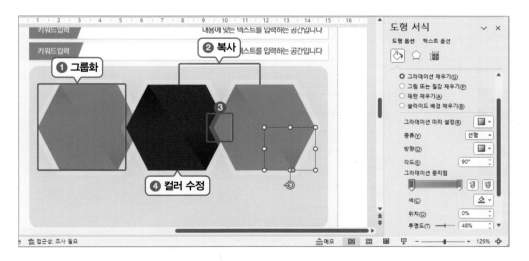

**21** ①컬러 설정이 완료되었다면 세 개의 개체를 모두 선택하고 그룹화합니다. ②그룹화한 도형에 그림자를 설정합니다. 다음과 같이 그림자 방향은 오른쪽 아래에 생기도록 하고, 그림자가 강하다고 느껴지면 그림자의 투명도를 조금 높여줍니다.

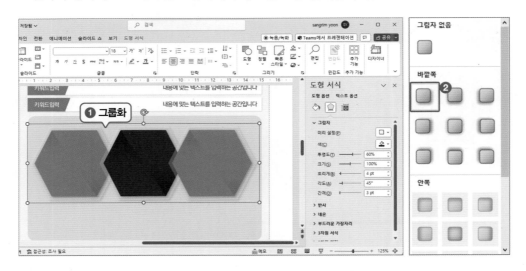

**22** 육각형 위에 텍스트를 삽입합니다. 각 키워드는 소제목에 사용했던 텍스트와 도형을 활용하되 조금 작게 만들어서 배치합니다.

**23** 육각형 아래쪽에 남는 공간에는 흰색 둥근 모서리 사각형을 삽입합니다. 설명이 들어가는 공간입니다.

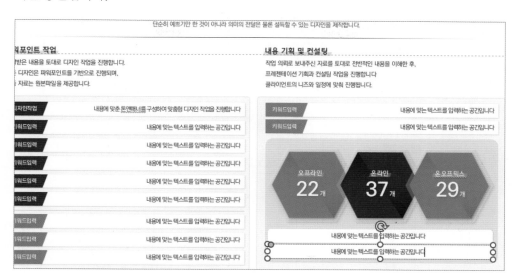

**24 세로 막대그래프 디자인하기** 3번 슬라이드를 선택합니다. 다음과 같이 슬라이드의 왼쪽 부분에 텍스트와 도형을 삽입합니다. 2번 슬라이드에서 만든 도형을 복사한 후 활용합니다.

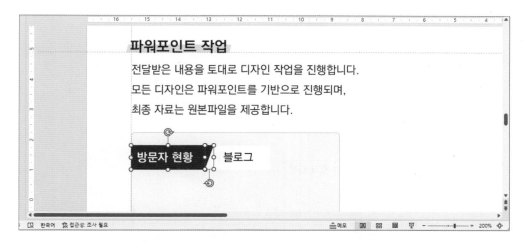

**25** ①[삽입] 탭–[일러스트레이션] 그룹–[도형]을 클릭하고 [선]을 선택합니다. Shift 를 누른 채 선을 드래그하여 삽입합니다. 수직/수평/45° 선을 만들 수 있습니다. ②가로 선을 만든 후 [대시 종류]를 [둥근 점선]으로 변경합니다. ③복제를 통해 점선을 일정한 간격으로 배치한 뒤 각 점선에 다음과 같이 숫자를 입력합니다. ④X축에도 텍스트를 입력합니다.

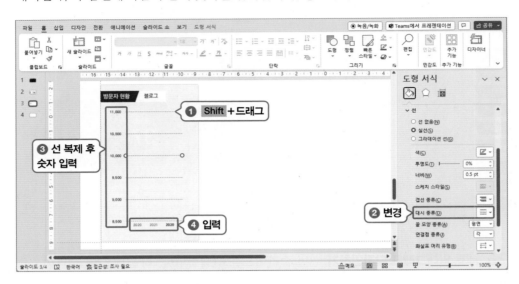

**26** ①세로로 긴 직사각형을 삽입합니다. ②마지막 연도(X축 마지막)는 왼쪽 상단의 표제목 컬러와 동일하게 설정하고 ③나머지는 회색으로 설정합니다.

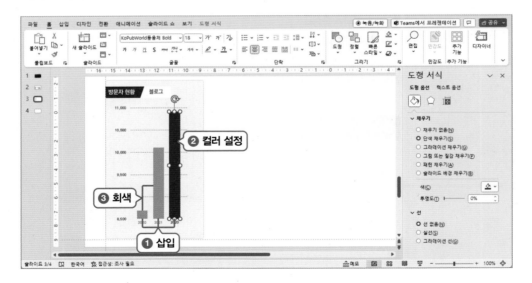

**27** ①그래프 오른쪽 상단에 직각 삼각형을 삽입합니다. ②직각 삼각형에 다음과 같이 그 라데이션을 설정합니다. 왼쪽 그라데이션 중지점의 [투명도]를 **80%**로 설정합니다.

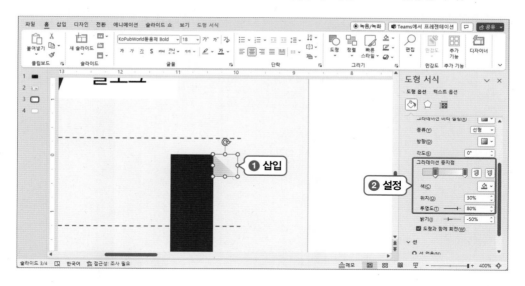

**28** 오른쪽 그라데이션 중지점의 [투명도]는 **100%**로 설정합니다. 오른쪽으로 가면서 점 점 옅어집니다.

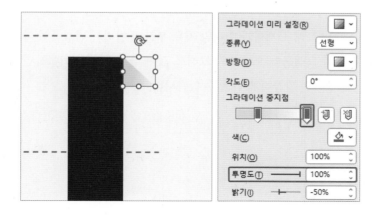

**29** 그래프 뒤에 직사각형을 삽입합니다. 직각 삼각형에 설정했던 그라데이션을 동일하게 적용합니다. 다른 그래프에도 배치합니다. 이때 직각 삼각형의 크기(세로 높이)는 조절하지 않고 그라데이션이 적용된 직사각형의 세로 높이를 조절하여 그림자를 만들어줍니다.

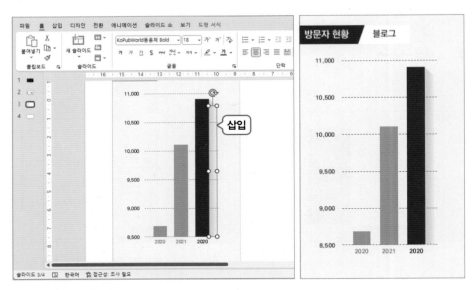

**TIP** 이렇게 그림자를 만들게 되면 파워포인트에서 제공하고 있는 그라데이션보다 뚜렷하고 도드라지게 그림자를 설정할 수 있고 퀄리티를 높일 수 있습니다.

**30** 새 그래프를 옆에 추가할 때는 그래프 제목과 마지막 차트 부분의 컬러를 변경하여 다른 정보임을 인식시킵니다. 왼쪽의 그래프와 오른쪽의 그래프 값이 다르더라도 그래프 안에 기준이 되는 점선의 위치를 고정하면 깔끔하게 만들 수 있습니다.

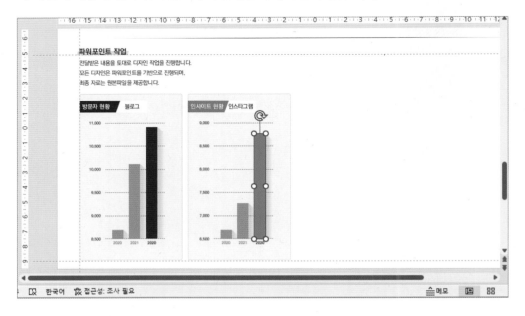

**31** **세계지도로 국가 한눈에 표시하기** ①4번 슬라이드를 선택합니다. ②왼쪽 상단에 소제목과 개요를 입력합니다. 이 슬라이드는 지도를 활용한 형태로 제작합니다. 고객사 및 자사 현황 등을 표현하는 데 적합한 형태입니다. ③제공된 이미지인 **세계지도.svg** 파일을 불러옵니다. 세계지도는 왼쪽 상단의 텍스트가 가리지 않을 정도의 크기가 적합합니다. ④슬라이드 아래에 가로로 긴 회색 직사각형을 삽입합니다.

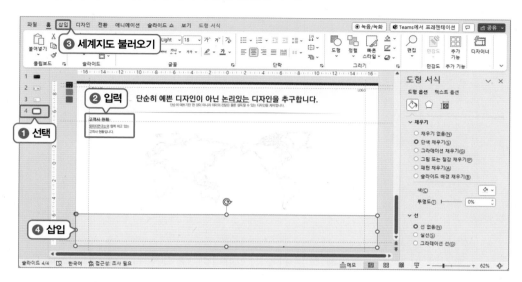

**32** ①Shift 를 누른 채 타원을 삽입합니다. 두 개의 정원을 만듭니다. ②[투명도]를 **90%**로 설정하고 두 개의 원을 겹쳐 각 지역을 표시합니다. 컬러는 임의로 설정합니다.

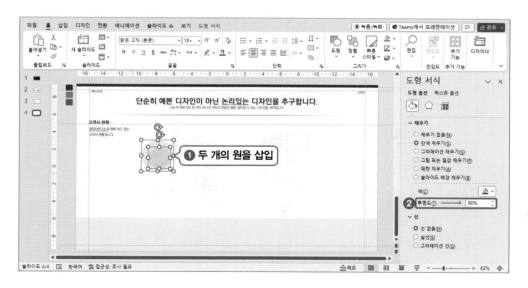

**33** 여기서는 유럽, 아시아, 북미, 남미 지역으로 구분을 했습니다. 지역마다 컬러를 다르게 설정하되, 앞 슬라이드에서 활용한 컬러들로 설정해야 자연스럽게 표현이 됩니다. 주요 지역은 보다 크게, 그 외 지역은 상대적으로 조금 작게 크기를 조절합니다.

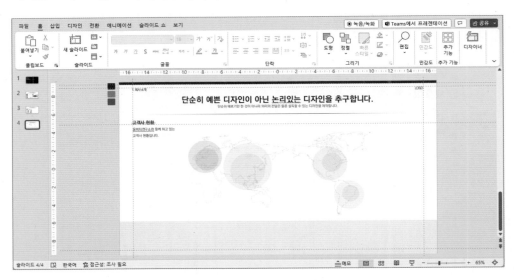

**34** ①확실한 지점 표시를 위해 작은 원을 삽입합니다. ②작은 원은 해당 지역에 사용한 컬러를 [투명도]만 **0%**로 설정하고 배치합니다. ③[선]은 [실선]으로 선택하고 너비는 **2.75pt**로 설정합니다. 표시하고 싶은 곳에 여러 개 배치합니다.

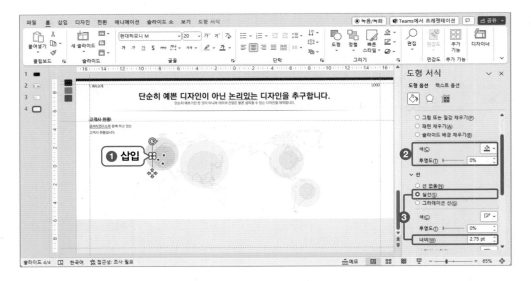

**35** ①각 지역 내 지점들을 표시합니다. ②대륙별로 표기하고 각 지점 옆에 지역명이나 국가명을 입력하여 표시합니다.

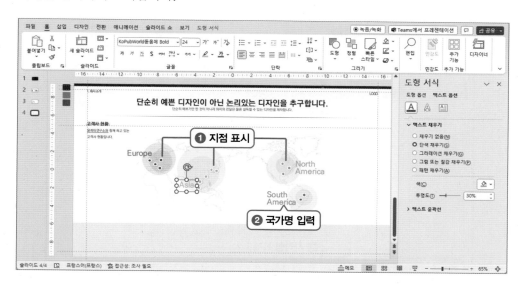

**36** 슬라이드 하단에 만들어두었던 회색 공간에 각 지역, 지점, 국가의 이미지를 넣습니다. ①사각형을 삽입하고 ②[도형 서식] 탭을 클릭한 후 ③[크기]에서 [높이] **3cm**, [너비] **4cm**로 설정하여 4:3 비율로 만들어줍니다. 크기를 적당하게 조절한 뒤 위치를 잡아줍니다.

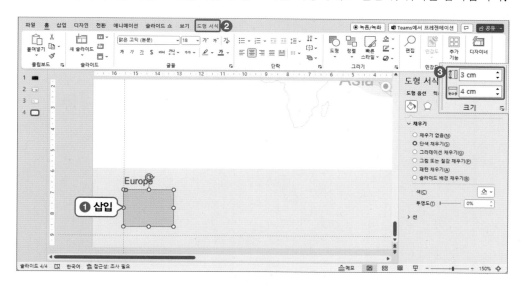

**37** ①다음과 같이 필요한 만큼 사각형을 복제합니다. ②[도형 서식] 작업 창의 [그림 또는 질감 채우기]를 선택하고 임의의 이미지를 넣어 완성합니다.

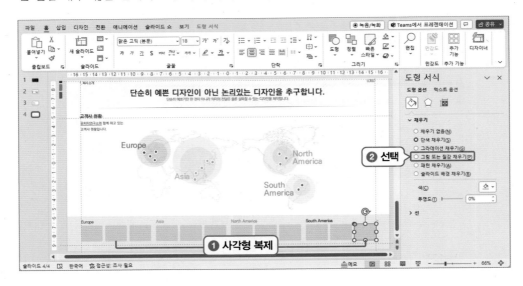

# PROJECT 03

# 트렌드를 반영한 회사소개서

제목과 본문 공간을 분리하지 않고 사용하는 경우, 공간 구분의 기준을 정확히 두지 않으면 프레젠테이션 쇼를 봤을 때 정리가 되지 않은 느낌을 받을 수 있습니다. 이 작업에서 가장 중요한 부분은 안내선을 활용하여 여백과 활용 공간에 대한 구분, 톤앤매너를 유지하는 것입니다.

**템플릿 디자인** **제목이 왼쪽 중앙에 위치한 슬라이드 디자인**

다음은 회사소개서 자료입니다. 선 일러스트와 그라데이션이 있는 도형을 복합적으로 활용한 표지 슬라이드입니다. 선 일러스트를 활용하면 별도 채색이 필요하지 않아 배경으로 활용한 컬러의 느낌을 살리기 유리하며 깔끔해 보입니다. 최대한 부드럽게 표현하는 것을 중점으로 진행합니다. 회사소개서 글자를 작게 표현하고 아래에 회사 슬로건을 배치해 부드러운 느낌이 들 수 있도록 표현합니다.

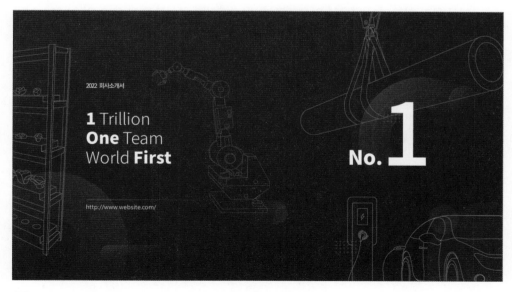

**TIP** 선 일러스트는 freepik.com에서 원하는 단어와 line을 함께 검색하면 찾을 수 있습니다. (예 : car line, ship line)

다음은 회사소개서의 목차입니다. 목차는 주로 정보 전달을 위해 사용되지만, 여기에 더해 회사의 전반적인 아이덴티티를 전달할 수 있게 구성합니다. 목차를 크게 강조하는 대신, 왼쪽 상단에 회사를 소개하는 거버닝 메시지를 강조하는 방식으로 디자인합니다. 히스토리(연혁) 부분은 3단계로 분할한 후 단계마다 성장하는 느낌을 전달하기 위해 계단형으로 디자인합니다. 오른쪽 하단에는 슬라이드 번호(쪽번호)와 함께 카테고리 이름을 표기합니다. 밝은 분위기를 유지하면서도 현대적인 느낌이 강조됩니다.

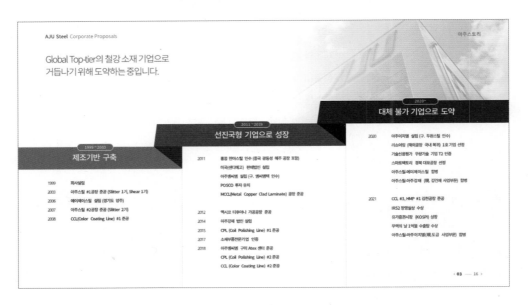

내지에는 왼쪽 상단에 거버닝 메시지를 본문과 이어지는 형태로 삽입합니다. 왼쪽 상단에 거버닝 메시지가 있으므로 이미지는 오른쪽 상단에만 넣어도 조화로운 느낌을 줄 수 있습니다. 또한, 제목 공간 디자인이 별도로 없으므로 거버닝 메시지 없이도 활용할 수 있습니다. 이렇게 본문 디자인을 하면 제목과 본문을 구분하는 것보다 더 자유롭게 작업할 수 있습니다.

세계지도와 이미지를 배치하여 어느 지역에서 공장이 운영되고 어떤 제품이 생산되는지 한 눈에 알 수 있도록 합니다. 회사소개서의 전체적인 밀도와 퀄리티를 조화롭게 정돈하기 위해 그라데이션을 사용하여 공간을 분할하고 강조합니다. 전체적으로 깔끔하고 모던하게 표현하기 위해 파란색 계열을 메인 컬러로 활용하고 회색을 베이스 컬러로 활용합니다. 회색 배경을 사용함으로써 밀도 있는 표현이 가능합니다.

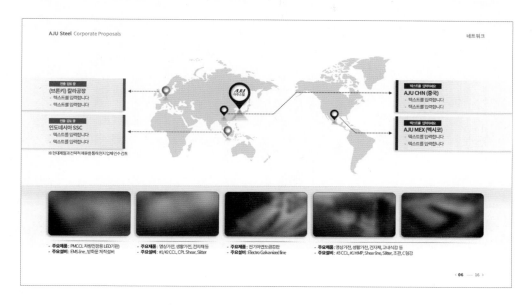

## 윤피티의 팁!

- **주요 컬러** R : 31, G : 63, B : 131 / R : 37, G : 193, B : 167 / R : 59, G : 138, B : 233
- **폰트** Noto Sans CJK KR

준비 파일  세련된 회사소개서 PPT 디자인하기.pptx
완성 파일  세련된 회사소개서 PPT 디자인하기_완성.pptx

**TIP** 폰트는 Noto Sans KR을 사용했습니다. 폰트 설치는 폰트명을 구글 및 네이버에 검색한 후 다운로드하거나 눈누(noonnu.cc) 사이트에서 다운로드합니다. 폰트를 설치하고 예제를 실습합니다.

**01** **표지 슬라이드 디자인하기** ①준비 파일을 엽니다. 표지 슬라이드는 왼쪽의 제목과 배경 컬러를 수정하면 바로 활용할 수 있습니다. 선 일러스트 디자인은 템플릿에 포함되어 있습니다. ②슬라이드의 배경을 선택하고 마우스 오른쪽 버튼을 클릭해 [배경 서식]을 선택합니다. ③[배경 서식] 작업 창에서 [그라데이션 채우기]를 선택합니다. 그라데이션 중지점에서 왼쪽 중지점이 왼쪽 상단을 표현하고, 오른쪽 중지점은 오른쪽 하단을 표현합니다. ④왼쪽 상단이 메인 컬러가 되도록 설정하고 오른쪽 하단이 메인 컬러에서 조금 더 짙은 컬러가 되도록 설정합니다.

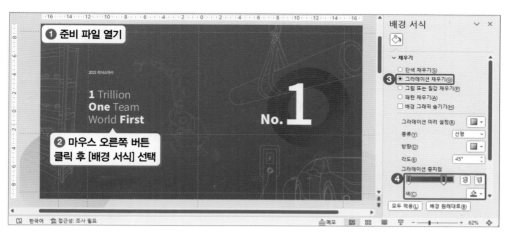

**TIP** 보기와 같이 안내선을 배치하고 따라 하기를 진행합니다.

**02** 배경 컬러를 바꿨다면 ①No.1 글자 뒤에 배치된 도넛 모양과 왼쪽 하단의 도넛 모양 등 도형들의 컬러도 수정합니다. 도넛 모양을 선택하고 [도형 서식] 작업 창을 확인하면 ② 그라데이션 중지점 중 왼쪽의 중지점이 파란색으로 설정되어 있습니다. 이 중지점을 배경에 활용한 메인 컬러보다 밝은 컬러로 설정하고 [투명도]를 **40%**로 설정합니다.

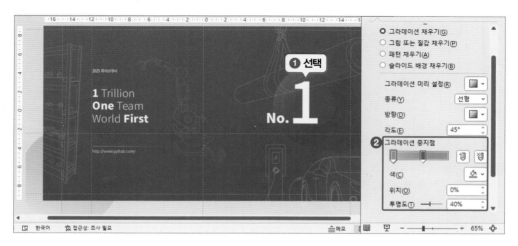

**03 목차 슬라이드 디자인하기** 2번(목차) 슬라이드를 선택합니다. 수정할 부분은 왼쪽 상단의 메시지와 오른쪽 하단의 숫자, 카테고리(목차) 이름입니다. ①왼쪽 상단의 텍스트는 4~5줄 정도로 임의로 수정합니다. 2~3줄 정도를 입력하여 활용하는 경우에는 ②오른쪽 하단에 있는 숫자와 텍스트를 전체적으로 살짝 위로 올려주면 비어 보이는 부분을 해결할 수 있습니다.

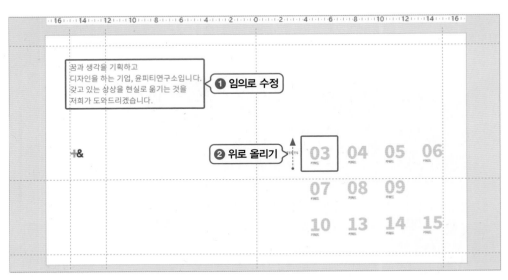

**04 단계를 입체적으로 디자인하기** 2번 슬라이드를 복제하여 3번 슬라이드를 만듭니다. 3번 슬라이드에서 작업을 진행합니다. 복제된 내용은 모두 지웁니다. 왼쪽 상단에 거버닝 메시지를 입력하고 텍스트 왼쪽에 있는 안내선에 붙입니다.

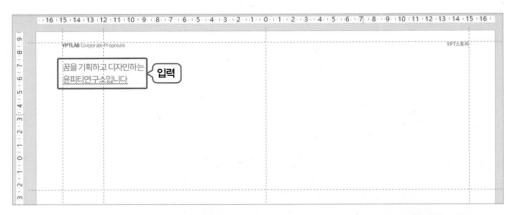

**TIP** 제목 공간에 삽입하는 문장이 길어지면 자칫 비대해지는 느낌을 줄 수 있습니다. 제목 공간과 본문 공간의 구분이 명확하지 않은 작업을 할 때는 문장 길이를 슬라이드 가로 길이 대비 1/3 지점까지 하는 것이 보기에 좋습니다.

**05** ①길이가 같은 가로로 긴 회색의 직사각형 세 개를 계단식으로 삽입합니다. 슬라이드의 좌우 양끝에 닿도록 배치합니다. ②상단에 있는 두 도형을 선택하고 아래의 사각형과 조금 겹치도록 도형의 좌우 폭을 늘립니다.

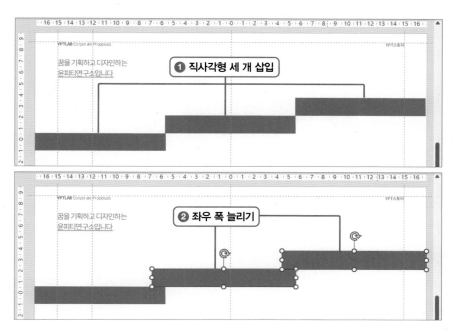

**06** ①길이를 늘린 사각형의 왼쪽에 직사각형과 동일한 높이의 직각 삼각형을 삽입합니다. 계단형으로 나타낼 것이므로 ②가장 아래에 있는 사각형은 연회색으로, 중간에 있는 삼각형과 사각형은 서브 컬러로, 상단에 있는 삼각형과 사각형은 메인 컬러로 설정합니다.

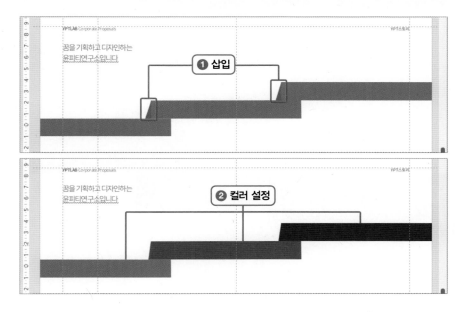

**07** ①다음과 같이 직각 삼각형을 삽입합니다. ②이 직각 삼각형은 배치된 도형에 사용된 색보다 짙은 색을 사용하여 접힌 듯한 느낌을 줍니다. 훨씬 입체적인 표현이 됩니다.

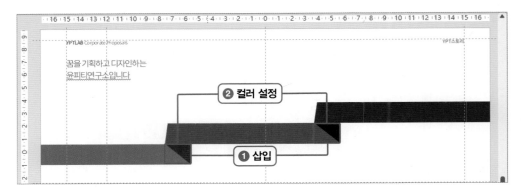

**08** ①각각의 직사각형 위에 둥근 모서리 직사각형을 삽입합니다. ②둥근 직사각형은 겹쳐 있는 도형 색과 동일한 색으로 설정하고, 선 색은 흰색, 너비는 **1pt**로 설정합니다. ③도형 위에는 다음과 같이 해당 단계에 맞는 텍스트를 입력합니다.

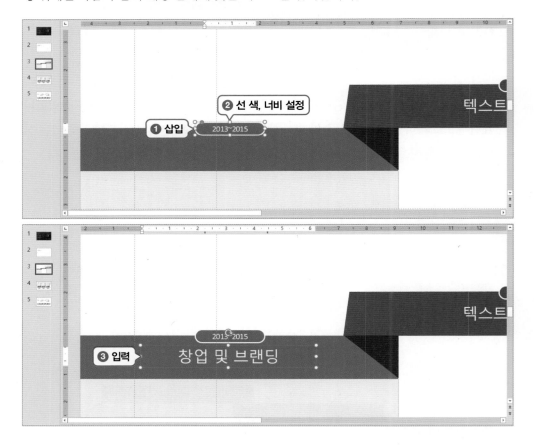

**09** 나머지 도형에도 둥근 모서리 사각형을 삽입하고 텍스트를 입력합니다. 이때 중요한 점은 세 개의 도형에 들어가는 텍스트의 길이가 비슷해야 안정적인 느낌을 줄 수 있습니다.

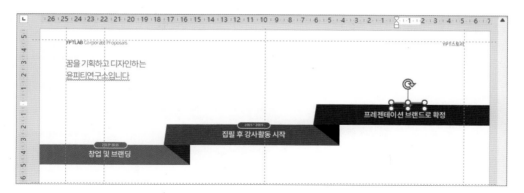

**10** ①이번에는 계단형(단계형)으로 배치된 도형을 기준으로 높이에 맞는 직사각형 세 개를 추가로 삽입합니다. ②추가한 직사각형을 Shift 를 누른 채 선택하고 마우스 오른쪽 버튼을 클릭해 [맨 뒤로 보내기]를 선택합니다. 이 도형들은 각 단계별 내용이 들어가는 본문 공간으로 활용할 예정입니다.

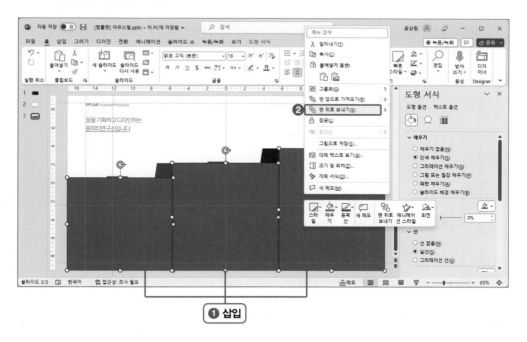

**11** ①첫 번째와 세 번째 단계 아래에 배치된 직사각형은 연회색으로 설정합니다. ②두 번째 단계 아래에 배치된 직사각형은 흰색, [투명도]는 **20%**로 설정하여 좌우의 도형들과 컬러의 차이가 있도록 만듭니다.

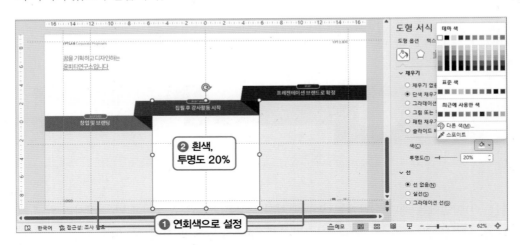

TIP 선 색은 도형에 활용된 연회색보다 좀 더 짙은 회색을 설정해주면 자연스럽습니다.

**12** ①연회색으로 설정된 도형들의 구분감을 명확하게 표현하기 위해 도형이 닿는 부분에 선을 삽입합니다. ②[대시 종류]를 [둥근 점선]으로 변경합니다.

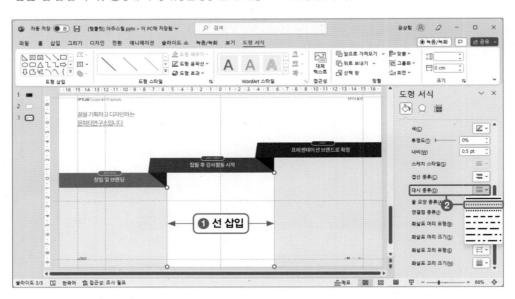

**13 배경 이미지 삽입하기** ①슬라이드의 맨 위쪽부터 첫 번째 계단의 아래까지 덮을 수 있는 사각형을 삽입합니다. 가로 그라데이션 효과를 줄 것입니다. ②[각도]는 **0°**, 그라데이션 중지점은 두 개로 설정합니다. 왼쪽 그라데이션 중지점의 [위치]는 **40%**, [색]은 흰색, [투명도]는 **0%**로 설정합니다. 오른쪽 그라데이션 중지점의 [위치]는 **100%**, [색]은 흰색, [투명도]는 **20%**로 설정합니다.

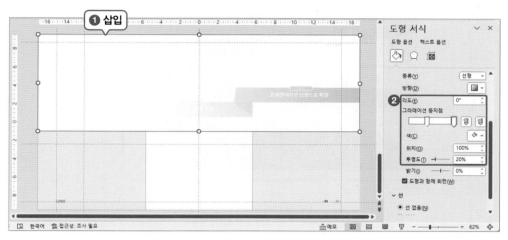

**14** 흰색 직사각형을 마우스 오른쪽 버튼으로 클릭하고 [맨 뒤로 보내기]를 선택합니다.

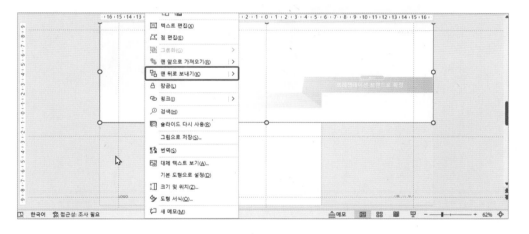

**15** ①배경으로 사용할 임의의 이미지를 불러옵니다. 두 번째 계단의 위쪽을 기준으로 삼고 ②사진을 클릭한 뒤 [그림 서식] 탭에서 [자르기]를 선택해 사진을 잘라줍니다.

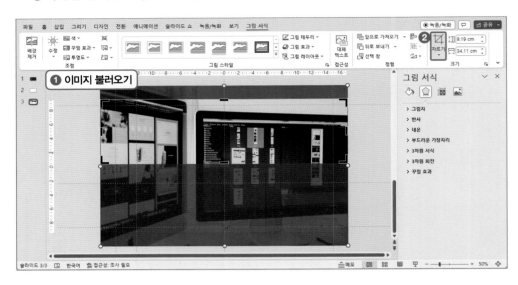

**16** ①사진을 마우스 오른쪽 버튼으로 클릭하고 ②[맨 뒤로 보내기]를 선택합니다.

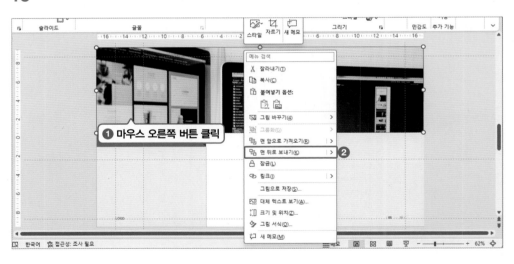

**17** 두 번째, 세 번째 계단 위에 사진이 옅게 배치됩니다.

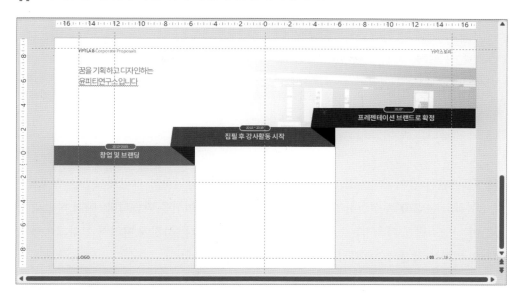

**18** **사진을 은은한 배경으로 만들기** 3번 슬라이드를 복제하여 4번 슬라이드를 만듭니다. 불필요한 개체들은 삭제합니다. ①넓은 범위의 배경에 활용할 임의의 이미지를 불러옵니다. 이때 사진을 그대로 사용하게 되면 왼쪽 상단에 배치한 메시지의 가독성이 떨어질 수 있습니다. ②사진을 마우스 오른쪽 버튼으로 클릭해 [그림 서식]을 선택합니다. ③[그림 서식] 작업 창에서 [투명도]를 **75%**로 설정합니다.

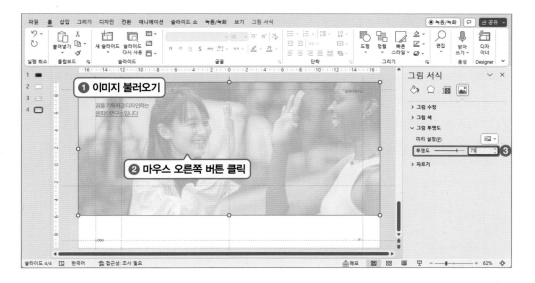

그림 투명도 기능은 MS OFFICE 365 버전에서 지원하고 있습니다. 그림 투명도 기능이 없는 버전인 경우, 사진의 크기와 모양이 동일한 도형(일반적으로 사각형)을 삽입합니다. 그런 다음 도형을 선택하고 마우스 오른쪽 버튼을 클릭합니다. [도형 서식]을 선택하고 [도형 서식] 대화상자에서 [채우기]–[그림 또는 질감 채우기]를 선택합니다. [클립보드]를 선택하고 [확인]을 클릭하면 사진이 도형에 채워집니다. 이후 도형의 투명도 설정을 하면 사진을 투명하게 만든 것처럼 표현할 수 있습니다.

**19** ① 다음과 같이 슬라이드 크기와 동일한 사각형을 삽입하고 그라데이션을 설정합니다. ② [각도]는 **270°**로 설정하여 세로로 형성되는 그라데이션을 만듭니다. 이때 하단의 빈 공간이 자연스럽게 가려지는 느낌을 내는 것이 중요합니다. 사진에 따라서 그라데이션 중지점의 위치를 적절히 조절해봅니다.

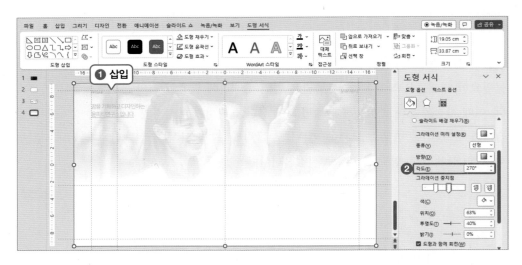

**20** ① 왼쪽 그라데이션 중지점의 [위치]는 **32%**, [색]은 흰색, [투명도]는 **0%**로 설정합니다. ② 오른쪽 그라데이션 중지점의 [위치]는 **63%**, [색]은 흰색, [투명도]는 **40%**로 설정합니다.

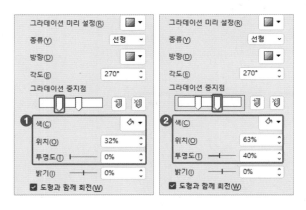

**21 세로 막대그래프 디자인하기** ①슬라이드 하단의 흰색 부분에 가로로 긴 둥근 모서리 사각형을 삽입합니다. 이 도형에 그라데이션을 적용합니다. ②왼쪽 그라데이션 중지점은 밝은 회색, 오른쪽 그라데이션 중지점은 흰색으로 설정하여 아래로 갈수록 점점 옅고 투명해지도록 표현합니다.

**22** ①이 도형 위에 회색 사각형과 파란색 사각형을 겹쳐서 표현합니다. 회색 사각형은 각 연도별 전체를 나타내고, 파란색은 그 안에서 표현하고자 하는 데이터를 나타냅니다. ②회색 사각형과 파란색 사각형을 그룹화한 뒤, ③ Ctrl + D 를 눌러 일정한 간격으로 복제합니다. 네 개를 배치하고 길이를 조절합니다.

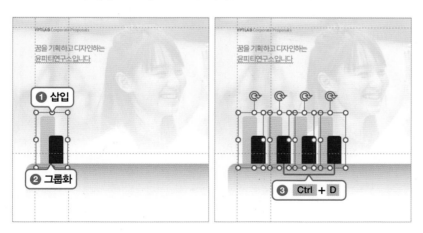

**23** ①파란색 도형이 돋보일 수 있도록 Shift 를 누른 채 파란색 도형들만 선택합니다. ② [도형 옵션]–[효과 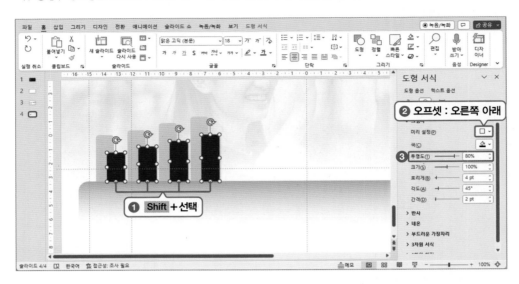]를 클릭하고 [그림자]–[바깥쪽]–[오프셋: 오른쪽 아래]를 선택합니다. ③[투명도]를 **80%**로 설정해 그림자를 은은하게 연출합니다.

**24** 범례를 배치합니다. ①파란색의 둥근 모서리 사각형을 삽입하고 ②[선]–[실선]을 선택합니다. ③실선의 [너비]를 **1pt**로 설정합니다.

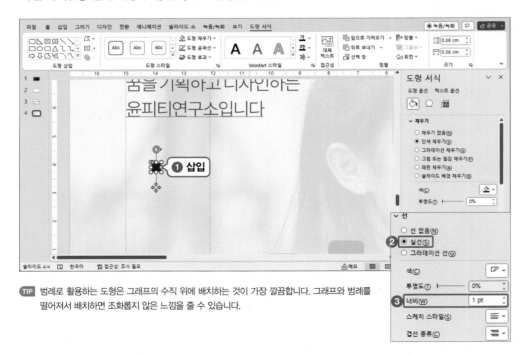

> **TIP** 범례로 활용하는 도형은 그래프의 수직 위에 배치하는 것이 가장 깔끔합니다. 그래프와 범례를 떨어뜨려서 배치하면 조화롭지 않은 느낌을 줄 수 있습니다.

**25** ① 현황에 관한 텍스트는 폰트를 Noto Sans KR Medium으로 선택한 후, **11pt**로 작성하고 ②파란색 사각형과 텍스트 상자를 모두 선택합니다. ③ Ctrl + Shift 를 누른 채 오른쪽으로 드래그해 개체를 복제합니다. ④복제한 사각형은 회색으로 색을 변경합니다.

**26** ①가장 오른쪽에 배치한 파란색 막대 그래프 위에 점선을 삽입합니다. ②수치에 관한 설명을 간략하게 입력합니다.

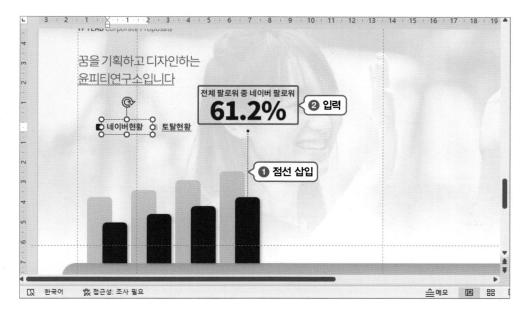

**27** 한 개의 그래프가 완성되었으면 아래에 연도와 내용을 넣어준 뒤 개체들을 그룹화합니다. 그룹화한 개체를 두 개 더 복제하여 슬라이드를 채웁니다.

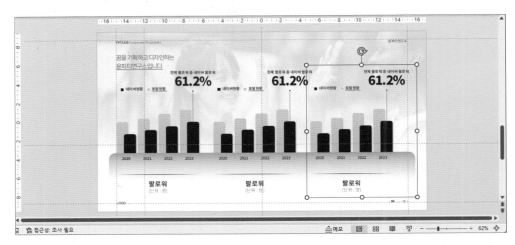

TIP 최대한 깔끔하게 표현하기 위해 핵심 메시지만 입력했지만 데이터 레이블을 표현해야 한다면 텍스트 상자를 별도로 만들어줍니다. 텍스트 상자에 숫자를 입력하고 그래프로 활용되는 사각형 안에 배치하면 추가적인 데이터를 표현할 수 있습니다.

**28** ①그룹화한 개체를 선택하고 Ctrl + Shift + G 를 눌러 모든 그룹을 해제합니다. ②그래프 하단에 배치한 개체들을 모두 드래그하여 선택하고 ③마우스 오른쪽 버튼을 클릭해 [맨 앞으로 가져오기]를 선택합니다.

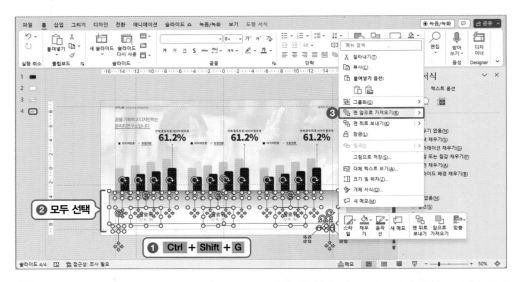

TIP 그래프 아래에 배치된 회색 그라데이션 사각형은 그래프보다 먼저 만들었으므로 그래프가 그라데이션 도형보다 위에 배치되어 있습니다. 그림자가 있는 부분이 어색해질 수 있으므로 아래에 배치된 개체들을 그래프보다 앞에 올 수 있도록 설정해주는 것입니다.

**29** 사각형의 세로 높이와 연도, 키워드들만 간단하게 수정해서 활용하면 깔끔하고 세련된 느낌의 그래프가 완성됩니다.

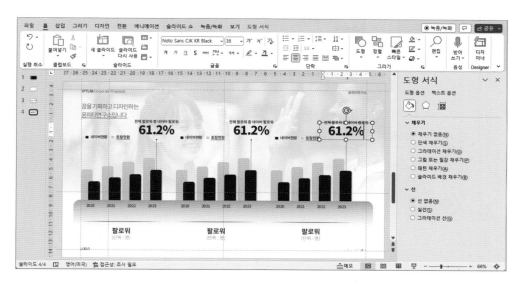

**30** **세계지도 삽입하고 공간 구분하기** ①4번 슬라이드를 복제하여 5번 슬라이드를 만듭니다. ②슬라이드에 있는 복제된 개체들을 드래그하여 모두 선택하고 Delete 를 눌러 삭제합니다.

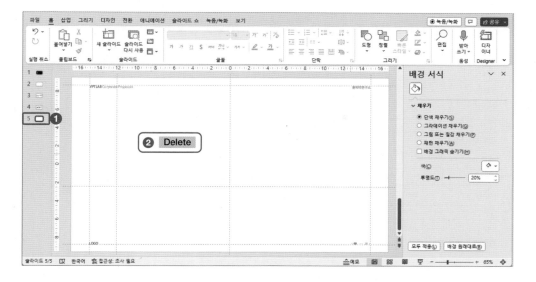

**31** ①준비 파일에서 **세계지도.svg** 파일을 불러옵니다. 슬라이드의 중앙보다 조금 높은 곳에 배치합니다. 이 지도의 크기는 좌우에 들어갈 콘텐츠의 범위를 고려하여 사이즈를 설정합니다. ②지도를 가리지 않는 선에서 아래에 직사각형을 삽입합니다.

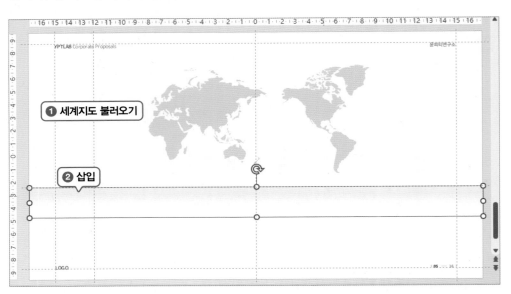

**32** 직사각형이 선택된 상태에서 마우스 오른쪽 버튼을 클릭하여 [도형 서식]을 선택합니다. ①[도형 서식]에서 [그라데이션 채우기]를 선택하고 [각도]를 **270°**로 설정합니다. ②오른쪽 그라데이션 중지점은 밝은 회색, [투명도]는 **70%**로 설정하고, ③왼쪽 그라데이션 중지점은 흰색, [투명도]는 **100%**로 설정합니다. 추가로 [선]−[선 없음]을 선택합니다.

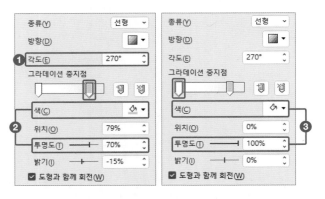

**TIP** 이렇게 설정하게 되면 직사각형으로 덮지 않은 슬라이드 하단 부분이 슬라이드 상단의 흰색보다 조금 더 어두워 보이는 착시 효과를 얻을 수 있습니다. 선이나 도형을 사용하지 않고도 간단하게 그라데이션으로 공간을 구분 지을 수 있습니다.

**33  위치 표시하는 핀 만들기** ①중요한 지점 위에 물방울 모양의 도형(눈물 방울)을 삽입합니다. ②물방울 꼬리 부분이 아래를 향하도록 회전합니다. 풍성한 느낌을 연출하기 위해 도형에 그라데이션을 설정하겠습니다. ③오른쪽 중지점은 메인 컬러를 사용하고 [위치]를 **80%**로 설정합니다. ④왼쪽 중지점은 메인 컬러보다 밝은 **R : 24**, **G : 74**, **B : 149**로 설정합니다.

**34** ①물방울 도형이 선택된 상태에서 [도형 서식]-[효과]-[반사]를 클릭합니다. ②[투명도]는 **50%**, [크기]는 **45%**, [흐리게]는 **3pt**로 설정합니다. 다른 도형과 겹치게 되면 복잡한 느낌이 들 수 있으니 주의합니다.

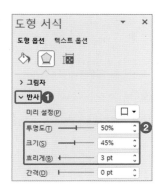

**35** ①물방울 도형 위에 흰색 원형을 삽입합니다. 원형을 마우스 오른쪽 버튼으로 클릭하고 [도형 서식]을 선택합니다. ②[도형 서식] 작업 창에서 [효과◯]-[그림자]를 클릭하고 [안쪽: 왼쪽 위]를 선택합니다. ③[투명도]는 **70%**, [흐리게]는 **5pt**로 설정하여 흰색 도형 안쪽에 그림자가 은은하게 보이도록 만듭니다. ④물방울 도형과 원형을 함께 선택하고 Ctrl + G 를 눌러 그룹화합니다.

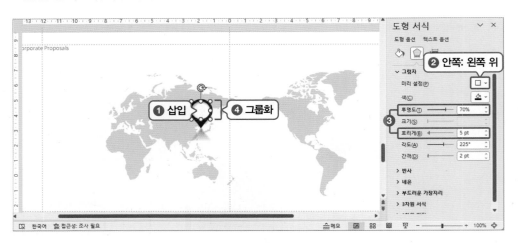

**36** 그룹화한 도형을 필요한 곳에 각각 배치합니다. 컬러를 다르게 해야 하는 부분에는 서브 컬러를 활용한 그라데이션을 사용합니다.

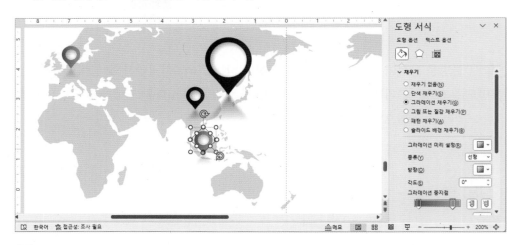

**TIP** 강조를 위해 채도가 너무 높은 컬러를 활용하거나 앞선 슬라이드에서 활용하지 않았던 컬러를 사용하면 톤앤매너가 맞지 않을 수 있습니다.

**37 텍스트 상자 만들기** ①지도의 왼쪽 상단에 밝은 회색의 긴 직사각형을 삽입합니다. 슬라이드의 끝부분에 닿도록 배치합니다. ②직사각형 오른쪽 끝에 작은 직사각형을 삽입해 컬러로 포인트를 줍니다. ③두 사각형을 그룹화하고 [그림자]-[바깥쪽]-[오프셋: 아래쪽]으로 설정한 후 [투명도]를 **80%**로 설정합니다. 다음과 같이 그라데이션을 줍니다.

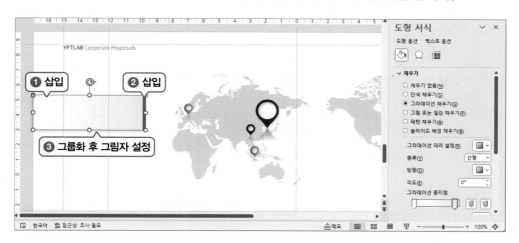

**TIP** 가로로 긴 직사각형에 옅은 그라데이션을 설정하면 좀 더 보기 좋게 표현할 수 있습니다.

**38** ①도형 안에 임의로 텍스트를 입력합니다. ②중요한 텍스트는 세로로 긴 직사각형과 동일한 컬러로 설정합니다.

**39** 이렇게 만든 도형을 필요한 만큼 복제하고 지도의 좌우에 배치합니다. 슬라이드의 끝부분에 닿도록 만들어주면 상단부는 완성입니다.

**40 둥근 사각형에 사진 삽입하여 배치하기** 하단에는 사진을 배치하겠습니다. ① 먼저 둥근 모서리 사각형을 삽입하고 [높이] **9cm**, [너비] **16cm**로 설정합니다. ② **Shift** 를 누른 채 크기를 작게 조절합니다. ③ 도형 아래에 텍스트를 입력합니다.

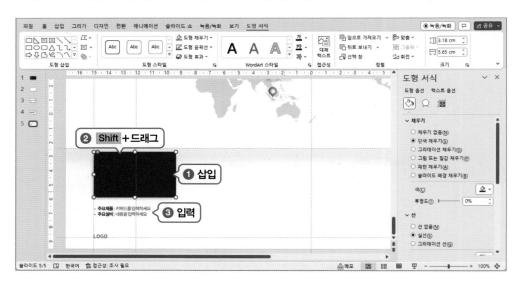

**TIP** 사각형을 16:9 비율로 만들면 16:9 비율의 사진을 넣기에 수월합니다.

**41** ①도형과 텍스트를 그룹화합니다. ②그룹화한 개체를 여러 개 복제합니다. 복제가 끝나면 그룹을 해제합니다.

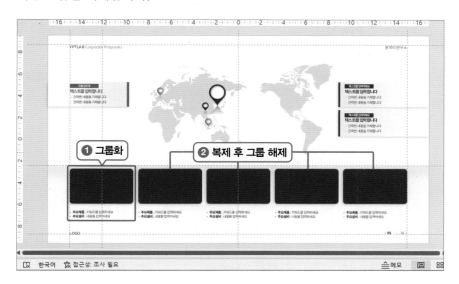

**42** ①도형에 넣고 싶은 이미지를 슬라이드로 불러옵니다. ②사진을 선택하고 [그림 서식] 탭의 [크기] 그룹-[자르기]-[가로 세로 비율]을 클릭하고 ③[16:9]를 선택하여 잘라줍니다.

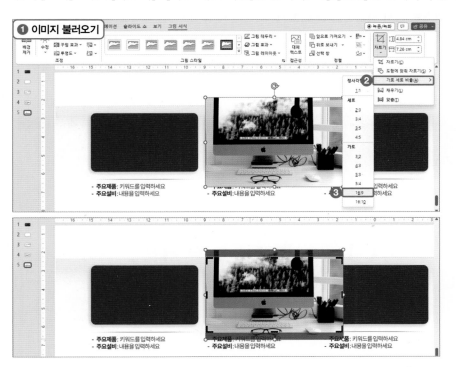

**TIP** 사진의 크기를 조절하지 않고 바로 도형에 넣으면, 사진의 크기를 정확히 맞추기가 어렵습니다.

**43** ①16:9 비율로 자르기가 된 이미지를 선택하고 `Ctrl` + `C` 를 눌러 복사합니다. ②사진을 넣을 도형을 마우스 오른쪽 버튼으로 클릭하고 [도형 서식]을 선택합니다. ③[채우기]에서 [그림 또는 질감 채우기]를 선택하면 [그림 서식] 작업 창으로 바뀝니다. ④[그림 원본]−[클립보드]를 클릭합니다. 이미지가 도형 안에 꼭 맞게 들어갑니다.

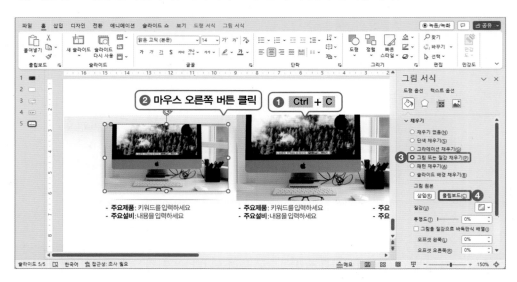

**44 핀과 텍스트 상자 연결하는 선 만들기** ①다음과 같이 각 핀(물방울 도형)과 텍스트 상자를 연결하는 선을 삽입합니다. 이 선은 꺾은선을 사용하는 것보다 직선을 2~3개 활용하여 꺾은선을 만들어줍니다. ②선의 [대시 종류]를 [둥근 점선], [너비]는 **1.5pt**로 설정하면 완성입니다.

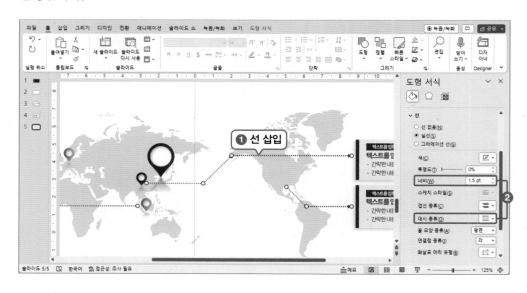

PROJECT 04

# 신뢰감을 주는 회사소개서

제목이 배치되는 공간의 레이아웃 디자인을 간결하게 표현하면 본문 공간을 더 넓게 활용할 수 있는 장점이 있습니다. 넓어진 본문 공간은 동일한 넓이로 본문 내용을 배치하더라도 상대적으로 여백이 넓어 보여 훨씬 더 시각적으로 시원해 보이는 장점이 있습니다. 이렇게 구성을 하면 여백으로 인한 가독성이 좋아집니다. 전반적으로 내용이 많다고 느끼는 경우에 활용하거나 시원한 느낌을 주고 싶을 때 적합합니다.

**템플릿 디자인** **제목이 왼쪽 상단에 위치한 슬라이드 디자인**

다음은 물류회사의 소개서입니다. 표지에 일러스트를 중점적으로 활용하고, 본문에 활용되는 아이콘도 선 형태의 일러스트를 활용합니다. 전반적으로 파란색 계열을 메인 컬러로 사용하며, 전체적인 레이아웃 구성도 여백이 있는 시원시원한 포맷을 활용한 디자인입니다.

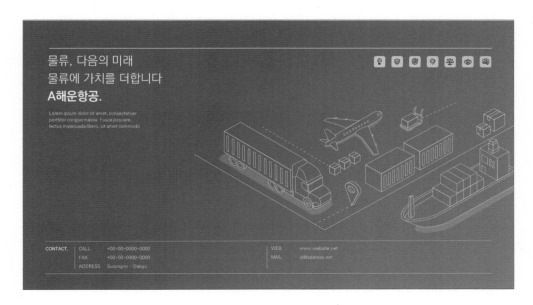

개체가 많지 않아 밀도가 높지 않은 형태입니다. 이러한 경우 슬라이드 배경 컬러를 연회색으로 설정하면 조금 더 따뜻한 느낌과 함께 밀도가 높아 보이는 효과를 얻을 수 있습니다. 슬라이드를 구성하는 다양한 개체들이 있지만 도형에 활용한 컬러도 무겁지 않은 옅은 컬러 위주로 표현해주고 그림자와 선으로 구분감을 줍니다.

아이콘들은 선으로 제작을 하되, 아이콘의 안쪽에 연한 파란색으로 포인트를 줍니다. 해당 자료에서 활용한 아이콘들은 예제 파일에서 **아이콘.zip** 파일로 제공하고 있으니 다운로드하여 따라 하기합니다.

- **주요 컬러** R : 0, G : 110, B : 182 / R : 46, G : 157, B : 217 / R : 1, G : 56, B : 106
- **폰트** Kopub World 돋움체(본문)

---

**예제 실습 ▶ 시원한 콘셉트의 회사소개서 PPT 디자인하기**

준비 파일 시원한 콘셉트의 회사소개서 PPT 디자인하기.pptx, 아이콘.zip
완성 파일 시원한 콘셉트의 회사소개서 PPT 디자인하기_완성.pptx

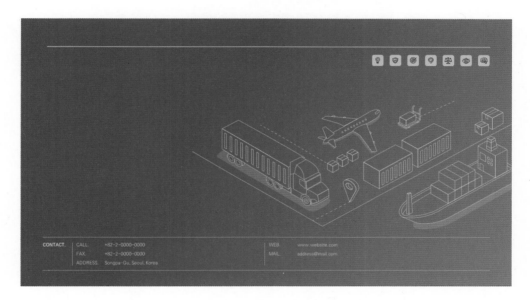

**TIP** 폰트는 Kopub World 돋움체를 사용했습니다. 폰트 설치는 폰트명을 구글 및 네이버에 검색한 후 다운로드하거나 눈누(noonnu. cc) 사이트에서 다운로드합니다. 폰트를 설치하고 예제를 실습합니다.

**01** **표지 슬라이드 디자인하기** ①준비 파일을 엽니다. ②표지 슬라이드의 왼쪽 상단에 다음과 같이 흰색의 텍스트를 입력합니다. 상단의 두 줄은 회사(브랜드)에 대한 간단한 설명을 입력하고 아래에 회사명을 입력합니다. 회사명은 위의 설명 폰트보다 굵은 폰트로 설정합니다.

TIP KoPub World 돋움체는 Bold, Medium, Light 등 다양한 굵기를 제공하고 있습니다. 위의 글자는 얇은 폰트를, 아래 글자는 굵은 폰트를 활용합니다.

TIP 보기와 같이 안내선을 배치하고 따라 하기를 진행합니다.

**02** ①배치되어 있는 상단의 선 위에 회사의 슬로건을 입력합니다. ②하단에 있는 연락처, 메일, 주소 등의 정보를 임의로 수정합니다.

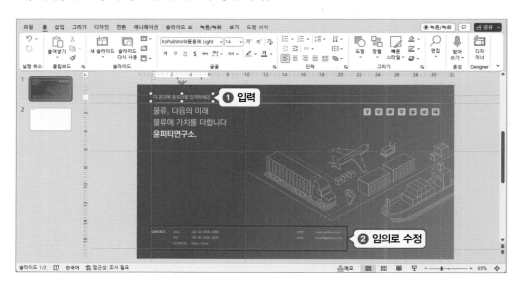

**03** 표지의 일러스트를 마우스 오른쪽 버튼으로 클릭해 [그래픽 서식 지정] 또는 [그림 서식]을 선택합니다. [그래픽 서식 지정] 또는 [그림 서식] 작업 창에서 [효과 ◻]−[그림자]를 설정하여 보다 도드라지게 표현합니다.

**TIP** 배경 컬러가 짙은 파란색~연한 파란색인 그라데이션으로 제작되어 있어서 흰색 일러스트가 잘 보이지 않을 수 있습니다. 여기서는 그림자를 활용하여 흰색 일러스트를 좀 더 눈에 띄도록 표현했습니다.

**04** **일러스트를 삽입할 상자 만들기** 2번 슬라이드를 선택합니다. ① 슬라이드 왼쪽에 둥근 한쪽 모서리 사각형을 삽입합니다. ② 사각형은 흰색으로 설정하고 ③ [그라데이션 선]을 선택합니다. ④ 선의 방향은 [선형 대각선−왼쪽 아래에서 오른쪽 위로]를 선택합니다. ⑤ 오른쪽 상단이 연한 파란색 선이 될 수 있도록 연한 파란색 중지점(투명도 0%)과 흰색 중지점(투명도 100%)을 활용합니다.

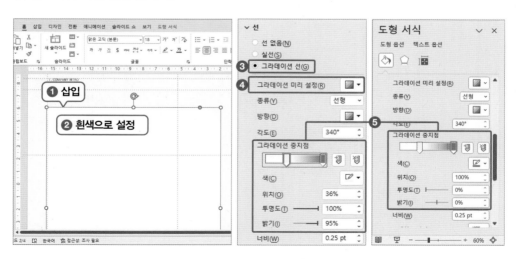

**05** ①사각형에 그림자(안쪽: 왼쪽 위)를 설정합니다. ②[그림자]-[투명도]를 **80%**로 설정하여 기본 효과보다 옅은 느낌으로 표현합니다.

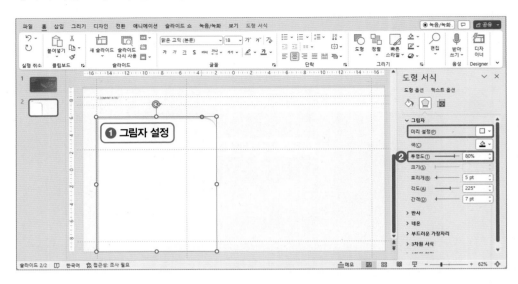

**06** ①사각형 안에 동일한 모양의 좀 더 작은 흰색 사각형을 삽입합니다. ②[선]-[실선]을 선택하고 연회색으로 설정합니다. ③[투명도]는 **20%**, [너비]는 **0.5pt**로 합니다. ④사각형이 아래로 길게 이어진 느낌을 주기 위해 슬라이드의 바깥쪽으로 도형을 늘려줍니다.

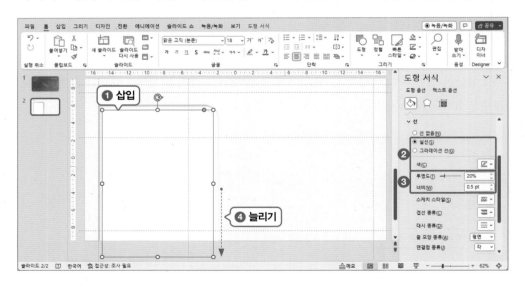

**07 상자에 일러스트 삽입하기** ①제공된 일러스트 이미지를 슬라이드에 삽입합니다. 트럭 이미지는 도형의 왼쪽 하단에 붙도록 배치하고, 비행기 이미지는 오른쪽 상단에 배치합니다. ②이렇게 배치를 하면 일러스트와 사각형의 실선이 겹치게 되는 문제가 생깁니다.

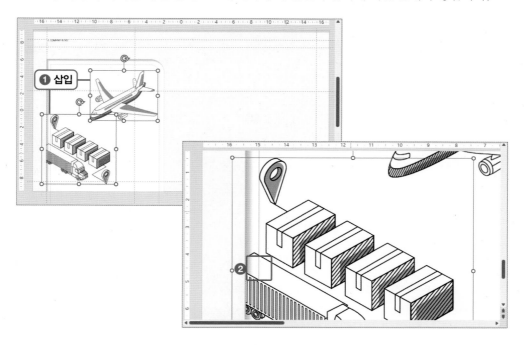

**08** ①이 문제를 해결하기 위해 선을 덮어줄 수 있는 흰색 직사각형을 삽입합니다. ②트럭 이미지를 마우스 오른쪽 버튼으로 클릭하고 ③[맨 앞으로 가져오기]를 선택합니다. 실선이 있는 부분을 가려 잘린 것 같은 느낌으로 표현할 수 있습니다.

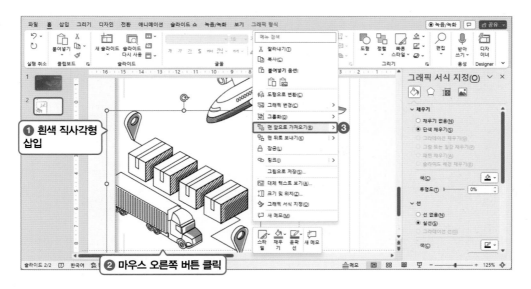

**09** **핵심 내용 배치하기** ①사각형의 왼쪽 상단에 회사소개서의 핵심이 되는 키워드를 입력합니다. ②오른쪽 공간에는 회사 소개 메시지를 입력합니다. 텍스트를 입력할 때 제목, 본문 등 텍스트 상자를 따로 구분하여 배치를 하고, 글자가 시작하는 위치를 모두 동일하게 합니다.

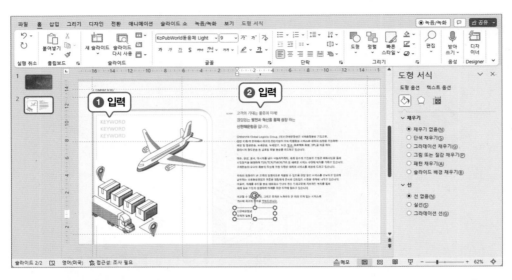

TIP 본문 텍스트를 왼쪽 정렬로 설정한 뒤 문장이 잘 전달될 수 있도록 텍스트 정리를 해주는 것이 좋습니다. 예를 들어 [있습니다]라는 글이 [있][습니다]로 잘려 있다면 프레젠테이션의 가독성이 낮아집니다.

**10** ①강조하고 싶은 키워드 위에 직사각형(가로 폭: 글자보다 조금 길게 / 세로 폭: 글자 높이의 1/2~1/3)을 삽입합니다. ②직사각형의 컬러는 메인 컬러, [투명도]는 80%로 설정하면 자연스럽게 표현됩니다. ③직사각형을 마우스 오른쪽 버튼으로 클릭하여 [맨 뒤로 보내기]를 선택하면 완성입니다.

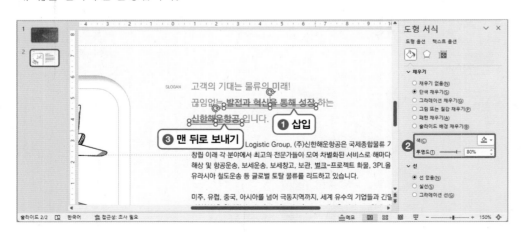

**11** **상자와 컬러칩으로 내용 표현하기** 다음 슬라이드는 회사의 CI/BI와 회사의 인재상과 가치관을 소개합니다. CI/BI뿐만 아니라 회사의 상징에 대한 설명을 하는 데 활용할 수 있는 슬라이드입니다. ①2번 슬라이드를 복제하여 3번 슬라이드를 만듭니다. 복제된 개체들을 삭제합니다. ②2번 슬라이드에서 만들었던 것과 동일한 서식의 흰색 사각형과 실선으로 표현한 사각형을 배치합니다. 이때 둥근 위쪽 모서리 사각형을 활용합니다.

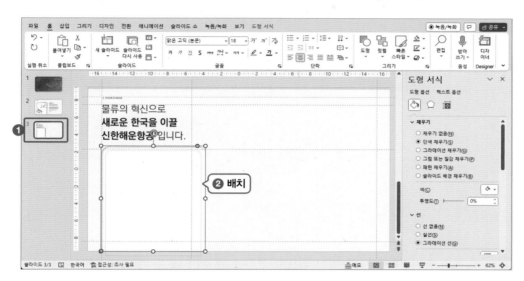

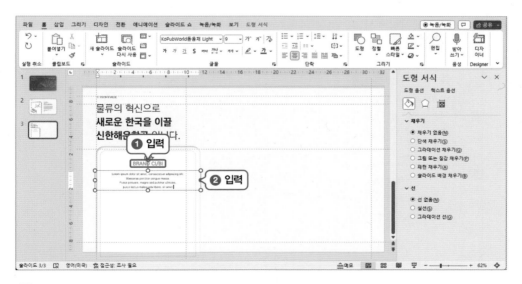

**12** 사각형 안에 텍스트를 입력합니다. ①사각형의 상단 중앙에 **BRAND CI/BI**를 입력합니다. ②그 아래에 CI/BI를 설명할 수 있는 텍스트를 임의로 입력합니다.

**TIP** 텍스트 상자에 =lorem() 텍스트를 입력한 뒤 **Enter** 를 누르면 임의의 텍스트가 생성됩니다.

**13** ①아래에 좌우로 옅은 그라데이션 선을 삽입합니다. 이 선은 그라데이션 중지점 네 개를 활용하면 만들 수 있습니다. ②그라데이션 중지점의 [위치]를 **0%, 40%, 60%, 100%**에 배치합니다. 이 위치는 가운데 50%를 기준으로 보면 양쪽이 대칭됩니다.

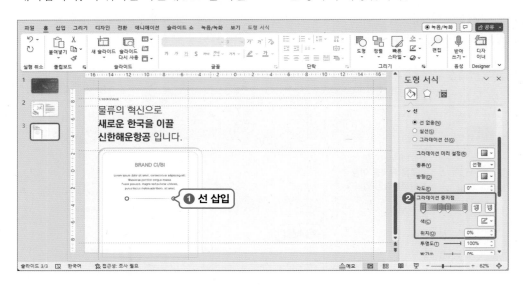

**14** 네 개의 중지점을 모두 동일한 색으로 설정한 뒤, 가운데 두 개 중지점은 [투명도]를 **0%**, 바깥쪽 두 개 중지점은 [투명도]를 **100%**로 설정합니다.

**15** ①선 아래에 [사각형: 둥근 위쪽 모서리], [사각형: 잘린 한쪽 모서리]를 삽입하여 다음과 같이 두 도형을 위아래로 붙입니다. ②컬러는 다음과 같이 설정하고 ③텍스트를 입력합니다.

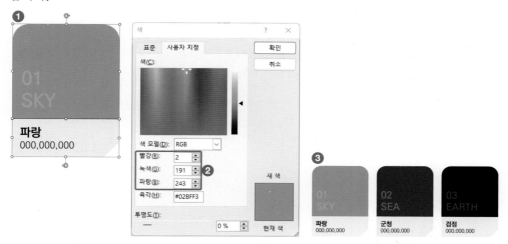

**16** **키워드를 표현하는 상자 만들기** ①이번에는 다음과 같이 **인재상 talent**를 입력합니다. 한글은 좀 더 크고 굵은 폰트(bold), 영문은 조금 작고 얇은(light) 형태로 입력합니다. ②직사각형을 텍스트 아래에 삽입하고 ③다음과 같이 설정합니다.

**17** '인재상' 아래 세로가 조금 더 긴 직사각형을 삽입한 뒤 옅은 파란색으로 설정합니다. 이 직사각형의 선은 **06**의 흰색 사각형의 서식과 동일하게 설정합니다. [그림자]는 [오프셋: 오른쪽 아래], [투명도]는 **80%**로 설정합니다. 도형 위에는 예제 파일로 제공한 **아이콘.zip** 파일에서 원하는 아이콘을 다음과 같이 배치하고 텍스트를 입력합니다.

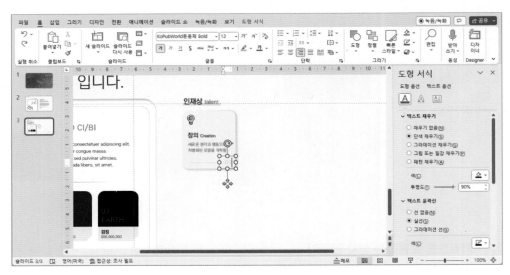

> **TIP** 이때 안내선을 활용하여 아이콘과 텍스트를 수직이 맞도록 배치하면 보다 안정감 있게 표현이 가능합니다.

**18** ① 인재상에서 만들어둔 개체를 그룹화하여 ② 원하는 개수만큼 복제합니다. 아이콘과 텍스트를 수정합니다. ③ 슬라이드 오른쪽 하단에 일러스트 이미지를 삽입합니다.

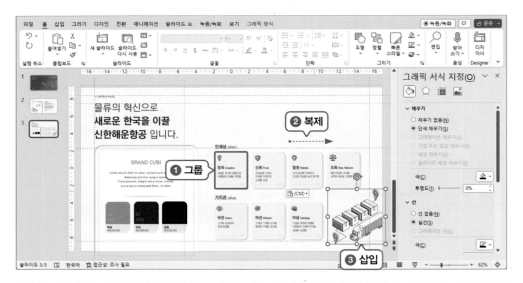

> **TIP** 개수가 맞지 않는 경우 위아래의 폭을 맞추겠다고 도형의 크기를 조절하면 안 됩니다. 위아래 배치된 개체들의 폭은 동일하게 설정해주고, 빈 공간에는 일러스트를 배치하는 것이 훨씬 깔끔합니다. 오른쪽 하단에는 앞에서 활용한 일러스트를 배치해줍니다.

**19 상자에 이미지와 키워드 삽입하기** ①3번 슬라이드를 복제하여 4번 슬라이드를 만듭니다. 복제된 개체들은 삭제합니다. ②흰색의 둥근 모서리 사각형을 삽입합니다. [선]-[그라데이션 선]을 선택합니다. 그라데이션 중지점 네 개 중 가운데 두 개를 삭제합니다. ③왼쪽 그라데이션 중지점을 회색, 오른쪽 그라데이션 중지점을 파란색으로 설정하고 [각도]는 **340°**, [너비]는 **0.25pt**로 설정합니다.

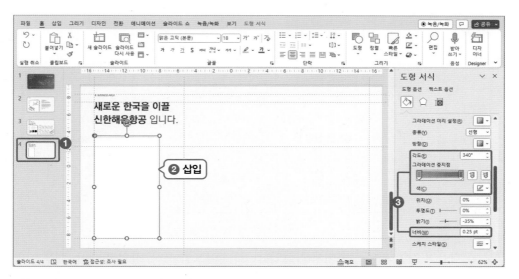

**TIP** 이렇게 설정하는 이유는 그림자가 강하면 도형 내부에 들어가는 이미지보다 그림자가 강조될 수 있기 때문입니다.

**20** ①[도형 서식] 작업 창에서 [도형 옵션]-[효과 ⬠]-[그림자]를 클릭하고 [안쪽: 왼쪽 위]를 선택합니다. ②[투명도]는 **85%**, [흐리게]는 **10pt**로 설정하고 ③그림자의 색을 회색으로 바꿔서 은은하게 표현합니다.

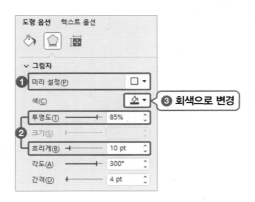

**21** ①사각형 중앙에 연회색의 작은 사각형을 삽입합니다. ②사각형의 밑면에 선을 삽입하고 ③[그라데이션 선]을 선택합니다. 선에 다음과 같이 좌우로 옅은 그라데이션을 설정합니다.

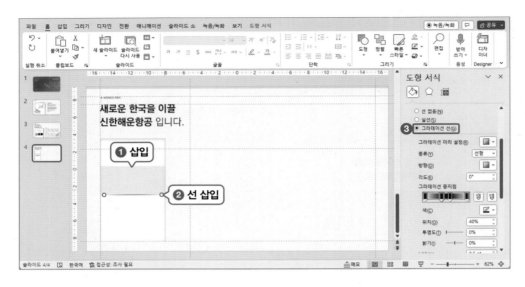

**22** ①다음과 같이 원하는 이미지를 삽입합니다. ②[그림 서식] 작업 창에서 [채우기 및 선 ◆]을 클릭하고 [선]-[실선]을 선택합니다. ③[너비]는 **1.25pt**로 설정합니다.

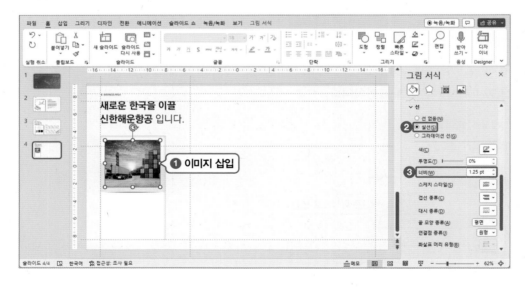

**23** ①사진의 왼쪽 상단에 직사각형과 직각 삼각형을 삽입합니다. ②다음과 같이 배치하고 도형 안에 사진을 설명할 키워드를 입력합니다.

**24** **원에 아이콘 배치하기** ①다음과 같이 1:1 비율의 정원을 삽입합니다. ②3번 슬라이드에서 사용했던 연한 파란색으로 원을 채웁니다. ③이보다 더 짙은 색으로 원의 테두리를 설정합니다.

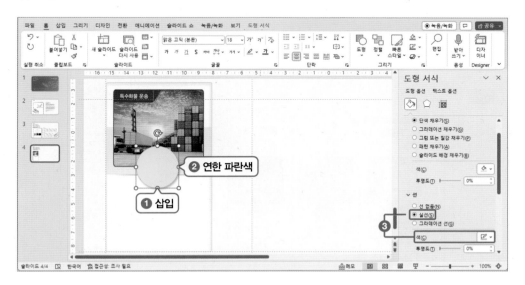

**25** 원에 그림자를 설정합니다. [그림자]의 [투명도], [흐리게] 등은 그대로 두고 그림자의 컬러를 표지에서 활용한 메인 컬러로 활용합니다. 그림자 컬러를 원의 색상과 비슷하게 설정하는 것만으로도 색다른 느낌을 줄 수 있습니다.

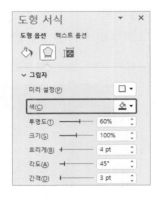

**26** 원 안에 적절한 아이콘 이미지를 삽입합니다.

**27** ①원 아래의 빈 공간에는 작은 직사각형으로 포인트를 주고 ②텍스트를 입력합니다. ③개체를 드래그하고 Ctrl + G 를 눌러 그룹화합니다. ④그룹화한 개체를 복사한 후 붙여 넣기합니다.

> **TIP** 병렬 배치가 필요한 경우, 하나의 완성된 형태를 만든 후 복사하여 여러 개를 붙여 넣습니다. 그런 다음 이미지, 아이콘 및 텍스트를 수정하면 효율적으로 작업을 완료할 수 있습니다.

**28** 이미지와 아이콘, 텍스트는 임의로 수정하여 완성합니다.

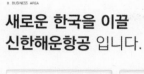

**윤피티의 팁!** **도형 안에 텍스트를 입력할 때는?**

① 도형 안에 텍스트를 입력할 때 텍스트의 좌우 여백을 확보하는 것이 좋습니다. 도형의 좌우 폭을 기준으로 했을 때 여백을 5%(좌측 2.5%, 우측 2.5%) 정도 확보해주는 것이 좋습니다.

② 텍스트가 문장형으로 구성이 될 때는 좌측 정렬 혹은 양쪽 맞춤을 활용하는 것이 보기에 좋습니다. 키워드 형태나 개조식으로 정리할 때는 가운데 맞춤으로 배치하면 조금 더 보기가 좋습니다. 각 상황에 맞춰서 활용해 봅니다.

# CHAPTER 02

# 포트폴리오

포트폴리오 제작에서 가장 우선시해야 하는 것은 전달하고
자 하는 자신의 경력과 경험을 효과적으로 전달하는 것입니
다. 즉, 포트폴리오의 본질적인 목적은 자신의 가치를 명확하
게 전달하는 것입니다. 가독성과 함께 내용 전달이 부드럽게
잘 이어지도록 정리 및 플로를 잘 만들어줘야 합니다. 최근
포트폴리오는 단순히 정보를 전달하는 것을 넘어서 브랜딩하
는 콘텐츠로 활용되고 있습니다.

PROJECT

# 포트폴리오
# 구성 알아보기

처음 포트폴리오를 준비하다 보면 포트폴리오에 많은 내용을 담는 것이 좋다고 생각합니다. 하지만 정리되지 않은 포트폴리오는 오히려 가독성을 해칩니다. 포트폴리오 제작에 앞서 포트폴리오의 구성에 대한 측면을 이해하고 작업을 하면 훨씬 간결하면서 군더더기 없는 적절한 표현을 할 수 있습니다. 작업 시간 또한 단축할 수 있어 매우 효율적입니다.

## 포트폴리오 구성 플로

❶ **표지** 가장 처음 보게 되는 슬라이드로, 자신을 나타낼 수 있는 표현을 합니다. 표지를 구성하는 형태는 대표적으로 세 가지가 있습니다.

| | |
|---|---|
| **이름 + 포트폴리오** | 예: 윤상림 포트폴리오, YOON SANG RIM PORTFOLIO |
| | • 가장 쉽게 사용할 수 있는 형태입니다. |
| | • 깔끔한 표지를 원한다면 추천하는 디자인입니다. |
| | • 자신을 꾸며줄 수 있는 문장이 아니기에 어떠한 사람인지 직관적으로 알기 어렵다는 단점이 있습니다. |
| **수식해주는 문장 활용** | 꿈을 디자인하는 디자이너, 윤피티입니다. |
| | • 자신을 설명할 수 있는 수식과 함께 어떤 사람인지, 어떤 내용이 있는지 유추할 수 있습니다. |
| | • 자신에게 가장 큰 강점이 되는 내용으로 문장을 구성합니다. |
| **슬로건 활용** | 파워포인트로 꿈 보여주기, 당신의 꿈을 디자인합니다. |
| | • 가장 고민을 많이 해야 하는 형태이면서 임팩트가 큽니다. |
| | • 포트폴리오의 내용 전체를 포괄할 수 있는 문장을 활용합니다. |
| | • 포트폴리오를 제작하는 데 충분한 시간이 있다면 가장 추천합니다. |

제목과 함께 간단한 개요와 어필할 포인트(연락처, 이메일 등) 정도를 함께 표지에 활용합니다.

❷ **프로필 정보** 이름, 나이(생년월일), 거주지, 학력, 경력, 자격 등의 내용을 요소로 하며 한 슬라이드로 구성합니다. 학생을 비롯하여 프로필 슬라이드에 기재할 내용이 적은 경우 자신을 소개할 수 있는 메시지를 활용하여 슬라이드를 구성합니다.

❸ **경력 개요** 포트폴리오에서 보여줄 여러 경력 및 경험들을 한 장으로 정리한 슬라이드입니다. 일종의 경력 목차 슬라이드라고 표현할 수 있습니다. 포트폴리오에서 경력을 배치하는 순서는 최근순으로 정리를 하거나 업무와 연관이 있는 순서로 배치를 하는 것이 좋습니다.

❹ **경력별 세부 내용** 경력 개요에서 기재한 순서대로 경력별로 슬라이드를 구성합니다. 경력 세부 내용은 각자가 갖고 있는 내용으로 준비를 하지만 경력별 세부내용의 각 슬라이드의 내용 구조(세부 디자인과는 별개입니다)는 최대한 비슷하게 만들어주는 것이 좋습니다.

기간, 프로세스, 결과, 역량, 사용 프로그램(디자인 프로그램, 개발 프로그램 등), 업무 이미지(업무 중 이미지, 현장 이미지 등)를 활용하여 슬라이드를 구성합니다. 경력별 세부 내용에서 도출되는 역량은 최대한 겹치지 않게 표현을 하고 추상적인 역량(예: 성실함/겸손함 등)은 후순위로 기재해주는 것이 좋습니다. 가장 우선되어야 하는 역량은 업무와 직결될 수 있는 역량들입니다.

❺ **역량 정리 및 비전** 경력별 세부 내용에서 슬라이드별로 도출된 역량을 한 슬라이드로 모아서 자신의 역량을 정리하는 슬라이드입니다. 자신이 보유하고 있는 역량과 함께 추후 자기계발을 통해 발전할 부분들을 기재하는 것도 좋습니다.

이 부분에서는 자신의 업무적 역량을 지원하는 회사와 연결을 지어 표현하면 효과적입니다. 예를 들어, 자신의 역량 중에서 도출된 키워드가 디테일한 분석, 다수를 아우르는 리더십이 있다고 한다면 지원사에서 진행하는 사업 중에서 디테일한 분석과 리더십이 필요한 업무와 연결을 짓습니다. 자신의 역량이 이곳(상황)에 필요하다는 것을 어필하는 것은 단순히 정보를 전달하는 것을 넘어 자신의 역량과 필요성까지 어필하고 좋은 결과로 이어질 수 있습니다.

❻ **마무리** 마무리 슬라이드에서는 표지에서 표현했던 내용보다 디테일한 문장을 활용하여 마무리하는 것이 좋습니다. 단순히 '감사합니다'로 마무리하는 것이 아니라 자신의 방향성(비전)을 보여주는 문장으로 구성하여 마무리하는 것이 효과적입니다.

포트폴리오는 브랜딩의 역할을 하면서 자신의 정보를 전달하기에 가장 깔끔한 구성의 플로

라고 해도 과언이 아닙니다. 포트폴리오를 제작해야 한다면 앞서 설명한 플로로 내용을 먼저 구성한 뒤 디자인 작업을 진행할 것을 추천합니다.

프로필 정보 슬라이드에서 사용되는 이미지는 일반적으로 얼굴이 드러나는 증명사진 혹은 자신이 자연스럽게 나온 사진 정도를 활용합니다. 사진이 들어가는 공간 외에는 대부분 텍스트로 채워지기에 텍스트 간의 간격과 정렬에 신경을 쓰는 것이 중요합니다.

최근에 많이 활용되는 형태는 좌우 분할의 형태입니다. 하지만 정형적인 형태는 상하 분할의 형태입니다. 트렌디한 느낌을 원한다면 좌우 분할, 포멀한 느낌을 원한다면 상하 분할을 선택하면 됩니다. 어떠한 형태의 분할을 설정하더라도 표지를 만드는 작업을 하면서 설정한 톤앤매너와 콘셉트만 지킨다면 프로필 정보 슬라이드 디자인은 무난하게 할 수 있습니다.

### 기본적인 좌우 구분 프로필 디자인

다음의 슬라이드를 살펴봅니다. 왼쪽은 사진과 기본적인 프로필 내용이 들어가는 공간으로 활용하고 오른쪽은 학력, 경력, 자격 등을 넣는 형태로 구성합니다. 이 슬라이드에 들어가는 내용들은 텍스트의 길이가 길지 않아 대부분 한 줄 정도의 문장입니다. 하지만 여러 내용들로 채워지는 것이 일반적이므로 본문이 들어가는 공간의 비율을 상대적으로 세로로 길게 만들어주는 것이 좋습니다.

## 안정적인 상하 구분 프로필 디자인

상하 분할은 좌우 분할에 비해 조금 더 안정감을 줄 수 있는 구조입니다. 상단 구조와 하단의 본문 구조를 명확하게 구분하게 되면 형식을 갖춘 느낌을 줄 수 있습니다.

이 구조를 활용하게 되면 아래쪽 본문 공간을 가로로 넓게 활용할 수 있습니다. 본문 공간에는 다양한 키워드들을 넣어서 표현합니다. 프로필, 학력, 경력 사항, 주요 활동, 수상 경력, 자격 사항, 프로그램 등 다채롭게 들어갈 수 있도록 구성합니다.

**이미지를 깔끔하게 배치한 슬라이드 디자인**

여러 이미지를 사용하는 경우에는 일반적으로 가로로 배열하는 형태를 가장 선호합니다. 이때 이미지의 크기를 모두 같은 크기로 맞춰주는 것이 가장 좋겠지만, 갖고 있는 이미지의 크기나 비율이 제각각인 경우가 많습니다. 그런 경우에는 세로나 가로 중 하나만 맞춰주더라도 깔끔하고 정돈된 느낌을 표현할 수 있습니다.

## 도형 및 텍스트 배치로 통일하기

다음 슬라이드를 살펴봅니다. 두 개의 이미지의 세로 길이는 모두 동일하지만 가로 길이는 일부 다릅니다. 하지만 세로 길이가 동일하기에 정리가 잘 된 느낌을 줍니다. 세로 길이가 동일하면 이미지 하단에 들어가는 텍스트의 배열과 높이를 동일하게 설정할 수 있습니다.

다수의 이미지가 들어갈 때는 배경 컬러를 흰색 혹은 연회색으로 활용해야 보다 이미지에 집중할 수 있습니다.

디자인의 포인트는 이미지의 왼쪽 하단입니다. 이미지를 배치하고 왼쪽 하단에 텍스트가 들어갈 크기로 사각형을 삽입합니다. 이 사각형을 배경 컬러와 동일하게 설정한 뒤 그 위에 추가적인 도형 및 텍스트를 입력하여 간단하게 통일감을 줍니다.

## 지그재그 형태로 배치하고 안정감 주기

병렬형으로 이미지를 배치하되 일자형으로 배치하는 것이 밋밋하다고 느낀다면 다음을 참고합니다. 목차로 활용한 슬라이드이지만 본문에서도 충분히 활용할 수 있는 형태입니다.

이미지와 텍스트의 배열을 지그재그로 배치하면 보다 풍성하다는 느낌을 전할 수 있습니다. 이와 같은 형태로 배치하면 이미지의 크기가 동일하더라도 이미지 속 콘텐츠는 다르기에 텍스트에서 통일감을 형성해줘야 합니다. 이는 전체적인 안정감에 상당히 큰 도움을 줍니다.

## 윤피티의 팁!   비슷한 크기의 다수의 사진을 배치해야 하는 경우 고려할 것들

### 첫째, 이미지마다 텍스트 분량이 적절한가? 그리고 비슷한가?

이미지마다 삽입되는 텍스트 분량이 비슷한지 고려합니다. 이미지의 가로 폭보다 텍스트의 가로 폭이 길어지게 되면 이미지와 텍스트의 분량이 맞지 않다는 느낌을 줍니다. 이미지를 설명하기 위한 텍스트는 한두 줄이 늘어나더라도 이미지의 폭보다 짧게 정리해주는 것이 중요합니다.

### 둘째, 이미지의 톤앤매너가 비슷한가?

이미지의 톤앤매너라고 하면 대표적으로 필터 효과 혹은 색감이 있습니다. 한 화면에 있는 이미지 중 하나는 채도가 너무 높고, 다른 이미지는 채도가 너무 낮다면 이질감이 느껴집니다. 같은 슬라이드(화면)에 배치되는 이미지는 색감 및 채도가 비슷하도록 신경을 써주는 것이 좋습니다. 만약 이 부분이 어렵다면 이미지의 채도를 일괄적으로 낮추거나 흑백 이미지로 편집하여 활용하는 것도 좋은 방법이 될 수 있습니다.

## 템플릿 디자인   경험과 역량을 표현한 슬라이드 디자인

앞서 슬라이드에서 자신의 경험 및 역량들을 잘 전달했다면 이제 정리하는 슬라이드가 필요합니다. 포트폴리오 앞부분은 과거부터 현재까지의 내용을 담고 있는 부분이지만 이 슬라이드는 현재와 미래를 표현할 수 있는 슬라이드입니다. 포트폴리오를 통해 지원사에 추가적으로 어필하기에 좋은 카테고리입니다.

## 일러스트를 배치한 심플한 슬라이드

역량을 표현하는 슬라이드에서 가장 쉽게 활용할 수 있는 형태입니다. 자신을 기점으로 어떤 장점이 있는지 정리를 해주는 슬라이드입니다.

이 슬라이드에는 텍스트만으로 정리를 하는 것보다 프로필 슬라이드처럼 자신의 사진이나 캐릭터(일러스트) 등을 배치하고 그 중심으로 역량과 비전을 정리해주는 것이 가장 일반적인 형태입니다.

## 지원사 상황을 구조화한 슬라이드

두 번째 형태는 자신의 역량과 지원사의 상황에 맞춰 함께 정리하는 것입니다. 많은 텍스트를 넣어야 할 때 단순히 줄글로 표현하는 것보다 간단한 구조화를 통하여 자신의 내용과 지원사의 내용을 함께 정리합니다.

자신의 역량이 지원사의 상황에 잘 부합하고 있다는 것을 함께 보여준다면 지원자가 이 회사에 적합한 인재라는 것을 확실하게 전달할 수 있습니다. 덧붙여 회사의 대내외적인 부분까지 신경 써서 정리를 했다는 부분에서 좋게 평가를 받을 수 있는 요소가 됩니다.

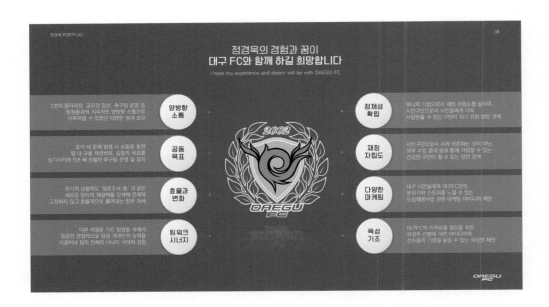

## 키워드로 구성한 슬라이드

세 번째로 볼 유형은 텍스트를 키워드로 표현한 슬라이드입니다. 별도로 촬영한 프로필 이미지가 있거나 깨끗하게 배경 제거가 된 사진을 갖고 있다면 활용하기에 좋은 형태입니다.

자신의 역량을 도출하고, 회사에서 필요한 부분과 니즈를 함께 정리한 다음 자신의 비전과 회사의 비전을 함께 표현하여 같은 목표, 가치관을 표현해주는 형태로 정리하는 것이 가장 정석적인 형태입니다. 자신의 내용뿐만 아니라 회사의 현 상황과 비전까지 확인하면서 정리를 해야 하기에 특정 회사를 지원하기 위한 포트폴리오인 경우에 추천합니다.

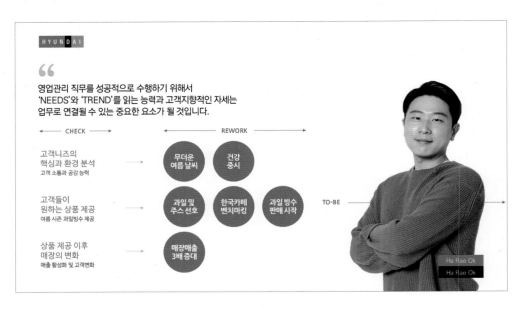

PROJECT

# 텍스트 중심의 포트폴리오

일반적으로 프로필 정보, 역량 정리 및 비전 부분은 텍스트 위주로 슬라이드를 구성합니다. 이미지나 그래프, 차트 같은 시각적인 요소 없이 텍스트 위주로 작업을 해야 하는 경우 텍스트의 간격과 정렬에 신경을 써야 합니다. 도형을 활용하여 깔끔하게 작업을 해봅니다.

---

**간단 실습** ▶ **줄 간격과 글머리 기호로 깔끔하게 정리하기**

---

텍스트의 간격을 가장 쉽게 조절하려면 줄 간격과 글머리 기호를 활용하면 됩니다. 파워포인트에 익숙하지 않지만 빠른 작업을 해야 할 때 활용해봅니다.

**준비 파일** 줄 간격과 글머리 기호로 깔끔하게 정리하기.pptx

**01** ①준비 파일을 엽니다. ②이력 텍스트를 선택합니다. ③[홈] 탭-[단락] 그룹-[글머리 기호]를 클릭하고 [속이 찬 둥근 글머리 기호]를 선택합니다.

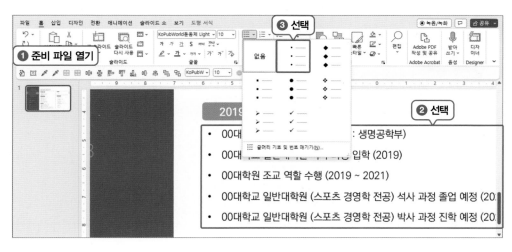

**02** 파워포인트에서 줄 간격을 설정할 때 기본적으로 제공되는 간격은 1.0~3.0이며 0.5 단위로 설정이 됩니다. 텍스트의 줄 간격을 조금만 더 넓게 하고 싶다면 [홈] 탭-[단락] 그룹-[줄 간격]을 클릭하고 [줄 간격 옵션]을 선택해서 원하는 값을 설정합니다.

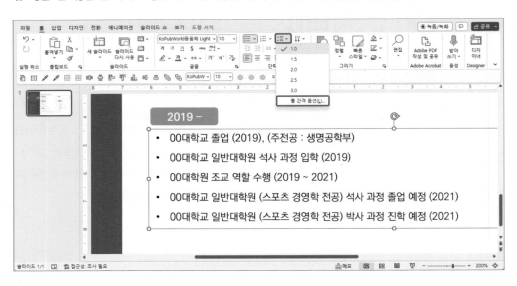

**윤피티의 팁!** **줄 간격 1.0과 1.5의 차이**

텍스트 크기가 동일하게 설정되어 있더라도 줄 간격을 적절히 넓게 하면 가독성에 도움이 됩니다. 줄 간격이 넓어지면서 전체적으로 공간이 잘 채워지는 효과도 줄 수 있습니다.

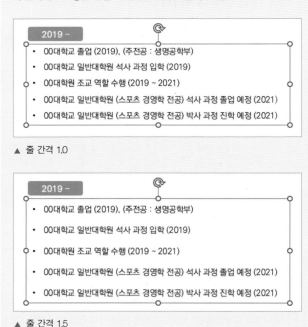

▲ 줄 간격 1.0

▲ 줄 간격 1.5

**03** 실무에서 활용할 때는 하나의 텍스트 상자에만 설정하는 것이 아니라 슬라이드 내의 모든 텍스트 상자의 줄 간격을 동일하게 설정하는 것이 중요합니다. [홈] 탭–[단락] 그룹–[줄 간격]을 클릭하고 [줄 간격 옵션]을 선택하면 [단락] 대화상자가 나타납니다. 여기서는 [줄 간격]을 [배수]로 설정한 후 [값]을 **1.2**로 설정합니다.

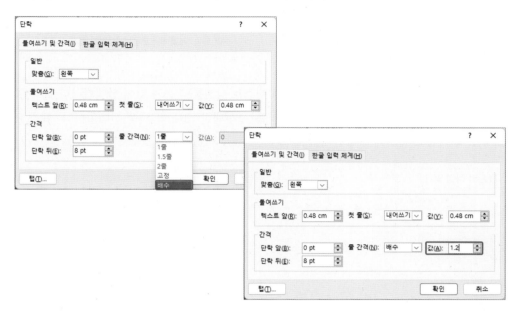

**TIP** 어떤 텍스트 상자는 줄 간격이 1.3으로 설정되어 있고 어떤 텍스트 상자는 1.6으로 설정되어 있다면 오히려 정리가 안 된 듯한 느낌을 줄 수 있습니다. 디자인 작업 초반에 설정값을 어느 정도로 할 것인지 확실히 정하고 진행하는 것이 추후 수정 작업을 적게 할 수 있는 방법입니다.

---

**윤피티의 팁!**　**줄 간격을 좁게 만드는 법**

텍스트 크기를 60 이상으로 크게 설정하는 경우에는 줄 간격이 텍스트 크기가 커진 만큼 자연스레 넓어지게 됩니다. 이때 줄 간격을 줄이기 위해서는 [단락] 대화상자를 열고 [줄 간격]에서 [배수]로 설정한 뒤 1보다 작은 숫자를 입력합니다. 텍스트 크기는 유지하면서 줄 간격은 좁아집니다.

# 개별 텍스트 상자로 간격 쉽게 맞추기

텍스트를 입력하다 보면 날짜는 동일한 위치에서 시작했지만 본문 내용이 시작하는 위치가 달라 가독성이 좋지 않은 경우가 있습니다. 날짜를 입력하는 텍스트 상자와 내용을 입력하는 텍스트 상자를 따로 만들어서 정렬해주면 보다 깔끔하게 만들 수 있습니다.

**준비 파일** 개별 텍스트 상자로 간격 쉽게 맞추기.pptx

**01** ①준비 파일을 엽니다. ②하단에 있는 텍스트 상자를 다음과 같이 선택합니다. ③[홈] 탭-[그리기] 그룹-[정렬]을 클릭하고 ④[맞춤]-[선택한 개체 맞춤]을 선택합니다. 텍스트의 시작 위치를 동일하게 맞출 수 있습니다.

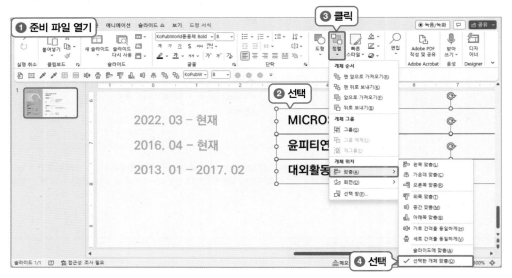

**02** 텍스트의 줄 간격을 넓게 하고 싶을 때는 가장 위에 있는 텍스트 상자, 혹은 가장 아래에 있는 텍스트 상자를 옮기면 쉽게 줄 간격을 맞출 수 있습니다. 가장 아래에 위치한 텍스트 상자를 넓히고 싶은 범위만큼 아래로 이동합니다.

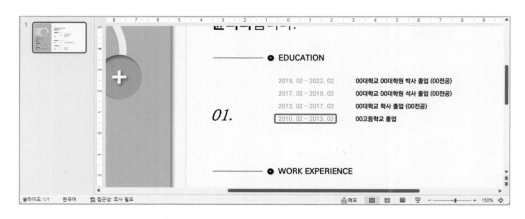

**03** 가장 위에 있는 텍스트 상자와 가장 아래에 있는 텍스트 상자의 간격이 적절하다고 생각이 되면, ①간격을 조절해야 하는 텍스트 상자들을 모두 선택한 뒤 ②[홈] 탭-[그리기] 그룹-[정렬]을 클릭하고 ③[맞춤]-[세로 간격을 동일하게]를 선택합니다. 텍스트 상자의 세로 간격이 모두 동일하게 됩니다. 이 기능은 가장 위에 있는 개체와 가장 아래에 있는 개체의 간격이 기준점이 되고 그 안에서 개체의 간격이 맞춰집니다.

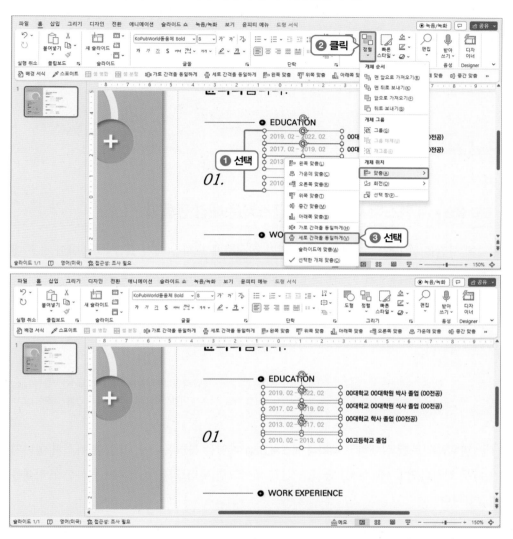

**TIP** [가로 간격 동일하게]는 가장 왼쪽에 배치된 개체, 가장 오른쪽에 배치된 개체를 기준으로 간격이 맞춰지는 기능입니다.

**04** BIRTH, AGE, INTEREST 등도 텍스트 상자를 개별로 만들어 활용하고 있습니다. 이렇게 텍스트 상자를 개별로 작성하게 되면 텍스트가 시작되는 앞부분을 줄 맞춰서 표현할 수 있고 각 세부 내용들도 시작하는 지점을 맞춰서 표현할 수 있어 깔끔한 형태가 됩니다.

## 간단 실습 ▶ 텍스처 이미지로 고급스러운 배경 만들기

배경에 사진을 삽입해도 전체적인 분위기가 심심하게 느껴질 때가 있습니다. 이런 경우 대리석 혹은 종이 텍스처 이미지를 배경에 활용합니다. 종이 텍스처는 조금 더 가볍고 캐주얼한 느낌을 연출할 수 있고 대리석은 조금 더 세련되고 고급스러운 느낌을 연출할 수 있습니다. 다음은 한 식당의 포트폴리오 예입니다. 파워포인트를 실행하고 새 슬라이드에서 실습을 진행합니다.

**준비 파일** 대리석 텍스처.png, 음식1~음식4.jpg
**완성 파일** 텍스처 이미지로 고급스러운 배경 만들기_완성.pptx

**01** 파워포인트를 실행하고 **대리석 텍스처.png** 파일을 불러옵니다. 삽입한 텍스처 이미지가 너무 진하다면 [그림 서식] 탭–[조정] 그룹–[그림 투명도]를 클릭하여 원하는 프리셋을 설정합니다.

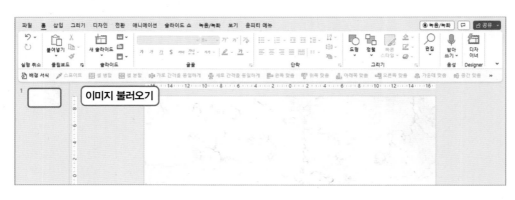

**02** **음식1~음식4.jpg** 파일을 삽입합니다. 이때 이미지는 지그재그 형태로 배치하되 일렬로 붙였을 때 이미지 사이에 빈틈이 없도록 배치합니다.

**03** 다음과 같이 이미지를 설명해주는 텍스트도 입력하고 적절하게 배치합니다.

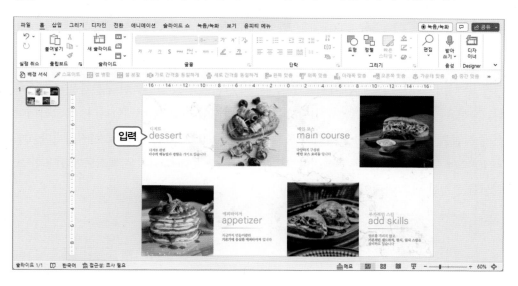

**04** ①이미지와 동일한 크기의 사각형을 삽입합니다. ②사각형이 선택된 상태에서 마우스 오른쪽 버튼을 클릭하고 [도형 서식]을 선택합니다. ③[도형 옵션]-[채우기 및 선 ]-[채우기]-[그라데이션 채우기를 선택합니다. 그라데이션의 방향은 세로가 되도록 설정(270°)합니다. 이미지의 윗부분이 되는 중지점은 흰색, [투명도]는 **38%**로 설정합니다. 이미지의 아랫부분이 되는 중지점도 흰색, [투명도]는 **0%**로 설정합니다. 이렇게 만들어진 그라데이션이 설정된 도형을 복사하여 각 이미지 위에 배치합니다.

**05** 각 이미지와 텍스트를 한 세트로 봤을 때, 이 사이에 선을 삽입하여 구분감을 주겠습니다. ①선을 삽입하고 ②[도형 서식]에서 [선]-[그라데이션 선]을 선택합니다. ③그라데이션 중지점은 세 개로 설정하고 각각의 중지점 [위치]는 **0%**, **50%**, **100%**로 설정합니다. 0%와 100%에 위치한 중지점은 흰색, [투명도]는 **100%**, 가운데 중지점은 텍스트에 활용한 노란색을 설정한 뒤 그라데이션을 세로로 설정합니다.

**TIP** 세로/가로 선을 만들 때 **Shift** 를 누르고 선을 만들면 수직/수평으로 반듯한 선을 만들 수 있습니다.

**06** ① 다음과 같이 노란색 직사각형을 삽입합니다. ② 왼쪽의 직사각형을 가로로 길게 만들어 **ABOUT, CONTENTS**를 입력하여 목차임을 알려줍니다. ③ 오른쪽의 직사각형은 짧게 만들어 배치합니다. 이 두 개체로 인해 슬라이드의 밀도가 조금은 높아진 것을 확인할 수 있습니다. 해당 슬라이드의 정보 또한 더 쉽게 전달할 수 있습니다.

### 윤피티의 팁! 배경과 텍스처 이미지 함께 활용하기

종이 질감의 텍스처 이미지를 그대로 사용하기에 어색하다면, 먼저 배경에 색상을 설정합니다. 그 위에 텍스처 이미지를 올리고 [그림 투명도]를 설정하면 톤앤매너를 유지하면서도 텍스처의 질감을 은은하게 연출할 수 있습니다.

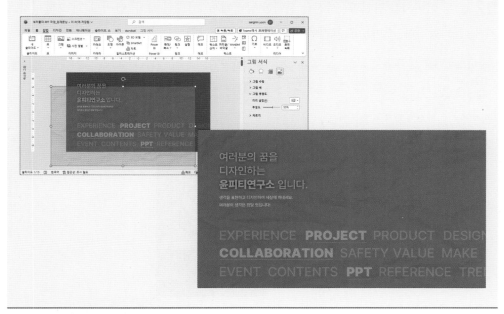

사진의 크기가 다르다면, 가장 큰 이미지를 목업 이미지에 넣어서 활용하는 방법이 있습니다. 큰 이미지를 스마트폰 혹은 노트북, 모니터 디스플레이 목업 이미지에 넣어서 활용하면 비율 및 크기가 다른 사진을 배치할 때 정돈된 느낌을 줄 수 있습니다.

**준비 파일**  목업 이미지 만들어 퀄리티 높이기.pptx, 목업.png, 목업용 사진.jpg, 스마트폰.png
**완성 파일**  목업 이미지 만들어 퀄리티 높이기_완성.pptx

**01** 목업 이미지를 만들기 위해서는 틀(프레임)이 될 PNG 이미지와 내부에 들어갈 이미지가 필요합니다. **스마트폰.png**와 **목업용 사진.jpg** 파일을 불러와 빈 슬라이드에 배치합니다.

**02** ① 두 이미지를 겹친 후, 사진을 선택한 상태에서 ② [그림 서식] 탭-[크기] 그룹-[자르기]를 클릭합니다. 스마트폰 크기에 맞게 사진을 자릅니다.

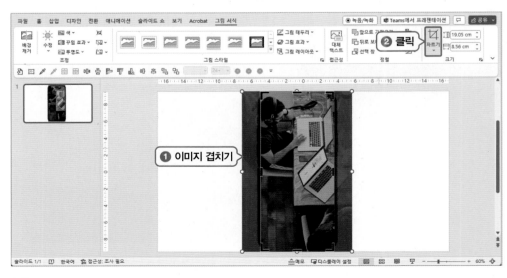

**TIP** 사진이 목업 이미지보다 작은 경우에는 사진의 크기를 조절하여 목업 이미지보다 더 크게 만들고 튀어나온 부분을 자릅니다.

**03** 스마트폰 목업 이미지는 모서리가 유선형이기에 사진을 스마트폰 목업 이미지에 딱 맞추면 모서리 부분이 튀어나오는 모습을 볼 수 있습니다. ① 사진이 선택된 상태에서 [자르기]-[도형에 맞춰 자르기]를 클릭하고 ② [둥근 사각형]을 선택합니다.

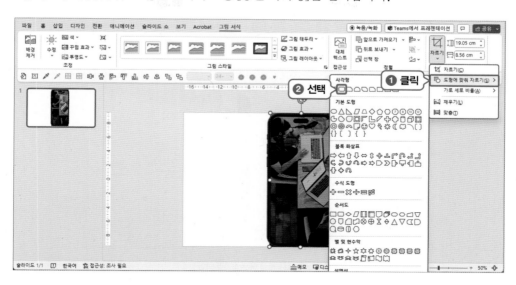

**04** ① 둥근 사각형으로 사진을 자른 후 노란색 모양 조절점을 이용하여 스마트폰 바깥으로 사진이 튀어나오지 않도록 조절합니다. ② 스마트폰 이미지와 내부 이미지를 함께 선택한 상태에서 Ctrl + G 를 눌러 그룹화합니다.

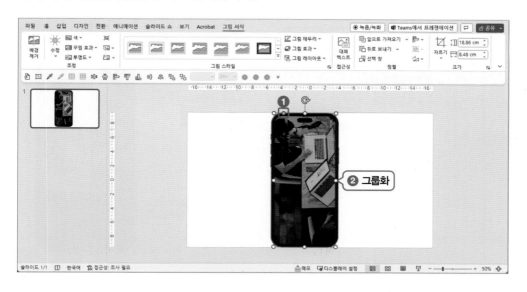

**05** ①그룹화한 개체를 마우스 오른쪽 버튼으로 클릭하고 ②[그림으로 저장]을 클릭합니다.

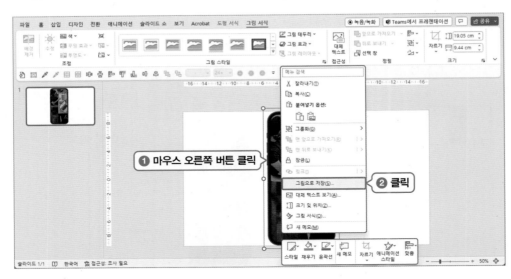

TIP 그룹화한 개체는 도형 병합을 하지 못하므로 그림으로 저장하는 과정이 필요합니다.

**06** ①준비 파일을 엽니다. 다음과 같은 슬라이드가 나타납니다. 이 슬라이드의 구성은 흰색 도형에 목업 이미지를 삽입하고 그 위에 작은 이미지들을 배치하는 형태입니다. ②**목업.png** 파일을 불러옵니다.

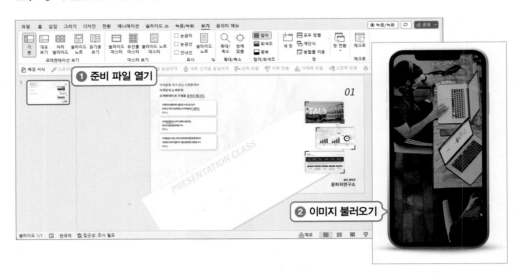

**07** ①불러온 목업 이미지를 오른쪽으로 드래그해서 흰색 도형 위에 겹치게 배치합니다. ②오른쪽에 있던 세 개의 이미지를 가리게 되면 세 개의 이미지를 선택하고 마우스 오른쪽 버튼을 클릭합니다. [맨 앞으로 가져오기]를 선택하고 스마트폰 목업 이미지를 원하는 위치에 배치합니다.

**08** ①흰색 도형과 목업 이미지를 함께 선택하고 ② Ctrl + Shift 를 누르면서 드래그합니다. 수평 위치에 붙여 넣기가 됩니다.

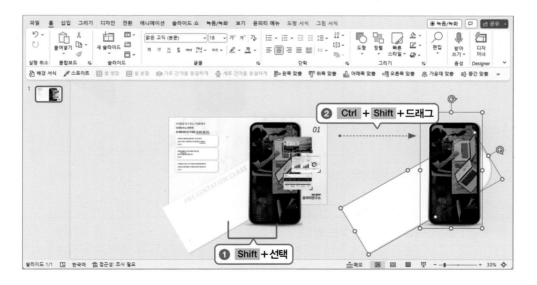

**09** ①복사한 사진을 먼저 선택합니다. ② Shift 를 누른 채 도형을 선택합니다. ③[도형 서식] 탭-[도형 삽입] 그룹-[도형 병합]-[교차]를 클릭하면 두 개체가 교차된 부분의 이미지만 남게 됩니다.

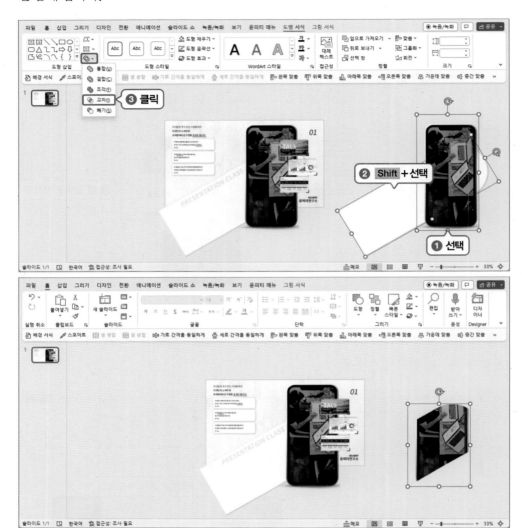

TIP 개체를 선택하는 순서에 따라 도형 병합의 결과가 달라집니다.

---

### 윤피티의 팁!  목업 이미지를 찾는 방법

Freepik.com 사이트에 접속하면 무료로 제공하고 있는 목업 디자인의 eps, ai 파일들이 있습니다. 완성도 높은 목업 이미지들을 활용할 수 있습니다. 포토샵 및 일러스트레이터 프로그램을 설치해서 활용해봅니다.

**10** ①교차를 통해서 만들어진 이미지를 원본 이미지와 겹쳐줍니다. ②뒤쪽에 있는 원본 이미지를 선택하고 [그림 서식] 탭-[크기] 그룹-[자르기]를 클릭하여 아래쪽을 잘라냅니다.

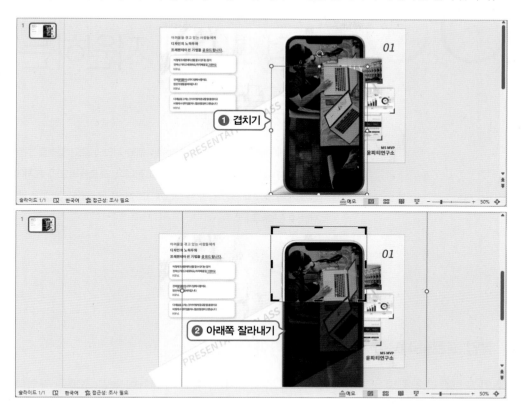

**11** ①겹쳐져 있던 다른 개체들을 마우스 오른쪽 버튼으로 클릭하고 ②[맨 앞으로 가져오기]를 선택합니다. 개체들의 앞뒤 순서를 정리해주면 완성입니다.

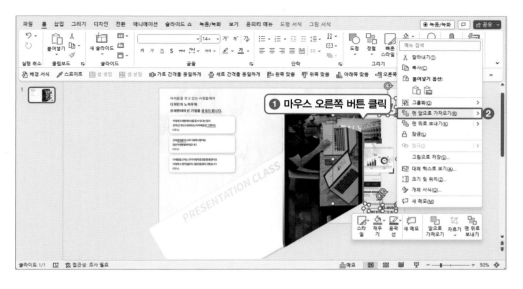

# 특정 회사에 지원하는 포트폴리오

특정 회사에 제출하기 위한 포트폴리오는 해당 기업의 로고 컬러를 활용하거나 회사 홈페이지의 웹디자인을 참고합니다. 포트폴리오의 표지에 지원 회사의 로고와 컬러감을 뚜렷하게 표현하면 콘셉트와 톤앤매너를 유지할 수 있습니다.

## 취업 포트폴리오를 제작할 때 알아야 할 사항

취업 포트폴리오에 넣을 자신만의 자료를 준비합니다. 남들이 만들어 놓은 포맷은 작업하는 데 편하기는 하지만 자신을 어필하는 데는 한계가 있습니다. 자신에게 꼭 맞는 포트폴리오를 만들어서 멋지게 표현해봅니다. 먼저 자료를 준비합니다.

### 포트폴리오에 들어갈 내용 정리하기

1 개인 정보
- 나이, 연락처, 주소 등 기본 프로필
- 학력 및 전공 등
- 수상 실적

**2** 경력 및 이력

- 기간(날짜)과 주요 업무

- 어떠한 업무를 해서 어떠한 발전이 있었는가?

- 지원하고자 하는 업무/직군과 연결될 수 있는 내용 우선하기

- 활동 사진


**3** 역량

- 경력/이력에서 도출되는 역량 기재

- 도출된 역량은 업무/직군의 적합성에 따라 순서 배치하기

- 회사에서 필요한 역량 우선하기


**4** 가치관 및 비전

- 자신의 목표와 회사의 목표가 동일하게(같은 방향을 보게) 포지셔닝하기

- 동반 성장할 수 있는 방향성 제공하기

---

**윤피티의 팁!** **회사 입장에서 나를 바라보기**

전체적인 내용 정리가 되었으면 추가로 고민해야 하는 부분은 '회사에 어떤 내용을 어필할 것인가?' 하는 부분입니다. 취업을 준비하거나 이직을 고민하는 분들이 가장 많이 하는 실수는 자신이 어떤 일을 하는 사람인지, 어떤 일을 했던 사람인지 어필하기에 급급하다는 것입니다. 회사 입장에서 바라본다면 우리 회사에 맞는 사람을 뽑는 것이 가장 중요합니다. 수많은 지원자들 중에서 어떤 사람이 우리에게 맞을지, 지금 충원하려는 자리에 어떤 사람이 가장 적합한지를 보는 것입니다. 그렇기 때문에 이에 대한 기본적인 내용들이 준비되어 있다면 어떤 순서로 어떻게 어필을 할지, 어떤 내용들을 먼저 보여줘야 인사 담당자가 눈여겨볼지를 생각할 수 있는 여유가 생깁니다.

'내가 지원하려는 회사는 어떤 인재를 원할까?' 이에 대한 많은 해답은 해당 회사의 홈페이지에 있습니다. 카테고리마다 천천히 읽어보고 중요한 것은 메모도 합니다. 더욱 자세한 자료는 IR을 찾아보고 포트폴리오를 준비합니다.

---

## 디자인 작업을 할 때 고려해야 하는 요소

취업 포트폴리오는 디자인 계열의 종사자가 아니라면 너무 화려하거나 퀄리티가 높지 않아도 됩니다. 여기서 필요한 디자인 작업은 '얼마나 가독성 있게 내용들이 잘 전달이 되는가?', '지원하고자 하는 회사에 맞는 작업을 정성껏 하였는가?'입니다.

**1** 컬러

- 지원할 회사에 적합한 컬러를 활용하고 있는가?

- 여러 슬라이드를 봤을 때 눈이 피로하지는 않은가(안정감이 있는가)?

**2** 폰트

- 멀리서 텍스트를 읽었을 때 잘 읽히는가?

- 세 개 이내의 폰트를 사용했는가?

- 너무 얇거나, 너무 굵지는 않은가?

**3** 이미지

- 고화질 이미지를 사용했는가?

- 전달하고자 하는 내용을 잘 전달해주는 이미지인가?

이 요소만 체크하여 작업을 해도 전체적으로 깔끔한 포트폴리오를 만들 수 있습니다.

**템플릿 디자인** **아이덴티티를 활용한 포트폴리오 디자인**

특정 회사에 제출하는 포트폴리오인 경우 해당 회사의 아이덴티티를 내포하여 작업을 하면 포트폴리오의 콘셉트 및 디자인 작업에 도움이 될 수 있습니다. 로고, 홈페이지, IR 등을 참고하면 작업 방향을 수월하게 잡을 수 있습니다.

### 카카오 계열사 포트폴리오 디자인

카카오 계열사에 지원을 한다고 가정합니다. 카카오 계열사의 경우, 아이덴티티 컬러인 노란색이 채도가 꽤 높은 편입니다. 노란색을 배경 컬러로 사용하게 되면 금세 눈에 피로가 와서 포트폴리오의 콘텐츠에 제대로 집중시키기 어려울 수 있습니다. 포트폴리오에 로고 컬러를 활용할 때는 배경이 아닌 개체에 적용할 것을 추천합니다.

다음은 배경 컬러를 연회색으로 활용하고 포인트가 되는 부분만 노란색을 넣어서 디자인 작업을 한 것입니다. 노란색 이미지를 활용한 후, 빈 공간에 목차를 작업합니다.

배경 컬러에 흰색과 다른 색을 고민해볼 수 있습니다. 채도가 높은 노란색을 흰색 배경과 함께 활용하면 대비가 강해질 수 있어 회색 배경을 활용합니다.

카카오페이의 경우 컬러는 노란색, 모양은 둥근 말풍선(카카오 로고) 모양입니다. 슬라이드의 세부 개체를 표현할 때 원과 둥근 사각형을 함께 활용하여 전체적인 디자인 콘셉트를 유지합니다.

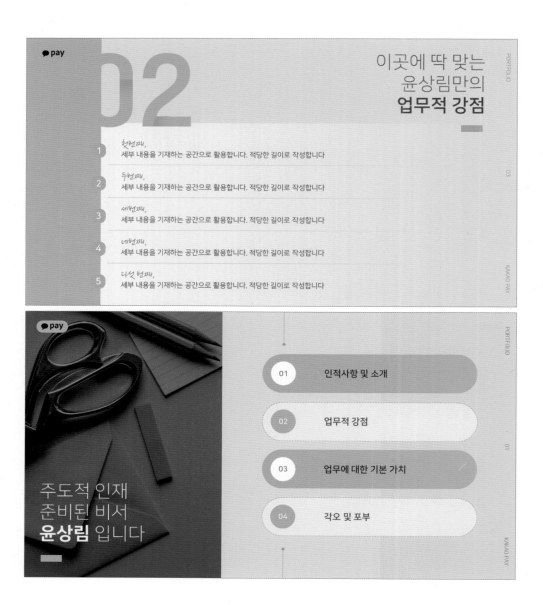

## SK 계열사 포트폴리오 디자인

SK 계열사에 지원하는 포트폴리오 예를 살펴보겠습니다. 특정 기업에 지원하는 경우에 어떤 문구를 사용해야 할지 고민일 수 있습니다. 회사 홈페이지에 접속해 슬로건 및 채용 인재 등의 카테고리를 살펴보면 회사의 지향점을 파악할 수 있습니다. 여기서는 홈페이지를 참고하여 '여러분의 꿈을 표현하고 디자인할 수 있도록 노력하는 윤피티입니다'라는 문구를 만들었습니다. 표지에서 빨간색과 주황색을 옅은 그라데이션으로 보여준 후 빨간색으로 텍스트 및 포인트를 만듭니다. SK 계열사 기업 홈페이지에 접속해보면 사각형도 둥근 사각형으로 선택하면서 부드러운 느낌을 표현하고 있습니다.

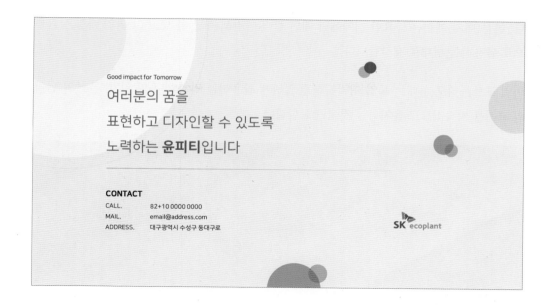

설명은 도형 안에 넣어주면 훨씬 정갈한 느낌을 전달할 수 있습니다. 이때 텍스트가 들어가는 도형의 크기는 동일하게 만듭니다. 각 키워드가 모두 동일 선상(병렬형 내용)에 있기 때문에 네 개의 도형을 모두 같은 크기로 표현해주면 깔끔합니다.

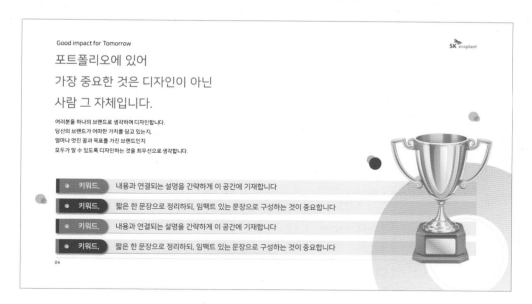

## LG 포트폴리오 디자인

다음 예는 LG에 지원하는 포트폴리오입니다. LG 로고의 컬러를 활용하여 색상을 설정합니다. 이때 LG 로고의 빨간색 계열을 많은 슬라이드에 넓게 활용하면 눈이 피로할 수 있습니다. 본문(내지)에서는 중요한 개체에만 메인 컬러(빨간색 계열)를 넣고 그 외의 배경은 흰색으로 활용하는 형태로 제작합니다.

이런 포트폴리오 형태는 목업 이미지를 동일하게 활용하는 것과 제목의 위치, 폰트의 위치와 크기를 지속적으로 유지하는 것이 중요합니다.

다음 슬라이드를 확인합니다. 왼쪽 상단에는 텍스트를 입력하고 오른쪽 하단에는 목업 이미지를 배치합니다. 이직을 준비중이라면 경력 위주의 내용이 담긴 포트폴리오를 구성하는데, 이처럼 목업 이미지를 활용하면 깔끔한 포트폴리오를 제작할 수 있습니다.

## 현대 계열사 포트폴리오 디자인

현대백화점 식품관으로 지원하는 포트폴리오 예입니다. 현대백화점 로고는 청록색, 검은색, 주황색 세 개의 컬러로 이루어져 있습니다. 식품관이라는 키워드를 생각했을 때 세 개의 컬러 중에서 적합한 컬러는 청록색입니다. 지원 직무를 마케터로 가정하면 분석력, 공감능력, 책임감과 같은 키워드를 사용합니다. 마케터와 어울리는 컬러도 신뢰감을 줄 수 있는 청록색이 적합합니다.

**예제 실습 ▶** **특정 기업 지원 포트폴리오 디자인하기**

특정한 기업에 지원하는 포트폴리오를 제작할 때는 해당 기업의 로고나 컬러 등 참고할 요소들이 많아 톤앤매너 설정이 가능합니다. 기업의 홈페이지를 참고하여 작업을 하면 보다 많은 요소를 활용할 수 있어 작업물을 보는 사람에게 보다 직관적이고 신뢰를 줄 수 있습니다.

준비 파일  특정회사지원.pptx
완성 파일  특정회사지원_완성.pptx

**01** **두 가지 색 이상의 로고 컬러를 이용하여 배경 컬러 설정하기** ① 준비 파일을 엽니다. ② 표지에 포트폴리오 텍스트를 입력합니다.

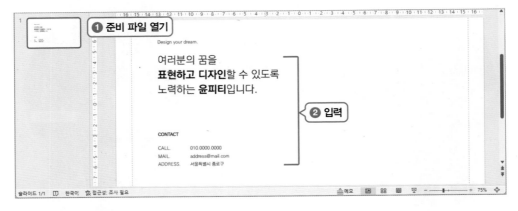

TIP 예제 파일에는 기업의 로고는 삽입하지 않았습니다. 실습에 참고만 합니다.

**02** ① 배경을 마우스 오른쪽 버튼으로 클릭하고 [배경 서식]을 선택합니다. ② [배경 서식] 작업 창에서 [그라데이션 채우기]를 선택하고 ③ 그라데이션 중지점 네 개 중 가운데 두 개를 삭제합니다. ④ 오른쪽 하단에 지원하는 회사의 로고를 삽입합니다.

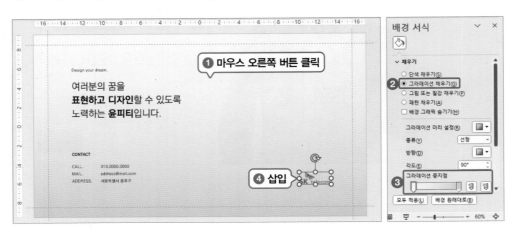

TIP 해당 실습에서 SK telecom 회사 로고는 https://www.sktelecom.com/view/introduce/brand.do에서 다운로드합니다. 원하는 회사에 대한 로고를 검색하여 직접 다운로드해 실습을 진행합니다.

**03** ①왼쪽 그라데이션 중지점을 선택하고 ②[색]–[스포이트]를 클릭해 ③로고의 빨간색 부분을 클릭합니다. ④마찬가지로 오른쪽 그라데이션 중지점을 선택하고 [색]–[스포이트]를 클릭해 로고의 주황색 부분을 클릭합니다. 자연스러운 그라데이션이 연출됩니다.

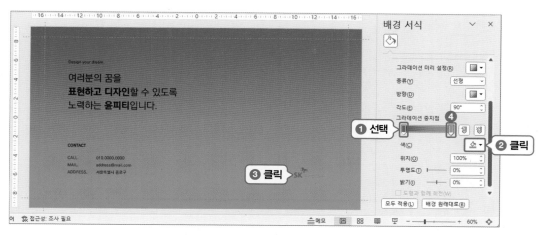

TIP 만약 로고 컬러가 세 개 이상이라면 넓은 면적을 차지하고 있는 두 개의 컬러로 설정합니다.

**04** ①두 중지점의 [투명도]를 **90%**로 설정합니다. ②그라데이션 방향을 **45°**로 설정하여 대각선의 그라데이션 방향을 만듭니다.

**05** 폰트 컬러를 변경하고 선과 도형들을 삽입하여 슬라이드를 완성합니다.

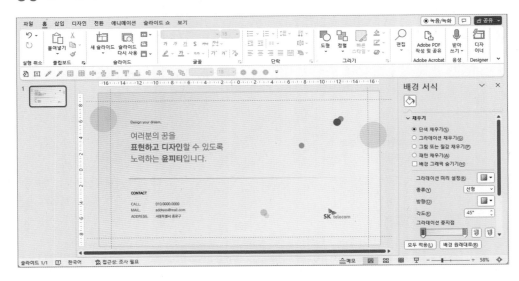

**06 단색 로고 컬러를 이용하여 배경 컬러 설정하기** 2번 슬라이드를 선택합니다. 앞의 실습과 동일하게 표지에 개체들을 삽입합니다. 단색의 로고를 배치합니다.

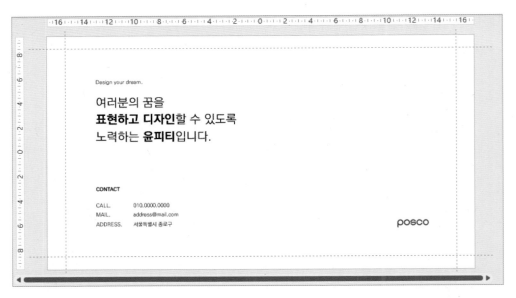

> **TIP** 해당 실습에서 posco 로고는 https://www.poscoenc.com:446/ko/about_us/ci.aspx에서 다운로드합니다. 원하는 회사에 대한 로고를 검색하여 직접 다운로드해 실습을 진행합니다.

> **TIP** 예제 파일에는 기업의 로고는 삽입하지 않았습니다. 실습에 참고만 합니다.

**07** [배경 서식] 작업 창에서 [그라데이션 채우기]를 선택합니다. ①그라데이션 중지점 두 개 중에서 왼쪽의 중지점은 로고와 동일한 컬러로 설정합니다. ②오른쪽의 중지점은 로고와 다른 컬러로 설정합니다. 오른쪽 중지점의 컬러를 고를 때는 먼저 오른쪽 중지점도 왼쪽 중지점과 같은 컬러로 설정합니다. 그런 다음 [색]–[다른 색]을 클릭하고 색상표에서 [현재 색]의 좌우에 있는 컬러 중에 원하는 컬러를 고릅니다.

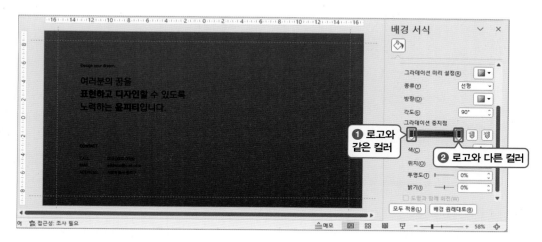

**08** ①[각도]를 45°로 설정하고 ②두 그라데이션 중지점 모두 [투명도]를 90%로 설정합니다.

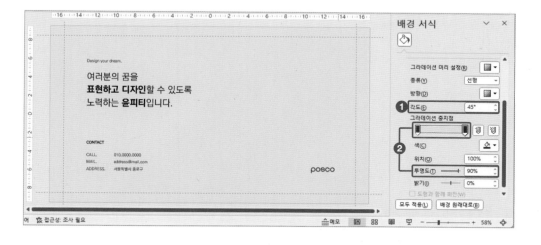

**09** 선과 도형을 활용하여 슬라이드를 완성합니다.

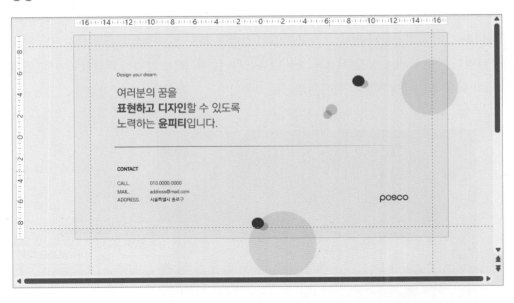

**10** **포트폴리오 내지 기본형 만들기 A** 새 슬라이드를 열고 다음과 같이 안내선을 배치합니다. 안내선에 맞춰 제목, 로고, 거버닝 메시지를 입력합니다.

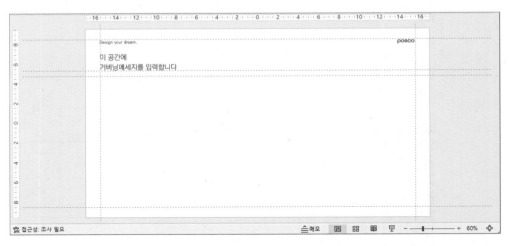

**TIP** 해당 실습에서 posco 로고는 https://www.poscoenc.com:446/ko/about_us/ci.aspx에서 다운로드합니다. 원하는 회사에 대한 로고를 검색하여 직접 다운로드해 실습을 진행합니다.

**11** ①슬라이드 상단에 슬라이드의 가로 폭에 맞는 긴 사각형을 삽입합니다. ②사각형은 로고 컬러로 설정합니다.

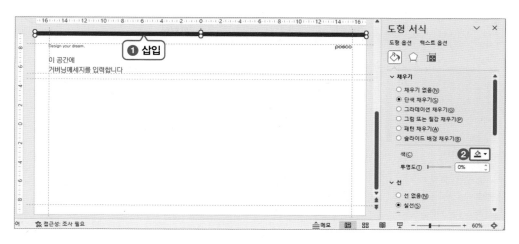

**12 포트폴리오 내지 기본형 만들기 B** 10의 '포트폴리오 내지 기본형 만들기 A'를 복제합니다. ①슬라이드 상단에 가로로 긴 사각형을 삽입합니다. ②사각형을 선택한 상태에서 [색]−[스포이트]를 클릭한 후 ③기업 로고를 클릭하면 로고 컬러를 활용할 수 있습니다. ④ [투명도]는 **95**로 설정합니다.

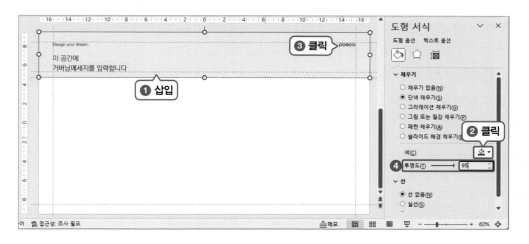

**13** [색]–[다른 색]을 클릭하고 [색] 대화상자에서 컬러 바를 위로 올려 명도를 낮춥니다. 파스텔 톤으로 컬러를 설정합니다.

**14** ①사각형이 선택된 상태에서 [도형 서식] 작업 창의 [그림자]–[바깥쪽]–[오프셋: 오른쪽 아래]를 선택합니다. ②[투명도]는 **85%**, [흐리게] **10pt**로 설정하여 은은하게 그림자가 생기도록 합니다.

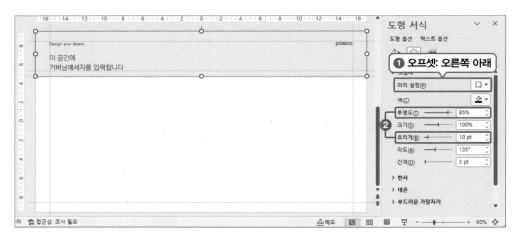

**15** 슬라이드의 오른쪽 상단에 키워드를 입력합니다. 거버닝 메시지보다 작은 크기로 입력합니다. 간단한 내지 슬라이드가 완성되었습니다.

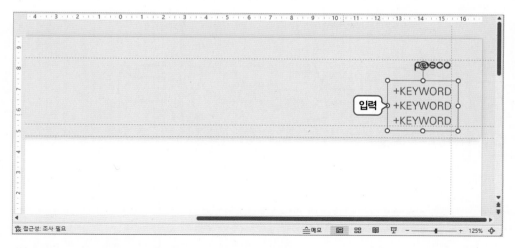

**TIP** 키워드를 슬라이드 오른쪽 상단에 배치하면 빈 부분을 채울 수 있어 전체적으로 조화를 주는 데 도움이 됩니다. 또한, 주요 키워드가 상단에 있으면 강조 효과를 줄 수 있습니다.

# CHAPTER 03

# 브리핑 자료(발표 자료) 콘텐츠 제작

브리핑 혹은 발표 자료는 업무 보고부터 경쟁 입찰 프레젠테이션까지 정말 다채로운 형태가 많이 있습니다. 이와 같이 스피치를 함께 하는 자료들을 제작할 때 가장 어려워하는 부분은, 크기를 어떻게 설정해야 멀리서도 잘 보일지, 어떻게 표현해야 작업물을 보는 사람들에게 효과적으로 전달할 수 있을지입니다.

이번 장에서는 스피치를 함께 하는 자료들을 제작할 때 도움이 될 수 있는 내용들로 구성했습니다. 앞 장에 이어서 보다 세부적인 내용을 다루며, 전환 및 애니메이션을 활용하는 예제를 다룹니다. 많은 연습을 해보길 권합니다.

PROJECT

# 01

# 간결한
# 표 디자인

표는 많은 데이터를 내포하고 있습니다. 내용이 동일하더라도 시각적으로 보이는 부분이 복잡하면 내용 또한 복잡해 보이고 이해가 어려울 수 있습니다. 이런 이유로 간결한 표 디자인이 필요합니다.

**템플릿 디자인** **정보 전달에 초점을 둔 표 디자인**

조사된 자료들, 분석이 된 데이터를 정리하는 데 있어 가장 많이 활용하는 방법은 표입니다. 기본 디자인의 표는 제작을 하다 보면 굉장히 투박해서 시각적으로 봤을 때 흥미를 일으키거나 정보 전달이 명확하게 되지 않는 경우가 있습니다.

여기서 배울 표 디자인의 다양한 예를 꼭 기억하고 여러 번 실습해본 후에 사업계획서, 보고서 등에 활용해봅니다.

## 두 번째 소제목을 입력하세요
설명을 간략하게 작성해주세요

사진에 대한 설명을 작성하세요     사진에 대한 설명을 작성하세요     사진에 대한 설명을 작성하세요

| 모임 회차 | 일자 | 모임인원 | 할일 |
|---|---|---|---|
| 1회차 | - | 팀장 / 팀원1 / 팀원2 | 통상명 & 파트분배 |
| 2회차 | - | 팀장 / 팀원2 | 자료조사 및 정리 |
| 3회차 | - | 팀원1 / 팀원2 / 팀원3 | 피피티 제작 및 발표연습 |
| 4회차 | - | 팀장 / 팀원1 / 팀원2 / 팀원3 | 팀 발표 전최종 리허설 |
| 팀발표일 | - | | |

다음은 가장 많이 활용하는 표 디자인의 예입니다. 맨 위에 있는 줄은 색 채우기가 되어 있고 그다음 줄부터는 좀 더 옅은 색과 더 옅은 색이 번갈아가며 칸을 채우고 있습니다. 이렇게 표현한 이유는 범례와 본문 내용을 구분하기 위해서입니다. 또 왼쪽과 오른쪽 끝에 테두리 선이 없습니다. 양끝에 테두리 선이 있다면 표가 답답하게 보일 것입니다.

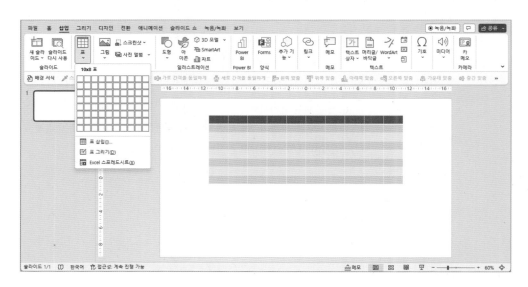

최근에는 표의 양끝에 테두리 선이 없는 표 디자인을 많이 활용합니다. 표 기능은 [삽입] 탭-[표] 그룹-[표]에서 활용합니다. 원하는 행의 개수, 열의 개수를 설정해서 표를 만듭니다. 표를 만들게 되면 기본 디자인이 나타나는데 여기서 설정을 몇 가지만 바꿔줘도 깔끔하고 정돈된 표를 만들 수 있습니다. 다음 실습에서 가장 많이 활용하는 표를 디자인해보겠습니다.

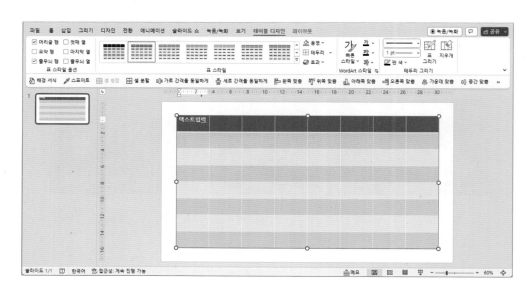

기본 디자인의 표에 텍스트를 입력하면 셀의 중앙에 텍스트가 정렬되지 않고 왼쪽 정렬됩니다. 표 안의 텍스트 위치가 모두 이렇게 왼쪽으로 치우쳐 있다면 정돈되지 않은 느낌이 듭니다. 다음 실습을 따라 하며 깔끔하고 정리된 표를 만듭니다. 파워포인트를 실행하고 새 슬라이드에서 실습을 진행합니다.

준비 파일 **없음**

**01** ①[삽입] 탭-[표] 그룹-[표]를 클릭하고 **8×8** 표를 만듭니다. ②셀 전체를 드래그하여 선택한 뒤, ③[레이아웃] 탭-[맞춤] 그룹에서 [가운데 맞춤], [세로 가운데 맞춤]을 클릭합니다. ④첫 번째 셀에 임의로 텍스트를 입력합니다.

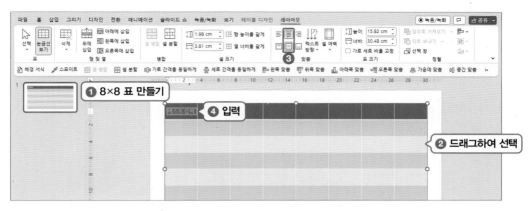

**TIP** 긴 텍스트를 입력할 경우에는 [왼쪽 맞춤], 숫자를 입력할 경우에는 [오른쪽 맞춤]을 많이 활용합니다.

**02** ①셀을 드래그하여 전부 선택하고 ②[테이블 디자인] 탭-[표 스타일] 그룹-[테두리]의 아래 화살표를 클릭합니다. ③[위쪽 테두리]를 선택합니다.

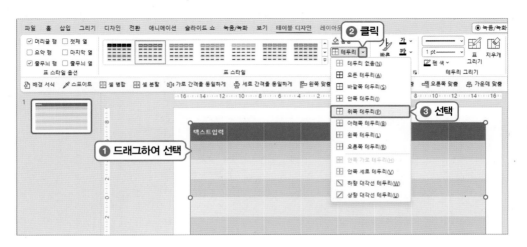

**03** ①1열 1행에 **구분**을 입력합니다. ②1행을 드래그하여 선택하고 ③메인 컬러로 설정합니다. 여기서는 보라색을 메인 컬러로 하였습니다. ④[투명도]를 **80%**로 설정합니다.

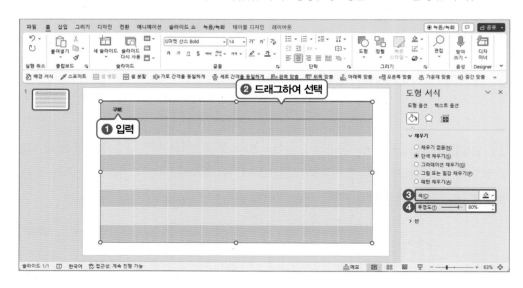

**04** 1행이 선택된 상태에서 ①[테두리 그리기] 그룹-[펜 색]에서 보라색 계열을 선택하고 ②[펜 두께]는 **1.5pt**로 설정합니다.

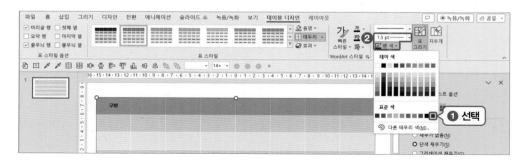

**05** 다시 [표 스타일] 그룹에서 [위쪽 테두리], [아래쪽 테두리]를 선택합니다. 1행의 위아래에 보라색 선이 생겼습니다.

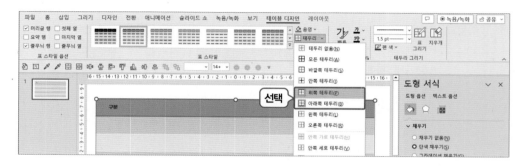

**06** 내용이 들어가는 셀은 행마다 색상을 다르게 설정합니다. ①2행을 드래그하고 [단색 채우기]에서 흰색으로 설정합니다. ②3행은 연회색으로 설정합니다. 아래 모든 행에 흰색과 연회색을 번갈아가며 설정합니다.

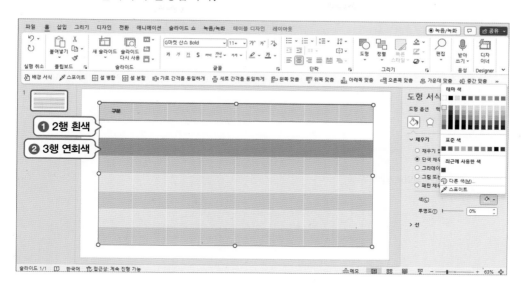

**07** ①표의 맨 아래에 있는 8행을 드래그하여 선택하고 ②[테이블 디자인] 탭-[표 스타일] 그룹-[테두리]의 아래 화살표를 클릭하고 ③[아래쪽 테두리]를 선택합니다.

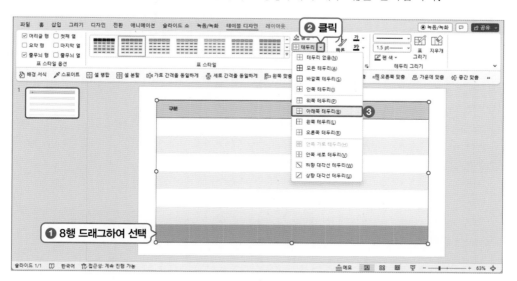

**TIP** 표의 맨 아래에 테두리가 없으면 표가 잘린 것처럼 보입니다. 표 아래에 테두리를 넣어서 깔끔하게 마무리합니다.

**08** ① 표 안에 임의의 텍스트를 입력합니다. ② 세로로 배열되는 텍스트 중에서 구분을 줘야 하는 1열의 텍스트는 1행의 텍스트와 동일한 컬러, 폰트 크기로 설정합니다. 깔끔하게 정돈된 표가 완성됩니다.

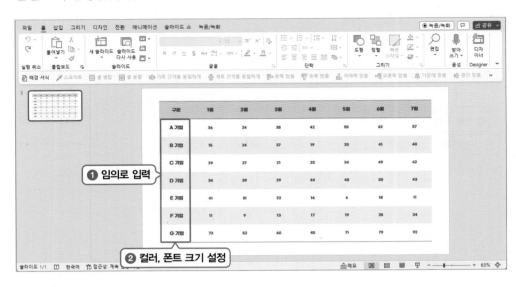

---

### 윤피티의 팁!  표를 시각적으로 간결하게 표현하는 방법

보통 표에서 컬러나 선을 사용하여 셀을 구분하는데 이 두 방법 중 한 가지를 활용하는 것이 좋습니다. 표는 숫자와 텍스트가 많은 콘텐츠입니다. 시각적으로 복잡하고 답답하게 보이면 표를 보는 데 부담스럽고 집중력도 저하됩니다. 최대한 간결하게 표현될 수 있도록 셀의 구분은 컬러나 선 둘 중 하나로 합니다.

| 구분 | 1월 | 2월 | 3월 | 4월 | 5월 | 6월 | 7월 |
|---|---|---|---|---|---|---|---|
| A 기업 | 36 | 24 | 38 | 42 | 55 | 62 | 57 |
| B 기업 | 15 | 24 | 37 | 19 | 33 | 41 | 40 |
| C 기업 | 29 | 27 | 21 | 33 | 34 | 49 | 62 |
| D 기업 | 34 | 39 | 29 | 44 | 48 | 30 | 43 |
| E 기업 | 41 | 31 | 22 | 16 | 6 | 18 | 11 |
| F 기업 | 11 | 9 | 13 | 17 | 19 | 25 | 34 |
| G 기업 | 73 | 52 | 60 | 45 | 71 | 79 | 92 |

▲ 컬러로 셀 구분

| 구분 | 1월 | 2월 | 3월 | 4월 | 5월 | 6월 | 7월 |
|---|---|---|---|---|---|---|---|
| A 기업 | 36 | 24 | 38 | 42 | 55 | 62 | 57 |
| B 기업 | 16 | 24 | 37 | 19 | 33 | 41 | 40 |
| C 기업 | 29 | 27 | 21 | 33 | 34 | 49 | 62 |
| D 기업 | 34 | 39 | 29 | 44 | 48 | 30 | 43 |
| E 기업 | 41 | 31 | 22 | 16 | 6 | 18 | 11 |
| F 기업 | 11 | 9 | 13 | 17 | 19 | 25 | 34 |
| G 기업 | 73 | 52 | 60 | 45 | 71 | 79 | 92 |

▲ 선으로 셀 구분

다음 슬라이드를 살펴봅니다. 한 슬라이드에 차지하는 내용이 많습니다. 어떻게 디자인 작업을 하느냐에 따라서 간결하고 분명한 형태로 표현할 수 있고 그 반대가 될 수도 있습니다. 여기서는 방대한 양의 텍스트를 다음과 같이 표를 통해 간단히 구조화합니다.

첫 번째 표는 중소기업/중견기업/공기업/그 외 분류를 중앙에 두고 양쪽으로 설명을 입력합니다. 아래 공간에는 텍스트 내용이 많은 점과 표 디자인을 별도로 하기에 공간이 넓지 않아 기본 디자인의 표를 활용하여 정리합니다.

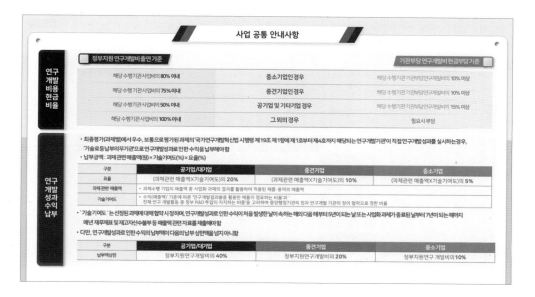

윤피티의 팁!    손 스케치로 작업 시간 단축하기

표로 내용을 정리하면 서술형으로 풀어서 설명하는 것보다 내용의 구조적인 부분을 쉽게 이해할 수 있습니다. 하지만 내용을 정확히 이해하지 못한 상태에서 표를 만들게 되면 오히려 내용 전달이 어렵습니다.

표로 구성을 하는 경우에는, 먼저 종이에 정리할 내용을 가볍게 스케치합니다. 손 스케치 작업이 귀찮을 수도 있지만 이런 과정 없이 바로 표 작업을 시작하면 중간중간 수정할 부분이 생겨 시간 소요가 많이 됩니다.

픽토그램을 활용한 디자인은 비어 보이는 공간을 채울 수 있어 슬라이드를 풍성하게 해줍니다. 픽토그램의 톤앤매너를 잘 맞춰주는 것만으로 전반적인 통일감을 줄 수 있어 적절하게 활용하는 것이 좋습니다.

다음 슬라이드를 살펴봅니다. 1행의 카테고리(지원대상, 예산, 지원내용, 선정규모)는 두 개의 사각형(둥근 위쪽 모서리)을 활용해 디자인합니다. 도형의 길이에 비해 텍스트가 짧은데, 이때 픽토그램을 활용하면 빈 공간의 허전함을 채울 수 있고 시선을 끌 수 있습니다.

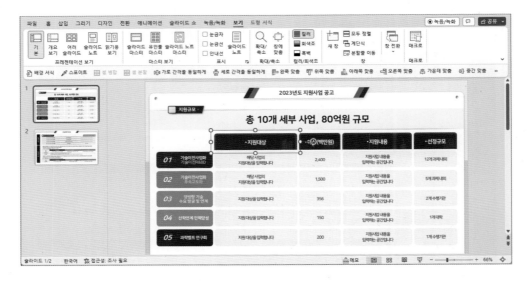

픽토그램을 삽입할 때 도형 밖으로 튀어나오는 부분은 자르기 기능을 통해 깔끔하게 정리합니다. 이때 삽입하는 픽토그램(아이콘)이 은은하게 보이도록 투명도를 조절해서 배치합니다. 꾸며주는 디자인 요소가 두드러지지 않고, 전달하고자 하는 내용이 우선시되어야 하기 때문입니다.

픽토그램을 찾는 데 다음의 사이트를 활용합니다.

### ① 플래티콘 | flaticon.com

1순위로 추천하고 싶은 사이트입니다. 검색 필터 기능이 잘 갖춰져 있어 PPT의 톤앤매너에 맞는 아이콘을 쉽게 찾을 수 있고 통일감을 줄 수 있습니다. 커스터마이징(customizing)이 필요하지 않을 정도로 퀄리티가 높은 편에 속하고 개인적인 용도(내부 과제, 보고서)로 사용하기에 적합합니다. 무료로 다운로드한 아이콘을 소셜 네트워크, 웹, 인쇄물 등에 활용했다면 어떤 형태로 활용되었는지 기재해줘야 추후 저작권 문제가 발생하지 않습니다.

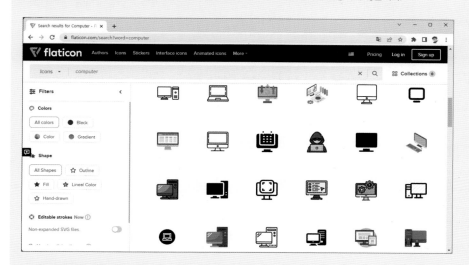

### ② 더나운프로젝트 | thenounproject.com

더나운프로젝트의 경우, 흑백의 이미지를 기본으로 하고 있습니다. 소셜 네트워크를 통한 로그인은 구글/페이스북 아이디를 통해서 쉽게 진행할 수 있습니다. 커스터마이징을 원한다면 별도의 비용을 지불해야 합니다. 개인적인 용도로 사용하는 것은 별다른 저작권에 문제가 없지만 상업적인 용도로 사용할 경우 반드시 라이선스를 구매해야 합니다.

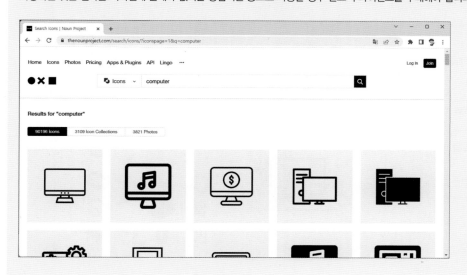

### ③ 아이콘파인더 | iconfinder.com

아이콘파인더는 소개한 사이트 중 가장 오래된 사이트입니다. 초기에는 아이콘만 제공하였으나 시간이 지남에 따라 다양한 디자인 소스를 제공하는 플랫폼으로 성장하였습니다. 아이콘뿐만 아니라 일러스트, 3D 일러스트, 스티커 등을 제공하고 있으며 검색 필터가 세분화되어 있어 원하는 결괏값을 쉽게 얻을 수 있습니다. 무료로 다운로드한 아이콘 중에 상업적인 용도로 사용 가능한 것들이 많지만, 그중에서도 작가가 기재해 놓은 이용 조건이 있을 수 있으니 반드시 확인하고 사용합니다.

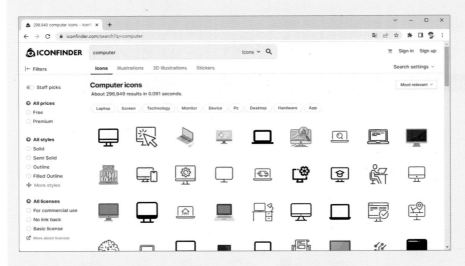

### ④ 프리픽 | freepik.com

프리픽의 경우, 플래티콘 사이트와 다른 라인업으로 같은 회사가 운영 중입니다. 과거에 플래티콘이 구축되기 전에는 아이콘을 검색할 때, 타사의 아이콘을 많이 노출하는 형태였지만 플래티콘이 구축되고 난 이후에는 아이콘과 관련해서는 타사보다는 자사 아이콘을 노출하고 있습니다. 프리픽은 아이콘뿐만 아니라 벡터, PSD 등 다양한 형식의 이미지를 제공하고 있어 조금 더 폭넓은 디자인 소스를 활용할 수 있습니다. 저작권과 관련한 사항은 플래티콘과 동일합니다.

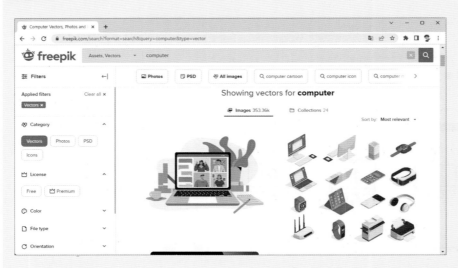

## 그라데이션 선을 활용하여 표 디자인하기

표의 테두리에 그라데이션 선을 활용할 수 있습니다. 테두리는 실선, 점선 등 여러 가지가 있지만 프리셋이 정해져 있다는 단점이 있습니다. 다양한 표현을 하고 싶다면 표에 테두리 선을 설정하지 않고 표 위에 표의 폭이나 높이에 맞는 선을 배치하여 사용합니다. 그라데이션 선을 활용하여 시각적으로 화려한 느낌을 줄 수 있습니다.

**준비 파일** 표 디자인.pptx
**완성 파일** 표 디자인_완성.pptx

**01** ①준비 파일을 엽니다. ②2번 슬라이드를 선택하고 상단에 있는 표를 선택합니다. ③ [테두리 그리기] 그룹에서 [테두리 없음]을 클릭합니다.

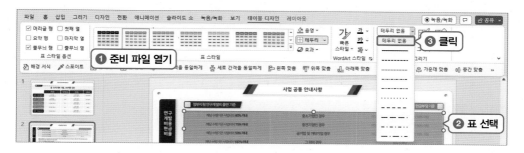

**02** ①표의 가로 길이와 동일한 길이의 선을 삽입합니다. 표의 상단과 하단에는 굵은 실선으로, 표 내부는 얇은 실선을 배치합니다. ②다섯 개의 선이 선택된 상태에서 [그라데이션 선]을 선택하고 ③회색으로 설정합니다. ④그라데이션 중지점 세 개의 [위치]를 각각 **0%**(투명도 100%), **50%**(투명도 0%), **100%**(투명도 100%)로 설정합니다.

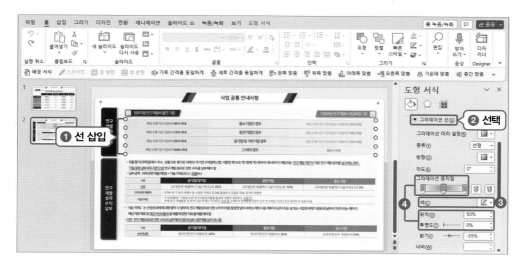

# 02

## 눈에 잘 띄는 그래프 디자인

그래프를 제작할 때 모든 데이터를 담아서 보여줄 필요는 없습니다. 프레젠테이션에 필요한 정보들만 추려내 깔끔하게 제작합니다. 작업물을 보는 사람들에게 명확히 전달될 수 있도록 시각적으로 또렷한 그래프를 제작하는 것이 중요합니다.

**템플릿 디자인**　　**변화 추이를 표현하는 그래프 디자인**

그래프는 변화 추이를 시각적으로 표현하기에 적합한 콘텐츠입니다. 많은 분류 내용을 담기보다는 중요한 데이터들의 변화 추이, 점유율 현황, 범례별 현황 등의 내용을 효과적으로 전달하기에 적합합니다. 인포그래픽의 형태를 활용하는 방법도 있지만 브리핑 자료에서는 직관적이고 깔끔한 형태의 그래프를 활용하는 것이 좋습니다.

### 직관적으로 비교해주는 막대그래프

막대그래프는 가장 단순하면서도 직관적인 형태의 그래프입니다. 막대그래프는 사업과 관련된 내용을 전달하는 데 있어서 빠질 수 없는 형태입니다. 변화 추이와 비교를 함께 활용할 수 있는 그래프입니다.

막대그래프를 만들 때 첫 번째로 고려해야 하는 것은 막대의 높이 차이가 뚜렷해야 한다는 것입니다. 막대그래프를 활용하는 이유가 비교 값을 직관적으로 전달하기 위해서인데 막대의 크기 혹은 길이로 비교가 명확히 되지 않으면 데이터의 숫자를 읽으면서 비교해야 하는 불편함이 있습니다. y축의 데이터 값을 잘 정해서 막대 간 비교가 명확하게 되도록 표현하는 것이 가장 중요합니다.

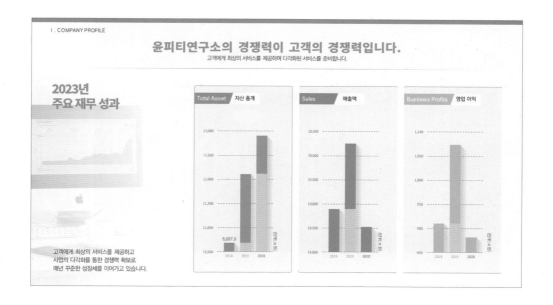

두 번째로 고려해야 하는 내용은 데이터의 필터링입니다. 그래프는 시각 자료의 특성상 한 없이 복잡해질 수 있습니다. 보여주고자 하는 내용이 무엇인지 정확히 판단하고 전달하고 자 하는 내용과 결론만 깔끔하게 정리합니다. 이를 위해서 그래프 작업 이전에 데이터 필터 링을 꼭 진행합니다.

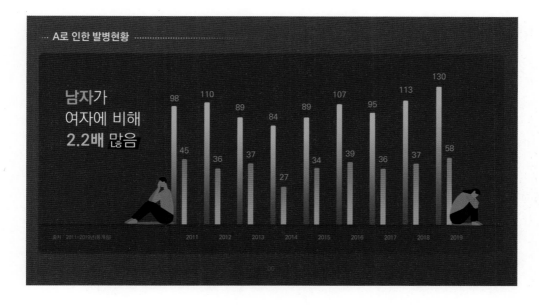

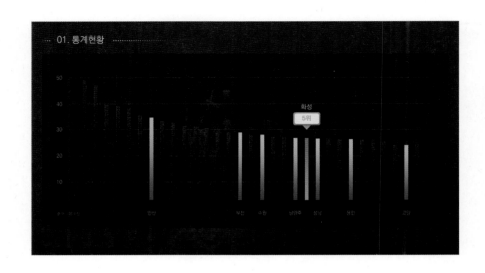

## 추이를 보여주는 꺾은선 그래프

꺾은선 그래프 또한 변화의 추이, 연속되는 내용들을 보여주기에 적합합니다. 꺾은선 그래프를 제작하다 보면 꺾이는 부분에 데이터를 입력해야 하는 경우가 있는데 선이 급격하게 꺾이면 숫자를 배치하기가 애매할 수 있습니다. 어떤 데이터는 선 위에, 다른 데이터는 선 아래에 배치되는 경우가 생기게 됩니다. 이렇게 작업하면 작업물을 보는 사람들이 불편합니다. 일반적으로 선 위에 데이터를 입력하되, 어느 정도 간격을 주고 데이터(텍스트)와 선의 색상을 동일하게 설정해주면 훨씬 깔끔하게 표현할 수 있습니다.

막대그래프와 꺾은선 그래프를 함께 사용하는 경우, 서로 겹치지 않도록 만들어야 전달력이 높아집니다.

**간단 실습** ▶ **그라데이션을 입힌 그래프 디자인하기**

그래프에 배치된 막대그래프에 그라데이션을 활용하면 고급스러운 느낌을 표현할 수 있습니다. 한 가지 컬러로 차이를 주었을 때보다 더욱 또렷한 차이를 만들 수 있습니다. 그라데이션을 사용할 때는 막대그래프가 효과적입니다.

준비 파일 그래프 디자인_1.pptx
완성 파일 그래프 디자인_1_완성.pptx

**01** ①준비 파일을 엽니다. ②막대그래프를 선택하고 [그라데이션 채우기]를 선택합니다. ③[각도]를 270°로 설정해 세로 그라데이션을 연출합니다. ④그라데이션 중지점 세 개의 [위치]를 **0%, 50%, 100%**에 배치합니다. **50%**와 **100%**에 위치한 중지점은 연한 파란색으로 설정하고, 0%에 위치한 중지점은 두 중지점보다 좀 더 짙은 파란색으로 설정합니다. ⑤ 0%에 위치한 중지점의 [투명도]는 **100%**로 설정하여 막대그래프 아래쪽은 옅고, 위로 올라갈수록 짙게 표현되도록 합니다. 막대그래프의 위쪽 부분을 뚜렷하게 보여주면서 강조할 수 있습니다.

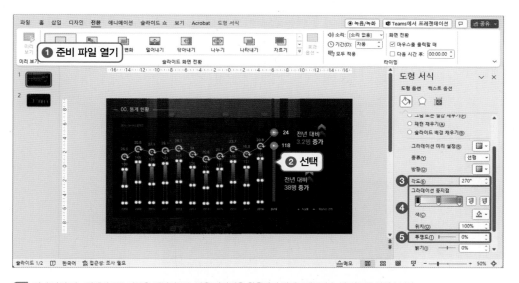

**TIP** 이 슬라이드는 전체적으로 어두운 배경이므로 밝은 파란색을 활용하여 막대그래프가 눈에 띄도록 하였습니다.

**02** ①맨 오른쪽 가장 높은 막대그래프를 선택하고 ②그라데이션 중지점의 [위치]를 **0%,
75%, 100%**로 설정합니다. 75%와 100%에 위치한 중지점은 왼쪽에 위치한 그래프에 적용
한 파란색보다 밝은 색으로 설정합니다.

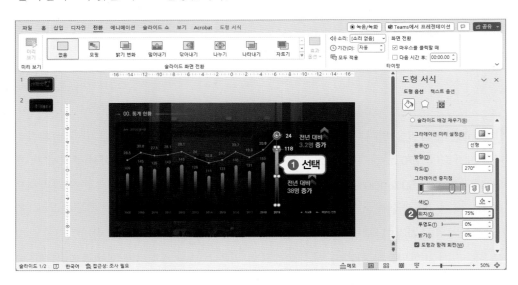

**03** ①1번 슬라이드를 복제하여 동일한 슬라이드를 만듭니다. ②차트가 있던 공간과 동일
한 크기의 둥근 사각형을 삽입하고 ③[도형 서식] 작업 창에서 [채우기]−[단색 채우기]를 선
택합니다. ④[색]은 검은색, [투명도]는 **25%**로 설정합니다.

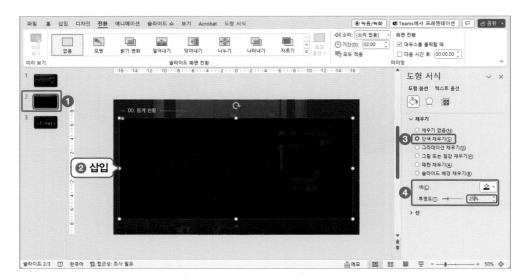

**04** ①강조가 필요한 개체들을 선택한 상태에서 마우스 오른쪽 버튼을 클릭해 ②[맨 앞으로 가져오기]를 선택합니다.

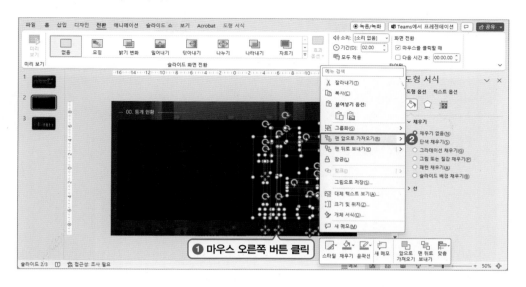

**05** 2번 슬라이드는 1번 슬라이드와 내용은 같지만 강조하는 부분은 다릅니다. 이렇게 두 가지 이상의 그래프를 함께 보여줄 경우, 같은 슬라이드를 하나 더 만들어서 앞의 슬라이드는 그대로 활용하고, 두 번째 슬라이드는 가장 강조할 부분만 나타냅니다. 시각적으로도 효과를 줄 수 있지만 작업물을 보는 사람들에게 중요한 정보를 강조할 수 있습니다.

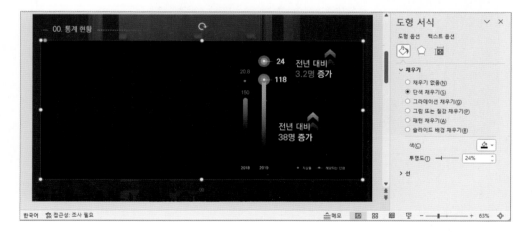

**06** 3번 슬라이드를 선택합니다. ①그래프에서 특정한 부분을 강조해야 할 때 그 부분만 컬러를 다르게 설정합니다. 눈에 띄는 차이를 주는 것만으로 원하는 정보를 충분히 전달할 수 있습니다. 여기에 더해서 막대가 얇은 경우는 ②막대 위에 말풍선 형태의 디자인을 활용하면 좀 더 확실하게 표현할 수 있습니다.

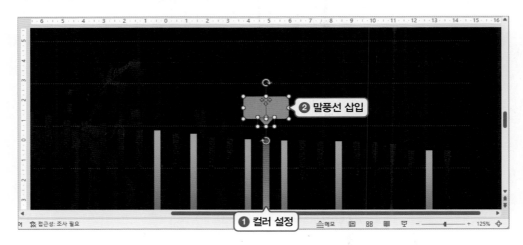

**07** ①말풍선 위에 흰색의 둥근 사각형을 삽입하고 ②그림자를 설정하면 완성입니다.

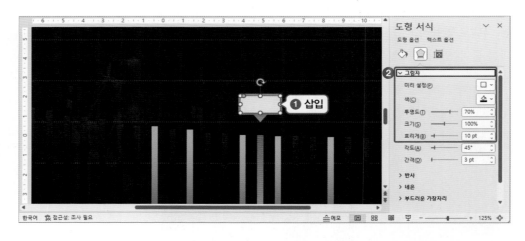

**08** 말풍선 안에 텍스트를 채워 데이터를 전달합니다. 이때 텍스트의 컬러는 막대그래프의 컬러와 동일하게 설정하면 통일감을 줄 수 있습니다.

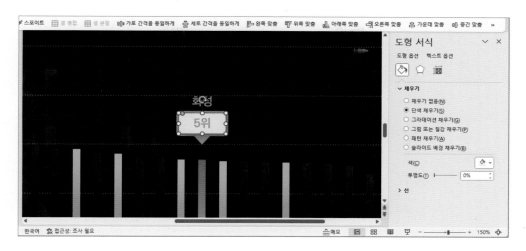

---

**간단 실습** ▶ **그라데이션을 입힌 인포그래픽 디자인하기**

---

일반적인 막대 및 꺾은선 그래프가 아니라 채우는 듯한 형태의 그래프도 만들 수 있습니다. 이번 실습에서는 지도 모양의 인포그래픽을 채우는 듯한 디자인을 해보겠습니다. 비율에 맞는 도형을 만들고, 그라데이션 설정으로 입체감을 표현해보겠습니다.

**준비 파일** 자유형 도형.pptx, 그래프 디자인_2.pptx
**완성 파일** 그래프 디자인_2_완성.pptx

**01** ①**자유형 도형.pptx** 파일을 엽니다. ②[삽입] 탭−[일러스트레이션] 그룹−[도형]에서 [자유형: 도형]을 선택합니다.

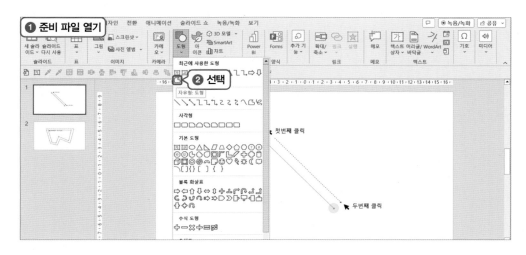

**02** 슬라이드에 표시된 내용대로 따라 해봅니다. 슬라이드 빈 곳을 클릭하고 다시 아래로 내려와서 빈 곳을 더블클릭합니다. 선이 만들어집니다.

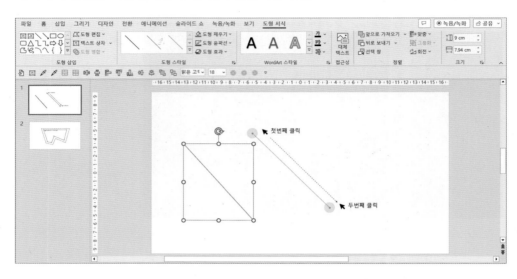

**03** 2번 슬라이드를 선택합니다. 점선을 따라 도형을 그립니다. 선으로 도형을 완성하는 기능입니다.

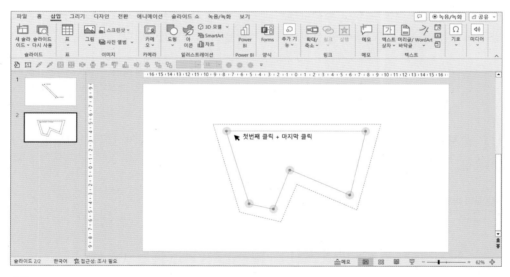

**TIP** 자유형 도형을 처음 활용한다면 처음에는 어색할 수 있습니다. 연습을 여러 번 해보길 바랍니다.

**04** 마지막 지점을 클릭하면 자유형 도형이 완성됩니다. 컬러는 자동으로 파란색이 적용됩니다.

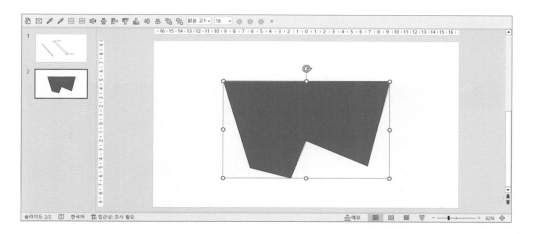

---

**윤피티의 팁!** **자유형 도형 수정하는 방법**

자유형 도형은 선으로 도형을 만드는 기능입니다. 처음 클릭한 지점을 마지막으로 클릭하면 도형이 됩니다. 처음 클릭한 지점으로 돌아오지 않고 더블클릭하면 선의 형태가 됩니다.

만들어진 선 혹은 도형을 수정해야 하는 경우 개체를 마우스 오른쪽 버튼으로 클릭한 뒤 [점 편집] 기능을 이용합니다. 또는 개체를 선택하고 [도형 서식] 탭-[도형 삽입] 그룹-[도형 편집]에서 [점 편집]을 클릭합니다.

---

**05** ①**그래프 디자인_2.pptx** 파일을 엽니다. ②지도 모양을 선택하고 ③[자유형: 도형]을 선택합니다.

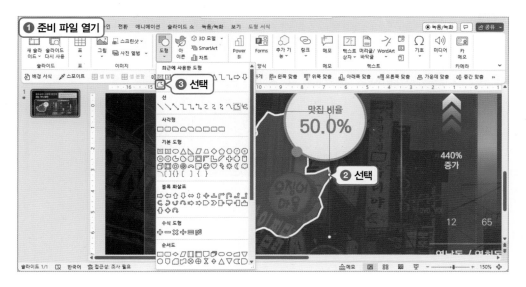

**06** 자유형 도형을 활용해서 서울 지도의 절반의 크기만큼 도형을 만듭니다. 지도 테두리를 따라 가면서 만들면 수월합니다.

**07** ①도형을 마우스 오른쪽 버튼으로 클릭하여 [도형 서식]을 선택합니다. [그라데이션 채우기]를 선택하고 그라데이션 중지점을 두 개만 남깁니다. ②다음과 같이 왼쪽 중지점은 짙은 주황색, 오른쪽 중지점은 좀 더 밝은 주황색으로 설정합니다. ③[각도]는 **90°**로 설정합니다.

**08** 지도를 선택하고 마우스 오른쪽 버튼을 클릭하여 [맨 앞으로 가져오기]를 선택합니다.
지도의 튀어나온 부분 등 안 맞는 부분을 가릴 수 있습니다.

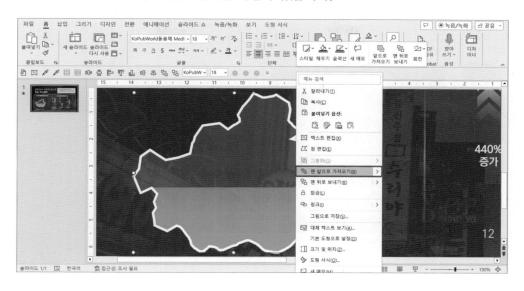

**09** ①[도형]-[기본 도형]-[타원]을 선택하고 ②자유형 도형 위에 가로로 긴 타원을 삽입합니다.

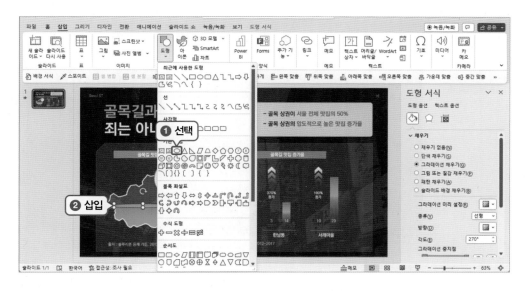

**10** 타원에 자유형 도형과 동일한 그라데이션을 적용합니다.

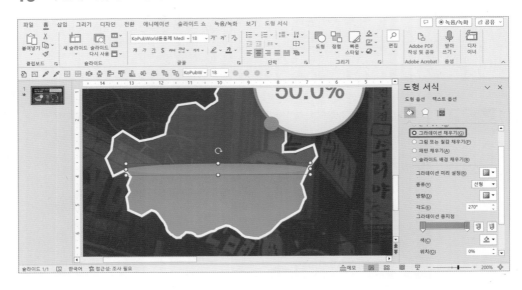

**11** 자유형 도형이 완성되었습니다. 이제 지도와 비교했을 때 튀어나온 부분을 수정합니다. [도형 서식] 탭-[도형 삽입] 그룹-[도형 편집]에서 [점 편집]을 클릭합니다.

**TIP** 또는 도형을 마우스 오른쪽 버튼으로 클릭하고 [점 편집]을 선택합니다.

**12** 자유형 도형을 만들 때 클릭했던 부분들이 검은색 점으로 나타납니다. 점을 움직여서 지도에 맞게 맞춰줍니다. 검은색의 점을 클릭하면 양쪽에 흰색 점이 나타납니다. 흰색 점은 선의 이동 경로를 표현해주는 기능입니다. 흰색 점을 움직이면 곡선을 만들 수 있습니다.

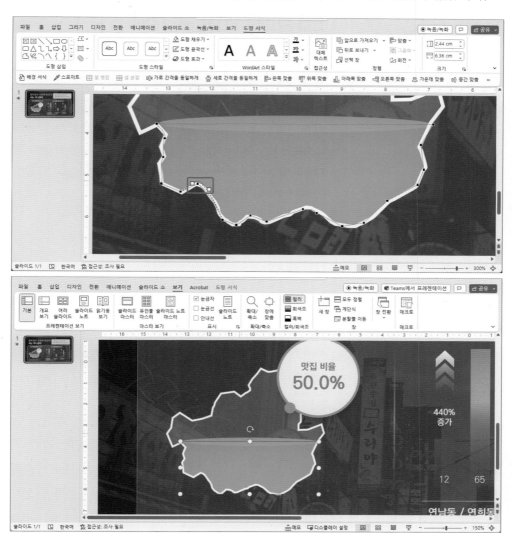

# 브리핑에 적합한 표지 디자인

브리핑 자료는 애니메이션과 동영상을 활용하여 작업물을 보는 사람들의 이목을 끄는 것이 중요합니다. 집중도를 높이는 다양한 방법들이 있지만 여기서는 손쉽게 만들 수 있는 표지 디자인을 연습합니다. 다양한 브리핑 상황에서 활용할 수 있습니다.

**템플릿 디자인**  **현장에서 활용하기 좋은 표지 디자인**

현장에서 활용하는 브리핑 자료의 경우 애니메이션과 동영상을 적극적으로 활용할 수 있습니다. 다양한 현장 환경이 있지만 규모가 크고 화려한 행사일수록 다른 곳에 시선이 뺏길 수 있어 표지에서 확실하게 이목을 끄는 것이 중요합니다.

표지 디자인은 대부분 정적인 형태지만, 애니메이션을 활용하게 되면 훨씬 더 화려한 느낌으로 표현할 수 있습니다. 단, 애니메이션을 활용하는 표지는 한두 가지의 애니메이션만 활용하게 되면 지루하고 촌스러운 느낌을 줄 수 있습니다. 여러 애니메이션을 활용할 수 있도록 합니다. 모든 개체들을 한 번에 나타나게 하는 것이 아니라 표지에서 전달해야 하는 정보 전달 순서와 시각적인 요소를 고려하여 애니메이션을 구성합니다.

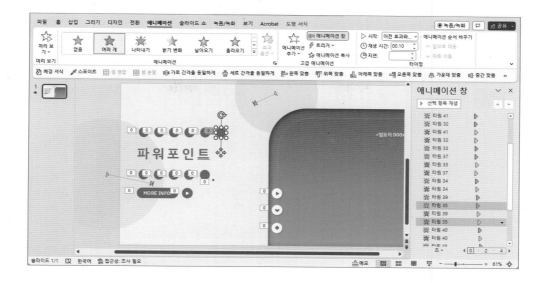

다음 슬라이드를 살펴봅니다. 동영상을 활용한 표지 디자인입니다. 동영상을 배경화면으로 사용하고 그 위에 간단한 도형 및 텍스트를 활용합니다. 이런 형태는 동영상에 텍스트를 많이 삽입하면 표지의 텍스트와 겹칠 수 있으니 주의합니다.

표지에서 동영상을 활용하는 경우, 애니메이션보다 훨씬 더 화려한 색감과 움직임을 보여줄 수 있다는 것이 장점입니다.

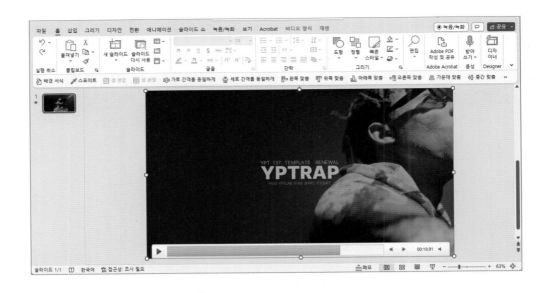

동영상을 활용할 때 동영상 위에 텍스트를 삽입할 수도 있고, 동영상에 그라데이션이 있는 도형을 활용하여 슬라이드의 일부에만 동영상을 나타나게 할 수도 있습니다. 동영상을 슬라이드의 배경에 삽입할 때 이미지라고 생각하고 활용하면 이해가 쉽습니다.

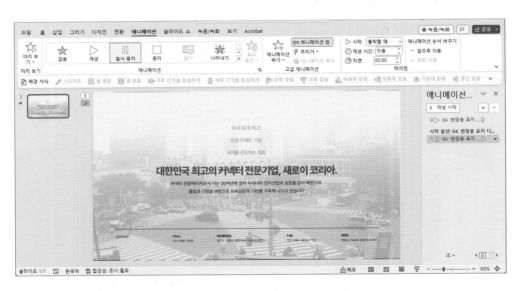

**간단 실습 ▶   애니메이션을 활용하는 표지 디자인**

애니메이션을 활용할 때 가장 중요한 것은 애니메이션의 순서입니다. 순서를 생각하지 않으면 슬라이드 쇼를 보았을 때 애니메이션이 두서없이 나타날 수 있습니다. 애니메이션 창에서 [재생 시작]을 활용하여 작업 틈틈이 애니메이션이 잘 정리되었는지 확인합니다.

준비 파일   현장용 표지 디자인1.pptx
완성 파일   현장용 표지 디자인1_완성.pptx

**01** ①준비 파일을 엽니다. ②투명도가 설정된 두 개의 원을 선택하고 ③[애니메이션] 탭-[애니메이션] 그룹-[선]을 클릭하여 애니메이션을 설정합니다.

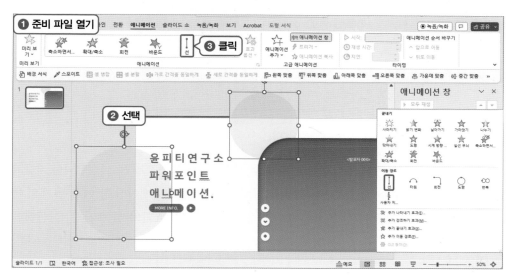

**TIP** [애니메이션] 탭-[고급 애니메이션] 그룹-[애니메이션 창]을 클릭하면 슬라이드 오른쪽에 [애니메이션 창]이 활성화됩니다. 이 작업 창에서 애니메이션 재생 순서를 확인할 수 있습니다.

**윤피티의 팁!   애니메이션 작업 능률을 올려 주는 소소한 팁**

화면이 작으면 애니메이션 타임을 보는 데 있어 어려움이 있습니다.

② 애니메이션을 설정할 때 [효과 옵션]을 눌러보면 애니메이션마다 제공하는 효과가 다르니 이것저것 잘 활용해봅니다.

③ 발표 자료를 제작하는 경우, 애니메이션 클릭 횟수를 최소한으로 설정합니다. 클릭 횟수가 많아지게 되면 발표에 맞게 타이밍이 딱 맞을 때는 완성도가 높아 보이지만 실수로 넘기거나 대본과 애니메이션을 완벽히 숙지하지 못하는 경우에는 오히려 어색하게 느껴질 수 있습니다.

**02** [애니메이션] 그룹의 [이동 경로] 옵션에서 애니메이션을 설정하면 도형이 위치한 자리에 초록색 점이 생기고 조금 더 투명한 도형에 빨간색 점이 생깁니다. 초록색 점은 시작 위치이며 빨간색 점은 도착 위치입니다. 빨간색 점을 드래그하여 도형의 도착 위치를 대각선 방향으로 옮깁니다.

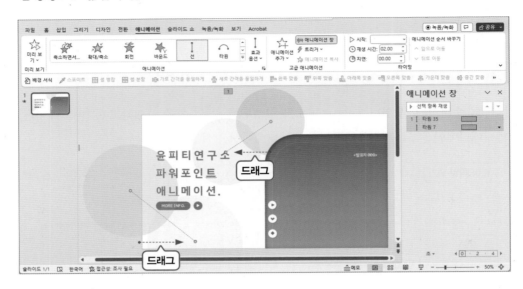

**03** ①[타이밍] 그룹에서 애니메이션의 [재생 시간]을 **05.00**(5초)으로 설정합니다. ②[고급 애니메이션] 그룹에서 [애니메이션 창]을 클릭합니다. ③[애니메이션 창]에서 두 개의 애니메이션을 선택하고 ④마우스 오른쪽 버튼을 클릭해 [이전 효과와 함께 시작]을 선택합니다.

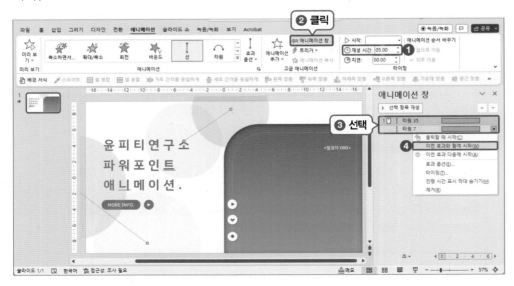

**04** ①텍스트 상자를 모두 선택하고 ②[애니메이션] 그룹의 [나타내기]를 클릭하여 일괄적으로 적용합니다.

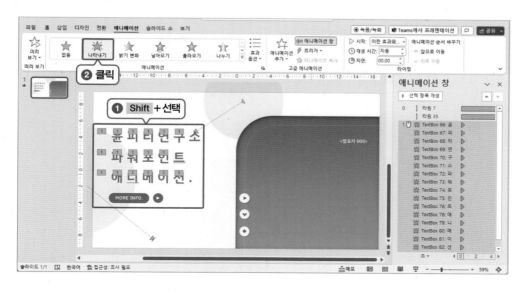

**05** ①오른쪽 하단에 있는 세 개의 아이콘을 선택하고 ②[애니메이션] 그룹의 [날아오기]를 클릭합니다.

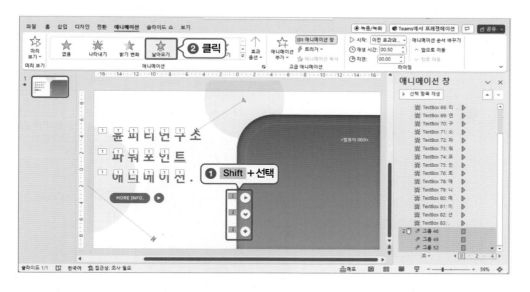

**06** 애니메이션 왼쪽에 있는 숫자의 의미는 이 슬라이드에서 몇 번 클릭했을 때 애니메이션이 실행되는가를 표현해주는 기능입니다. [0]이 되었다면 이 슬라이드가 실행되면 바로 적용되는 것입니다.

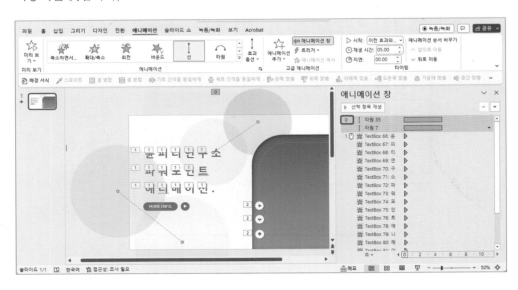

**07** ①[애니메이션 창]에서 타원 바로 아래에 있는 [나타내기] 효과를 준 애니메이션을 마우스 오른쪽 버튼으로 클릭합니다. ②[이전 효과와 함께 시작]을 선택합니다.

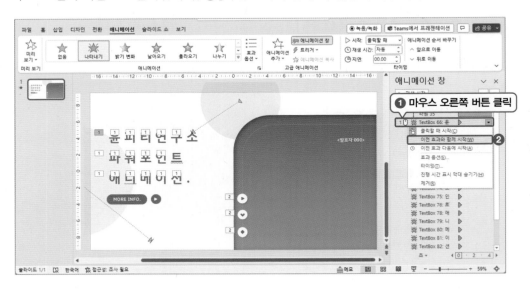

**08** ①다음과 같이 [나타내기] 효과를 준 텍스트 애니메이션을 임의로 세 개 선택합니다. ②[지연]을 **00.25**(0.25초)로 설정합니다. ③다시 [나타내기] 효과를 준 다른 텍스트 애니메이션을 세 개 선택하고 **00.50**(0.5초)으로 설정합니다. 이렇게 텍스트 애니메이션을 세 개씩 0.25초 단위로 순차적으로 나타나게 설정합니다.

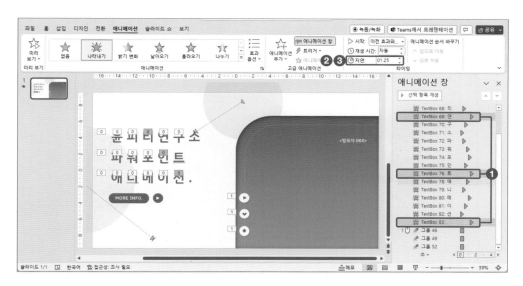

**09** ①[날아오기] 효과를 준 세 개의 애니메이션을 마우스 오른쪽 버튼으로 클릭합니다. ②[이전 효과와 함께 시작]을 선택합니다. 슬라이드가 실행되면 모든 애니메이션이 순차적으로 나타나게 됩니다.

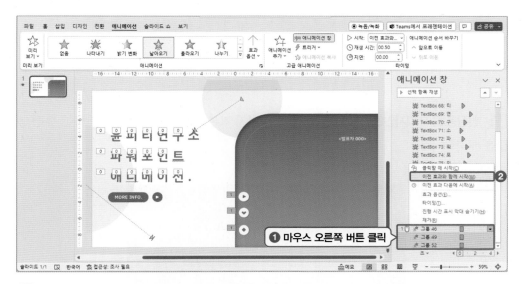

**TIP** 애니메이션 설정이 많으면 클릭 횟수도 늘어납니다. 이는 발표할 때 기억해야 할 부분이 많아져 부담스럽습니다. 클릭 없이 순차적으로 나타나게 하는 것이 프레젠테이션의 진행을 원활하게 해줍니다.

**10** ①[날아오기] 애니메이션 효과가 있는 세 개의 개체는 ②[지연]을 **01.00**(1초)으로 설정합니다. 앞서 텍스트 나타내기 효과가 진행하는 중에 표현될 수 있도록 설정해주면 완성입니다. ③[미리 보기] 그룹의 [미리 보기]를 클릭하여 확인합니다.

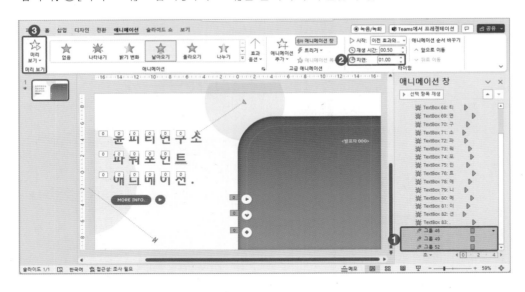

---

**간단 실습 ▶  동영상을 활용하는 표지 디자인**

동영상을 배경화면에 활용하는 표지 디자인은 동영상에 텍스트와 도형을 표현하는 형태로 제작할 수 있습니다. 동영상을 활용하기에 일반적인 표지보다 화려하다는 장점이 있어 프레젠테이션 시작에 확실한 이목을 끌 수 있습니다.

> **준비 파일**  현장용 표지 디자인2.pptx, 현장용 표지 디자인2 소스.mp4
> **완성 파일**  현장용 표지 디자인2_완성.pptx

**01**  **현장용 표지 디자인2.pptx** 파일을 엽니다. 먼저 기본적인 표지 디자인을 구성한 후 동영상을 배치합니다.

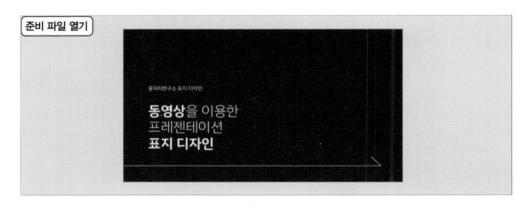

**02** ①[삽입] 탭-[미디어] 그룹-[비디오]를 클릭하여 **현장용 표지 디자인2 소스.mp4** 파일을 불러옵니다. ②불러온 동영상을 슬라이드에 맞게 배치하고 마우스 오른쪽 버튼을 클릭합니다. ③[맨 뒤로 보내기]를 선택해 텍스트와 선이 보이도록 합니다.

**03** 동영상을 클릭했을 때 나타나는 [재생] 탭-[비디오 옵션] 그룹-[시작]을 [자동 실행]으로 선택합니다.

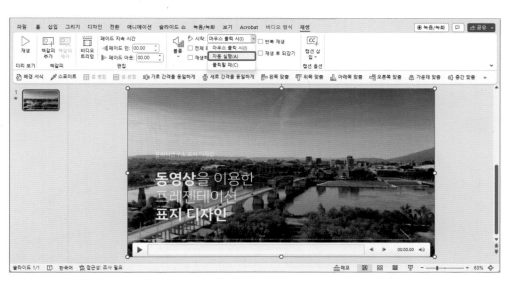

**TIP** 동영상을 지속적으로 재생시키고 싶을 때는 오른쪽의 [반복 재생]을 체크합니다.

**04** ①동영상 위에 직사각형을 삽입하고 [도형 서식] 작업 창에서 [그라데이션 채우기]를 선택합니다. ②[각도]는 0°로 설정하고 ③왼쪽 그라데이션 중지점의 색은 진한 파란색, [위치]는 **28%**, [투명도]는 **5%**로 설정합니다. ④오른쪽 그라데이션 중지점의 색은 청회색, [위치]는 **100%**, [투명도]는 **30%**로 설정합니다.

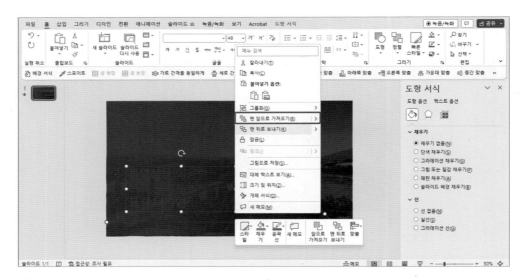

**05** 전체를 드래그하여 모든 개체를 선택합니다. 도형의 앞으로 와야 할 텍스트와 선만 남기고 Shift 를 누른 상태에서 나머지 개체를 선택합니다. [맨 앞으로 가져오기]를 선택합니다.

**TIP** 뒤에 가려진 개체를 선택하기 위해서 먼저 개체가 모두 포함되도록 드래그합니다. 모든 개체가 선택되었다면, Shift 를 누른 채 제외할 개체를 선택합니다. 원하는 개체만 선택되었다면 마우스 오른쪽 버튼을 클릭해 [맨 앞으로 가져오기]를 선택합니다.

**06** F5 를 눌러 슬라이드 쇼를 실행합니다. 동영상이 자연스럽게 재생됩니다.

간단 실습 ▶ **숫자 데이터 브리핑을 위한 애니메이션**

프레젠테이션에서는 한꺼번에 많은 데이터를 전달하는 것보다는 한 슬라이드를 활용하더라도 순차적으로 정보를 전달하는 것이 중요합니다. 애니메이션을 활용하여 프레젠테이션을 직관적으로 표현하면 작업물을 보는 사람들의 이해를 도울 수 있고, 순차적으로 정보를 전달할 수 있습니다.

준비 파일  브리핑용 애니메이션 1.pptx
완성 파일  브리핑용 애니메이션 1_완성.pptx

**01** ①준비 파일을 엽니다. ②다음과 같이 직사각형을 삽입하여 첫 번째 내용을 가립니다.

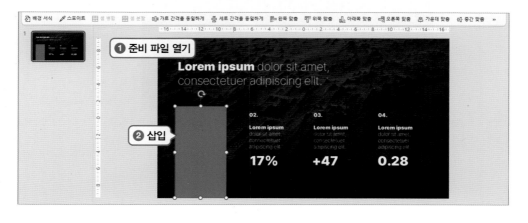

**02** ①직사각형에 [그라데이션 채우기]를 설정합니다. [각도]는 90°로 설정되어 있습니다. ②왼쪽 그라데이션 중지점은 흰색, [투명도]는 **80%**로 설정합니다. ③오른쪽 그라데이션 중지점은 흰색, [투명도]는 **100%**로 설정합니다.

**03** 나머지 텍스트에도 그라데이션 직사각형을 복사한 후 붙여 넣기를 합니다.

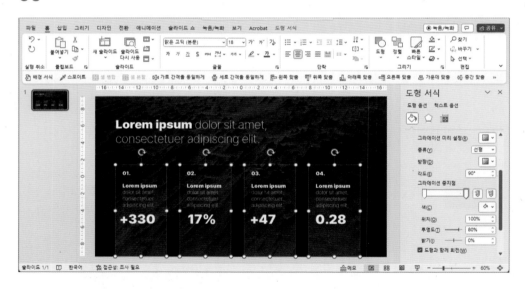

**04** ①텍스트를 모두 선택하고 ②마우스 오른쪽 버튼을 클릭해 [맨 앞으로 가져오기]를 선택합니다.

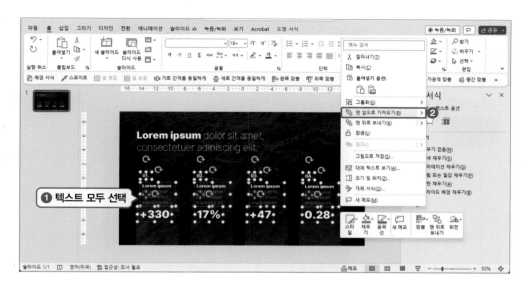

**05** ①다음과 같이 각 사각형 안에 있는 텍스트끼리 선택하고 ② Ctrl + G 를 눌러 그룹화합니다.

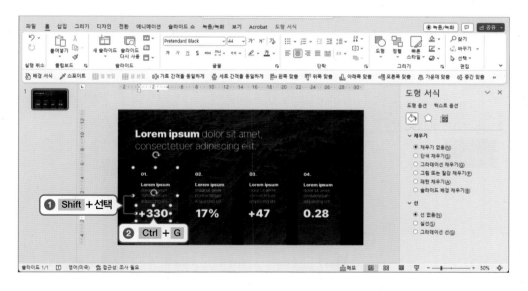

**06** ①왼쪽에 있는 도형을 선택하고 ②[애니메이션] 탭–[애니메이션] 그룹에서 [닦아내기]를 클릭합니다. ③[효과 옵션]을 클릭하고 아래쪽에서 올라올 수 있도록 [아래에서]를 선택합니다.

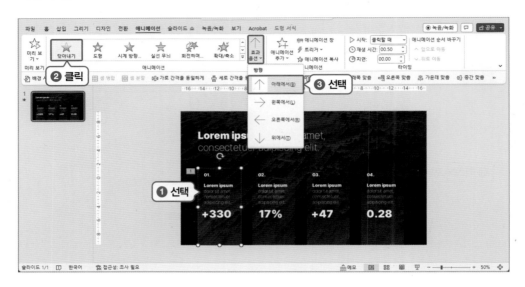

**07** ①왼쪽의 그룹화한 텍스트를 선택하고 ②[밝기 변화]를 클릭합니다. 이어서 옆에 있는 도형과 텍스트도 동일하게 애니메이션 효과를 설정합니다. ③네 개의 도형과 네 개의 그룹화한 텍스트의 애니메이션 설정이 끝났으면 [애니메이션 창]을 클릭합니다.

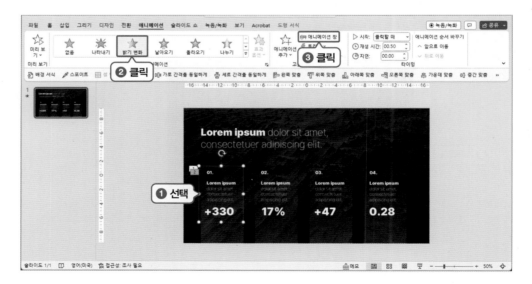

**08** [애니메이션 창]을 살펴보면 1~8번에 애니메이션이 적용되어 있는 것을 확인할 수 있습니다.

**09** [애니메이션 창]의 2, 4, 6, 8번의 애니메이션은 그룹화된 텍스트 애니메이션입니다. ① 이 애니메이션을 Ctrl 을 누른 채 모두 선택하고 ② 마우스 오른쪽 버튼을 클릭해 [이전 효과 다음에 시작]을 선택합니다. ③ F5 를 눌러 슬라이드 쇼를 실행합니다. 클릭을 할 때마다 도형과 텍스트가 하나의 단락이 되어 순차적으로 나타납니다.

**TIP** 이렇게 클릭을 할 때마다 애니메이션이 나타나면 발표 속도에 맞춰서 해당 내용을 표시할 수 있습니다. 프레젠테이션 현장의 분위기와 발표 속도에 따라 정보를 전달할 수 있습니다.

작업을 하다 보면 교재에서 보이는 것처럼 개체 이름이 동일하지 않고 다르게 보일 수 있습니다. 그 이유는 슬라이드에서 만들어진 개체 순서에 따라서 번호가 매겨지는 것이기 때문입니다. 작업자가 개체를 생성했다가 지웠다가 하는 과정을 계속 반복하게 된다면 개체 이름이 달라질 수 있습니다.

애니메이션 작업 시에는 개체가 많아서 복잡합니다. 중요한 개체를 구분하고 싶다면 [선택] 작업 창에서 개체 이름을 바꿀 수 있으니 잘 활용합니다.

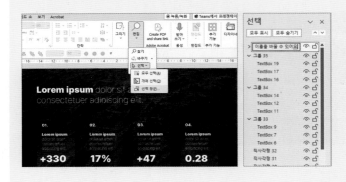

**간단 실습 ▶ 위치 데이터 브리핑을 위한 애니메이션**

위치와 데이터를 함께 표현하는 형태의 브리핑 애니메이션입니다. 마케팅이나 입점과 관련해서 브리핑하기에 적합한 형태입니다. 지도 이미지와 함께 사용하면 시각적으로 더욱 풍성한 느낌을 줄 수 있습니다.

준비 파일  브리핑용 애니메이션 2.pptx
완성 파일  브리핑용 애니메이션 2_완성.pptx

**01** ① 준비 파일을 엽니다. 지도 위에 핀 표시가 되어 있고, ② 다음과 같이 지도에 있는 핀 한 개와 오른쪽의 키워드, 설명, 텍스트 상자를 선택하고 그룹화합니다.

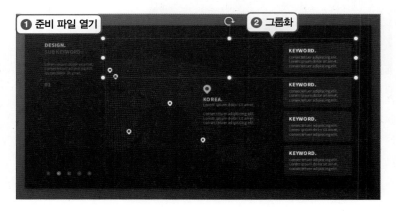

**02** KOREA를 제외하고 나머지 핀과 텍스트, 도형도 순차적으로 그룹화합니다.

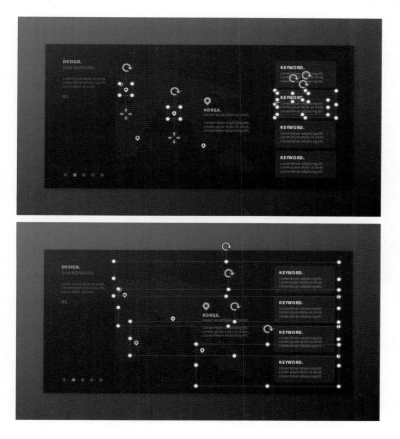

**03** ① 네 개의 그룹이 되면 그룹화된 도형을 위에서부터 아래로 순차적으로 선택한 뒤 ② [애니메이션] 탭의 [밝기 변화]를 클릭합니다.

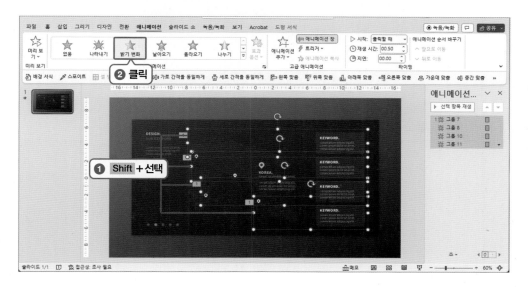

**04** ①[애니메이션 창]에서 네 개의 애니메이션을 모두 선택한 후 ②마우스 오른쪽 버튼을 클릭하고 [이전 효과 다음에 시작]을 선택합니다.

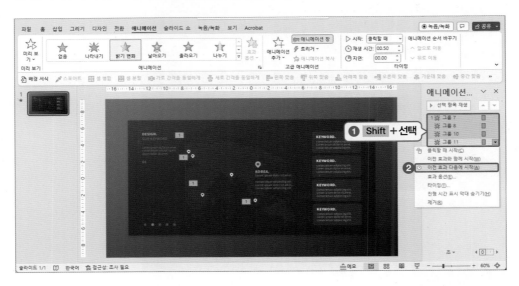

**05** [애니메이션] 탭-[타이밍] 그룹-[지연]을 **00.50**(0.5초)으로 설정하면 일괄적으로 0.5초씩 지연됩니다.

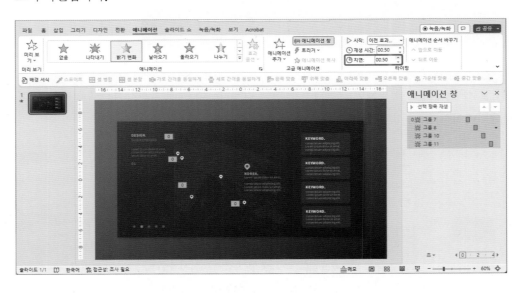

**06** ①노란색 핀과 KOREA, 하단의 텍스트를 함께 선택하고 그룹화합니다. ②그룹화한 도형이 선택된 상태에서 [애니메이션] 탭-[애니메이션] 그룹의 [올라오기]를 클릭합니다. ③[효과 옵션]에서 [서서히 아래로]를 선택합니다.

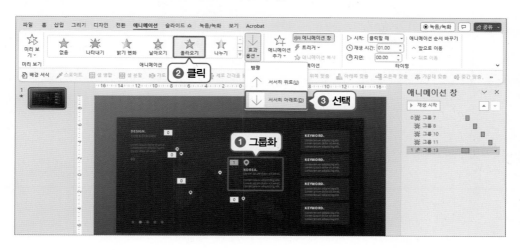

**07** F5 를 눌러 슬라이드 쇼를 실행합니다. 네 개의 효과가 먼저 나타난 후 클릭을 하면 노란색으로 표현된 핀과 KOREA 텍스트가 나타납니다.

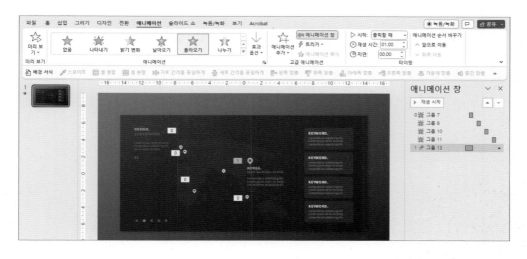

# CHAPTER 04

# 강의 자료(전달용 자료)

강의 자료는 교육생(피교육자)의 학습을 돕는 콘텐츠로, 정보의 전달을 목적으로 합니다. 정보를 전달하는 사람과 전달받는 사람이 갖고 있는 배경지식, 정보의 정도는 다를 것입니다. 그러므로 단조롭게 도식화하고 이해하기 쉽게 구조화하는 것이 중요합니다.

PROJECT

01

# 강의 자료 표지 및 내지 디자인

강의 자료는 간결한 형태를 띠는 것이 좋습니다. 강의 자료의 세부적인 디자인은 톤앤매너를 일관되게 설정해야 강의의 전반적인 분위기를 안정적으로 이끌어나갈 수 있습니다. 일례로 각진 도형을 활용하는 것보다 부드러운 느낌의 도형이 딱딱한 학습 분위기를 편안하게 전환해줄 수 있습니다. 다음 내용을 참고하여 강의 자료를 직접 만들어봅니다.

**템플릿 디자인**　**톤앤매너를 고려한 PPT 디자인**

톤앤매너의 중요성은 앞에서도 계속하여 강조한 부분입니다. 여러 슬라이드를 보여주는 특성상 통일감과 자연스러운 연속성이 중요합니다. 다양한 방법을 통해 톤앤매너를 고려한 PPT 디자인 작업을 해봅니다.

### 컬러를 활용하기

컬러를 활용한 강의 자료용 표지 디자인입니다. 대개 강의 자료에 활용되는 컬러는 한정적입니다. 일반적으로는 강의를 진행하는 곳(관련 업체)의 로고 컬러를 활용하거나 강의 내용에 어울리는 적절한 색감을 찾아 사용합니다. 하지만 강의 내용의 키워드가 특정한 컬러를 도출하기 어렵다면 붉은 계열보다는 파란 계열의 컬러를 쓰는 것이 좋습니다. 시각적으로 보다 안정감을 줄 수 있고, 눈의 피로감을 덜 수 있습니다.

다음은 컬러를 활용한 강의 자료용 내지 디자인입니다. 최근에는 채도가 높은 색을 배경 컬러로 많이 활용합니다. 작업물을 보는 사람들의 이목을 확실하게 끌 수 있고 분위기를 환기할 수 있습니다.

## 목차와 소제목 활용하기

목차와 소제목을 디자인한 슬라이드입니다. 표지 디자인 작업이 진행이 되고 나서 바로 본문으로 넘어가는 것이 아니라 다음과 같이 강의 내용을 순차적으로 알려줄 수 있는 목차를 만들어줍니다.

목차에 제시한 소제목을 각각의 슬라이드로 구성하여 각 장의 시작 전에 배치합니다. 작업물을 보는 사람들에게 하나의 장이 끝나고 다음 장으로 넘어가는 인지와 함께 분위기를 환기할 수 있습니다. 강의 진행 과정에 쉬는 구간을 만들어준다는 차원에서도 필요한 작업입니다.

## 여백 활용하기

강의 자료를 만들다 보면 여백이 생기게 되고 이 부분을 그대로 두면 밋밋하고 허전합니다. 이때 활용할 수 있는 방법은 배경 컬러에 그라데이션 효과를 주는 것입니다. 두 번째는 여백에 키워드 텍스트를 삽입하여 패턴처럼 표현하는 방법입니다. 세 번째는 도형 및 개체에 그림자 등의 서식을 활용하여 입체감(공간감)을 주는 방법입니다.

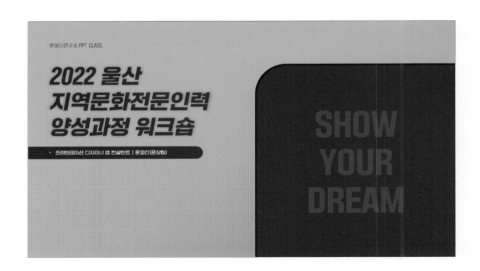

**템플릿 디자인**　**텍스트가 많은 강의 자료 디자인**

강의 자료 가운데 많은 텍스트를 담아야 하는 경우도 있습니다. 이때 가독성을 높이기 위해서 도형을 활용합니다. 도형 안에 텍스트를 입력하면 구조화된 느낌을 전달할 수 있고 내용도 깔끔하게 표현할 수 있습니다.

## 내용을 가로로 길게 배치하기

다음은 강의 자료의 기본 형태입니다. 상단에는 제목과 간단한 개요를 배치합니다. 하단의 본문 공간에는 도형과 함께 텍스트를 정리해서 배치합니다. 텍스트의 길이는 다를 수 있으므로 텍스트 길이가 아닌 도형의 길이를 동일하게 합니다.

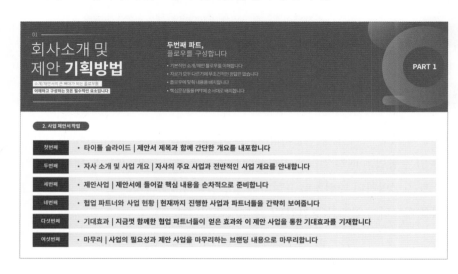

## 내용과 도형을 함께 배치하기

텍스트가 더 많을 경우, 큰 도형을 활용합니다. 본문에 들어갈 내용이 많다면 제목을 비롯하여 상단에 들어가는 공간을 더 좁게 만들고, 본문 공간을 더 넓게 확보합니다. 본문에 삽입할 텍스트는 모든 문장을 개별적으로 도형에 담기보다는 3~4개 정도의 세부 카테고리로 구성합니다. 각 도형에 배치된 텍스트는 다음과 같은 형태로 정리합니다.

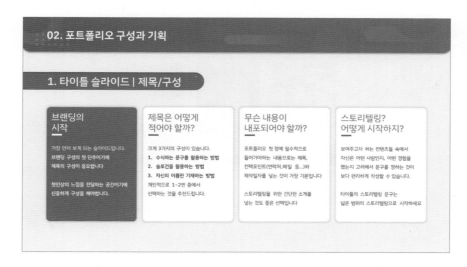

다음과 같은 형태의 슬라이드가 여러 장이라면 슬라이드가 바뀔 때마다 컬러를 다르게 설정해줘도 괜찮습니다. 동일한 구성이라면 컬러가 포인트가 되는 것입니다. 또한 내용이 바뀌었음을 환기하는 역할도 합니다.

## 내용과 거버닝 메시지를 함께 배치하기

텍스트가 많아 복잡해 보일 수 있다면 거버닝 메시지를 활용합니다. 슬라이드 왼쪽 상단에 거버닝 메시지 또는 질문을 입력하고 남은 공간에 세부적인 설명을 도식화합니다. 가장 효과적이고 완성도 높은 형태입니다.

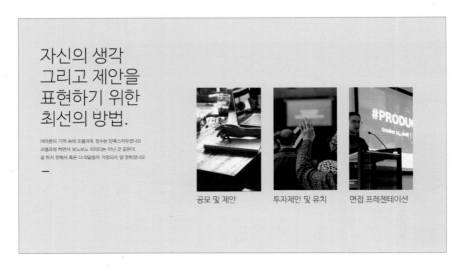

'도식화(구조화)를 어떻게 해야 하지?' 난감하다면 강의 자료를 제작하기 전에 먼저 손으로 스케치를 해봅니다. 전달해야 되는 내용을 누군가에게 설명하듯 순서도를 천천히 그려보면 큰 흐름을 잡는 데 도움이 됩니다. 이렇게 가볍게 순서도를 그린 다음 연결되는 부분은 화살표로 방향성을 표현하면 어느새 도식화가 만들어집니다.

다음 슬라이드는 왼쪽에서 오른쪽으로 텍스트가 진행되는 순서도 형태입니다. 가장 쉬운 도식화 형태이며, 이미지를 활용하여 표현할 수도 있습니다.

이번 실습에서는 배경 컬러에 그라데이션 효과를 주고 텍스트를 패턴으로 활용하여 슬라이드를 구성합니다. 이미지나 여러 도형들을 활용하는 것보다 간결한 표현이 가능합니다.

준비 파일 강의안 표지 및 내지.pptx
완성 파일 강의안 표지 및 내지_완성.pptx

**01** ① 준비 파일을 열고 2번 슬라이드를 선택합니다. **Noto Sans KR Black** 폰트를 선택하고 글꼴 크기는 **44pt**로 설정합니다. ②**YPTLAB**을 입력하고 슬라이드 왼쪽 상단에 배치합니다. 텍스트를 마우스 오른쪽 버튼으로 클릭하고 [도형 서식]을 선택합니다.

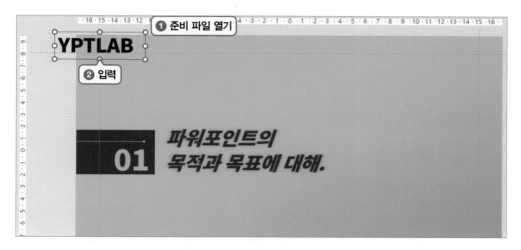

**02** ①[도형 서식] 작업 창에서 [텍스트 옵션]-[텍스트 채우기 및 윤곽선 A]을 클릭합니다. ②[텍스트 채우기]는 [채우기 없음], [텍스트 윤곽선]에서 [실선]을 선택한 후 [색]은 진한 녹색으로 설정합니다. ③[투명도]는 **90%**, [너비]는 **0.25pt**로 설정합니다.

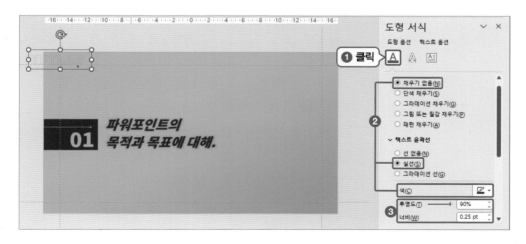

**03 텍스트 패턴 배치하기** ①텍스트가 선택된 상태에서 Ctrl + D 를 눌러 복제합니다. 슬라이드에 같은 간격으로 순차적으로 배치합니다. ②세로로 한 줄을 배치한 후 그룹화합니다.

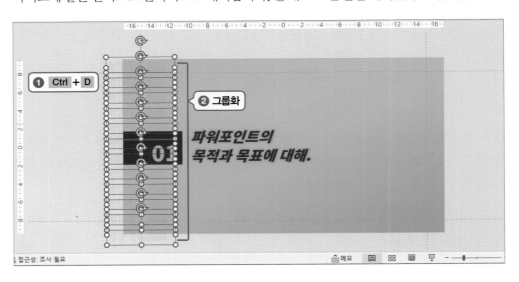

**04** 그룹화된 텍스트를 복제합니다. 다음과 같이 슬라이드에 전체적으로 배치합니다.

**05** ①그룹화한 텍스트를 모두 선택하고 ②마우스 오른쪽 버튼을 클릭하여 [맨 뒤로 보내기]를 선택합니다. ③기존에 배치되어 있던 개체들이 맨 앞에 위치하게 되면 완성입니다.

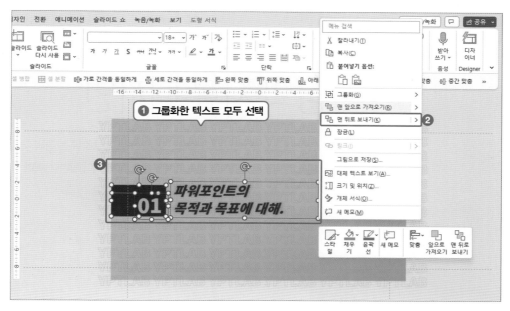

**TIP** 슬라이드 전체를 텍스트 패턴으로 채우는 방법 외에도 특정 공간만 채울 수도 있습니다. 또한, 두세 개의 키워드를 반복적으로 표현하는 것도 풍성한 느낌을 줄 수 있습니다. 다양하게 시도해봅니다.

**06** ①표지에 해당하는 1번 슬라이드를 선택합니다. ②왼쪽 하단의 여백도 임의의 텍스트를 입력하고 패턴으로 만듭니다. 밀도 높은 슬라이드가 완성됩니다.

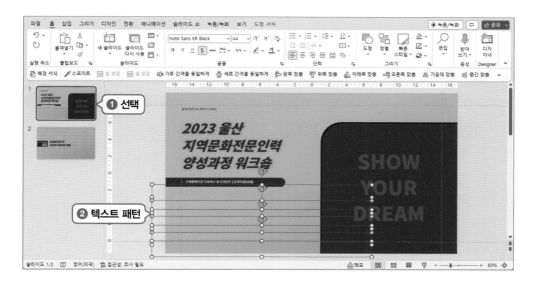

# 키워드형
# 강의 자료 디자인

다양한 내용을 배치하기보다 중요한 핵심 키워드만 보여주는 강의 자료입니다. 키워드가 또렷하고 명확히 보일 수 있도록 해야 합니다. 이런 형태의 슬라이드는 간결하며 시원시원한 느낌을 줍니다.

**템플릿 디자인**   **키워드를 강조한 PPT 디자인**

키워드를 슬라이드 중앙에 배치하는 방법, 키워드와 소제목을 함께 배치하는 방법, 키워드와 짙은 컬러 배경을 활용하는 방법, 키워드와 도형을 배치하는 방법 등 다양한 방법으로 키워드를 강조한 PPT 디자인을 만들 수 있습니다.

### 키워드를 중앙에 배치하기

다음 슬라이드는 별도의 레이아웃을 설정하지 않고 키워드만 중앙에 크게 배치한 형태입니다. 중앙에 배치한 키워드는 문장 형태보다는 이처럼 짧은 단어 형태로 구성하는 것이 시선을 끄는 데 매우 효과적입니다.

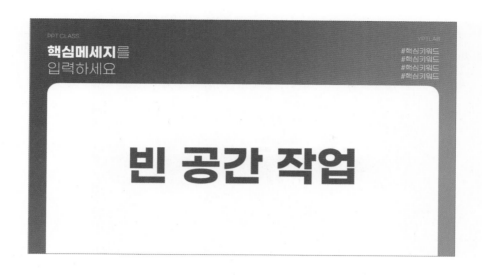

## 키워드와 소제목을 함께 배치하기

이번 슬라이드는 키워드를 중앙에 배치하는 형태보다 조금 더 밀도 높은 디자인입니다. 키워드가 아닌 소제목의 텍스트 공간은 제한하고, 키워드 텍스트를 크게 배치하면 슬라이드가 꽉 차 보이는 느낌을 표현할 수 있습니다.

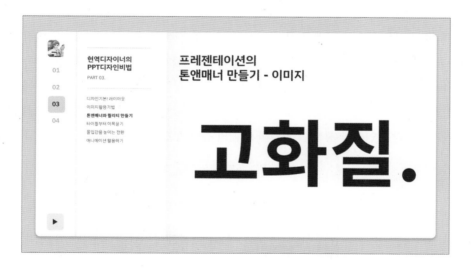

## 키워드와 짙은 배경 컬러 활용하기

다음은 강의 자료의 제작 시간이 충분하지 않을 때 활용하기에 좋은 형태입니다. 짙은 배경 컬러와 흰색의 텍스트를 선택하여 컬러에서 대비를 줍니다. 그런 다음 키워드 텍스트를 중앙에 크게 배치하고 간단히 소제목과 도형을 이용하여 프레임 형태를 만들어주면 단순하지만 한 번에 시선을 사로 잡는 강의 자료가 됩니다.

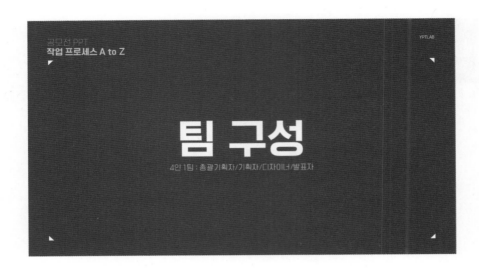

한편, 이와 같이 단색으로만 PPT를 표현할 때 배경으로 활용하는 컬러의 채도가 너무 높지 않아야 합니다. 채도가 높은 단색 배경은 눈의 피로도를 쉽게 유발하여 집중도가 빨리 떨어집니다.

## 키워드와 도형을 함께 배치하기

키워드와 간단한 도형을 활용해 깔끔한 강의 자료를 제작하는 예입니다. 키워드는 메인 컬러로 표현하고 보충 내용은 회색 혹은 흰색으로 표현합니다. 실제 강의 현장에서 많이 활용하는 방법입니다. 특정한 설명을 하기 위해 핵심 키워드를 중앙에 크게 노출하고 그 아래에 부가적인 설명을 배치합니다. 강의를 보고 듣거나 정보를 전달받는 입장에서 큰 카테고리를 보고 세부 카테고리를 인식할 수 있어 기억과 이해의 측면에도 좋습니다.

그라데이션 기법을 활용하면 단순한 텍스트 배치가 아니라 보다 풍성한 느낌으로 표현할 수 있습니다. 다양한 상황에서 활용할 수 있으니 많이 연습합니다.

준비 파일 **키워드형 자료.pptx**
완성 파일 **키워드형 자료_완성.pptx**

**01** ①준비 파일을 엽니다. ②키워드(증명)의 중간 부분부터 아래로 내려가는 원을 가로로 길게 삽입합니다. 원을 크게 만들어야 그라데이션을 적용했을 때 자연스럽습니다.

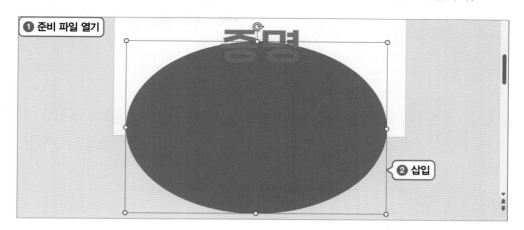

**02** ①원이 선택된 상태에서 [도형 서식] 작업 창에서 [그라데이션 채우기]를 선택합니다. ②다음과 같이 왼쪽 그라데이션 중지점은 키워드와 동일한 메인 컬러, [위치]는 **0%**, [투명도]는 **90%**로 설정합니다. ③오른쪽 그라데이션 중지점은 흰색, [위치]는 **44%**, [투명도]는 **100%**로 설정합니다.

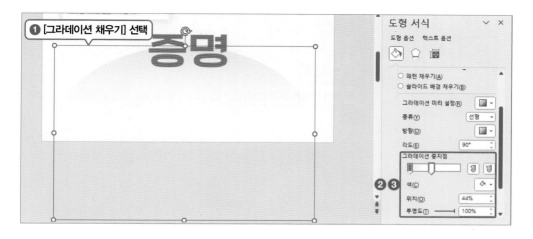

**03** 02에서 만든 슬라이드를 복제합니다. 다음과 같이 슬라이드의 원 안에 임의의 키워드를 입력합니다.

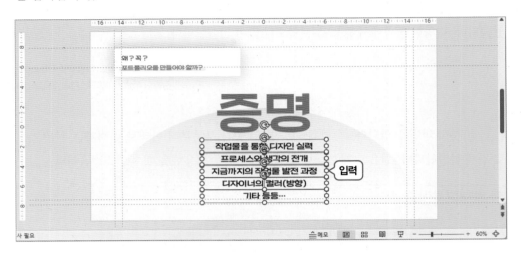

**04** ① 2번 슬라이드를 복제하여 3번 슬라이드를 만듭니다. ② 증명을 **신뢰**로 수정합니다. ③ 2번 슬라이드에서 설정했던 컬러를 반대로 활용합니다. 즉, 텍스트와 원은 흰색, 배경은 메인 컬러로 설정합니다. ④ 슬라이드의 바깥쪽 부분을 클릭하여 슬라이드 내의 어떤 개체도 선택되지 않은 상태로 만듭니다. ⑤ [전환] 탭-[슬라이드 화면 전환] 그룹에서 [닦아내기]를 클릭합니다.

**05** ①3번 슬라이드를 복제하여 4번 슬라이드를 만듭니다. ②다음과 같이 원 안에 임의의 키워드를 입력합니다. ③슬라이드의 바깥쪽 부분을 클릭하여 슬라이드 내의 어떤 개체도 선택되지 않은 상태로 만듭니다. ④[닦아내기]의 [효과 옵션]을 [위에서]로 선택합니다. 개체마다 애니메이션 효과를 사용하지 않아도 슬라이드 화면 전환이 자연스럽게 연출됩니다.

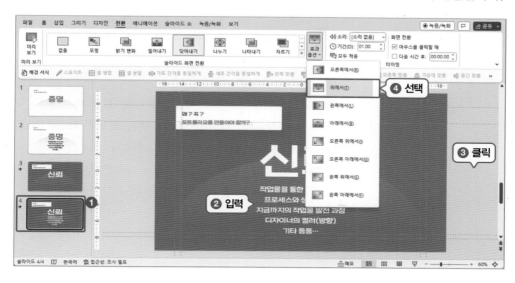

# 03

PROJECT

# 사진이 들어가는 강의 자료 디자인

강의 자료를 만들 때 시각적으로 전달해야 하는 정보들이 있습니다. 강의 자료에 사진이나 기타 이미지를 활용해야 하는 경우, 대부분 슬라이드 크기에 맞춰 사진을 크게 삽입하고 그 위에 텍스트를 입력합니다. 여기에서 그치지 않고 슬라이드 전환 효과를 적용하면 자칫 지루할 수 있는 강의 자료가 흥미로운 시각 자료가 됩니다.

**템플릿 디자인** **그라데이션 투명도 PPT 디자인**

다음은 강의 자료와 어울리는 사진을 활용하여 슬라이드를 구성한 예입니다. 사진을 슬라이드 크기에 맞추고 그 위에 사진의 크기와 동일한 사각형을 삽입합니다. 사각형에 그라데이션 서식을 설정하여 먼저 삽입한 이미지가 그라데이션 효과를 준 것처럼 보이도록 표현합니다. 그라데이션을 설정할 때 중지점은 두 개로 설정합니다. 텍스트가 들어가야 하는 부분의 중지점은 투명도를 낮게 설정하고, 텍스트가 들어가지 않는 쪽은 투명도를 좀 더 높게 설정합니다. 한쪽은 사진이 연하게 보이고, 다른 한쪽은 잘 보이게 됩니다. 투명도를 낮게 설정한 쪽에 텍스트를 배치하면 이미지와 텍스트를 함께 강조할 수 있습니다.

사진을 활용하더라도 사진은 부수적인 효과일 뿐, 텍스트에 몰입을 줘야 한다면 사진에 흐리게 효과를 적용합니다. 다음을 실습해보면서 감각을 익힙니다.

준비 파일  흐린 사진으로 PPT 디자인하기.pptx
완성 파일  흐린 사진으로 PPT 디자인하기_완성.pptx

**01**  ①준비 파일을 엽니다. ②1번 슬라이드를 선택합니다. ③배치된 사진을 흐리게 만들기 위해서 사진을 선택합니다.

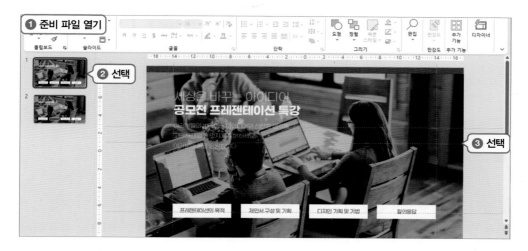

**02**  [그림 서식] 탭-[조정] 그룹-[꾸밈 효과]를 클릭하고 [흐리게]를 선택합니다.

**03** ①사진이 선택된 상태에서 마우스 오른쪽 버튼을 클릭합니다. ②[그림 서식]을 선택하고 [그림 서식] 작업 창에서 [효과 🔲]–[꾸밈 효과]를 클릭합니다. ③반경의 값이 클수록 더욱 더 흐린 이미지가 되고, 반경의 값이 작을수록 또렷해집니다. 여기서는 [반경]을 **25**로 설정합니다.

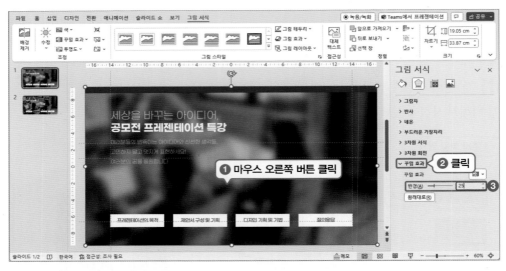

TIP [그림 서식]의 [꾸밈 효과] 옵션은 적용하는 효과에 따라 다른 옵션이 나타납니다.

**04** 사진이 흐려져서 흰색 텍스트가 상대적으로 잘 보이게 되었지만 여기서 더욱 잘 보이게 설정해보겠습니다. ①[그림 서식] 작업 창에서 [그림 🖼]을 클릭하고 ②[그림 수정]에서 [밝기]와 [대비]를 설정합니다. [밝기]를 **−40%**, 대비를 **−20%**로 설정하면 사진이 어두워져서 흰색 텍스트가 잘 보이게 됩니다.

**05** 1번 슬라이드와 동일하게 효과를 설정해보겠습니다. ①2번 슬라이드를 선택합니다. ②[그림 서식] 작업 창에서 [효과 🔲]-[꾸밈 효과]를 클릭합니다. ③[반경]을 **25**로 설정합니다.

**06** ①슬라이드 크기에 딱 맞는 직사각형을 삽입한 후 마우스 오른쪽 버튼을 클릭해 [도형 서식]을 클릭합니다. ②[도형 서식] 작업 창에서 [채우기 및 선 🔷]을 클릭하고 [채우기]-[단색 채우기]를 선택합니다. ③[색]은 상단의 직사각형과 동일한 파란색으로 설정하고 [투명도]는 **30%**로 설정합니다.

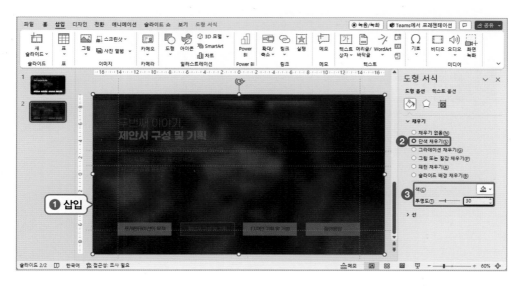

**07** 사각형에 가려진 텍스트와 개체들을 맨 앞으로 가져옵니다. 완성입니다.

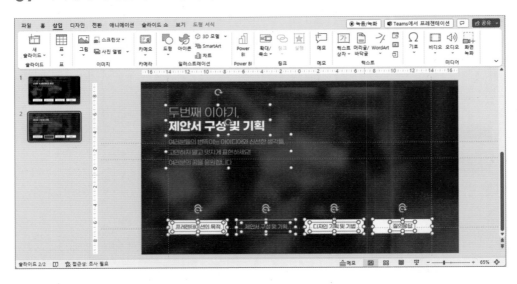

## 윤피티의 팁!    흰색의 굵은 폰트로 강조하기

배경으로 활용할 사진을 고를 때는 사진 속의 개체가 뚜렷해서 튀는 사진보다는 무난한 사진을 선택하는 것이 좋습니다.

사진 위에 컬러가 적용된 도형을 배치한다면 텍스트는 흰색의 굵은 폰트를 사용합니다. 너무 튀지 않으면서도 텍스트가 확실하게 전달됩니다. 이런 형태는 표지로 사용해도 좋습니다.

① **윤피티연구소 네이버 블로그** : 윤피티연구소의 다양한 콘셉트와 디자인으로 구성된 200여 개의 템플릿과 프로젝트 및 포트폴리오를 무료로 공유합니다. [이웃 추가]하고 디자인 노하우를 더욱 빠르게 만나봅니다.

▲ 윤피티연구소 네이버 블로그 주소 : https://blog.naver.com/rimiy

② **윤피티연구소 인스타그램** : 윤피티연구소만의 다양한 노하우를 카드뉴스와 릴스 형태로 담았습니다. [팔로우]하여 윤피티연구소의 다양한 행사 소식과 파워포인트 디자인 팁을 더욱 빠르게 만나봅니다.

▲ 윤피티연구소 인스타그램 주소 : https://www.instagram.com/yptlab/

# INDEX